历史的智慧

国家人文历史
NATIONAL HUMANITY HISTORY

帝国挣扎

戊戌变法到晚清新政

《国家人文历史》编著

中央党校出版集团　大有书局

目录

001 帝国外交

帝国外交

从无到有：李鸿章洋务生涯的起点

清乾隆五十八年（1793年），来自英国的马戛尔尼使团经过长达九个月的海上航行后，终于抵达目的地中国。马戛尔尼使团虽是打着为乾隆皇帝祝寿的旗号，但其真实目的则是代表英国政府与大清国谈判，以实现通商，开拓中国市场。在华期间，乔治·马戛尔尼（George Macartney）迫不及待地告诉清廷，希望在中国设立一个代表处，两国建立外交及商贸关系；同时提出中国开放宁波、天津等新口岸，允许英国人在北京、广州等地开设贸易货栈，改革广州、澳门海关税，允许两国商人自由通商等要求。这怎么可能？对于大清国而言，且不说当时皇帝、朝臣沉醉于“天朝上国”的迷梦中，就算从历史经验来说，从来只有藩属国来朝贡的份儿，而没有和英国这样的强国打过交道。总而言之，在大清国只有朝贡，没有外交。

问题来了。大清国在国际关系的认知上没有“平等”二字，来到中国的皆被视为称臣纳贡。而在马戛尔尼的观念中，尽管他对中国怀有敬意，但让他代表经济、军事、技术发达的大英帝国对中国三跪九叩，那是绝对不可能的。磕头的问题暴露了双方认知以及意识形态上的差异，中国不高兴，英国人亦无法理解。在大清的官员眼中，连磕头都纠缠不清的英国人不靠谱，他们送来的那些“极好”的贡物自然也是奇技淫巧。就在马戛尔尼使团无功而返的前夕，乾隆皇帝还颁布了一道很不客气的谕旨，他告诉这些英国人，天朝上国应有尽有，不需互通有无，“尔国王当仰体朕心，永远尊奉，共享太平之福”，并告诫他们：

> 夷商将货船至浙江、天津地方欲求上岸交易，天朝法制森严，各处守土文武恪遵功令。尔国船只到彼，该处文武必不肯令其停留，定当立时驱逐出洋，未免尔国夷商徒劳往返。勿谓言之不豫也。

这道谕旨无疑是向外界宣告，大清国没有外交，也不需要外交。

英国对华的“炮舰外交”

乾隆皇帝愦愦地关闭国门，举国沉醉于天朝迷梦，全然不管外面世界的春夏秋冬。马戛尔尼离开中国后，也在其《纪事》中给大清国打了个大大的差评。他说自清朝立国以来，中国“至少过去一百五十年里没有进步，或者更确切地说反而倒退了”，甚至认为：“清政府好比一艘破烂不堪的头等战舰，它之所以在过去一百五十年中没有沉没，仅仅是由于一班幸运、能干而警觉的军官们的支撑，而它胜过邻船的地方，只在它的体积和外表。但是，一旦一个没有才干的人在甲板上指挥，那就不会再有纪律和安全了。”

二十多年后，以节俭而闻名的道光帝不幸成为这个“在甲板上指挥”的人。

道光三年正月初五（1823年2月15日），安徽省合肥县东乡磨店乡的一位叫李文安的秀才家中诞生了一位男婴，这名婴儿就是日后搅动晚清近半个世纪外交风云的名臣李鸿章，而他的童年和少年时代，恰恰也是大清国由盛而衰的转折点。李鸿章诞生之时，距马戛尔尼使团离华仅过去三十年时间。这段时间里，大清国表面看似太平，实则暗潮汹涌。嘉庆年间，英国人驾驶兵船驶入中国内海的挑衅事件屡次发生，尤其是1808年英人船舰载着洋枪大炮到中国海面挑衅，十三艘英兵舰侵扰东南沿海，闯入虎门与当地水师发生冲突的事件最为典型。到了1816年，英国人已经放出要命令中国人在刺刀尖下签约的言论，可见此时的英国为了通商和扩张殖民地，早已不将大清国放在眼里。

让大清国尝到没有外交的苦头的首先是鸦片问题。从嘉庆一直到道光年间，鸦片通过各种渠道流入，并逐年增长，朝廷则一向是一禁了之。但因清廷官僚腐败之风盛行，官商勾结，所谓的禁烟令不过是一纸空文，鸦片生意反而越做越大。据美国人所著的《东印度公司的对华贸易编年史》载，嘉庆年间，东印度公司平均每年向中国输入鸦片四千余箱，道光年间猛涨到每年二万箱之多。此时的英国对中国的尊重虽远不如乾隆时期，但还是希望通过外交渠道打开中国的贸易大门。为此，英国当局派遣阿美士德使团出访中国，希望通过上层沟通实现通商。但对于没有外交的大清国而言，阿美士德使团遇到了当年马戛尔尼同样的尴尬，甚至更惨，因为他们不愿行三跪九叩之礼，连嘉庆皇帝的面都没见着就被当地官员勒令返回了。

道光年间，中、英两国闭关与叩门的较量日益激烈。为尽快打开中国市场的大门，英国于1834年成立了英国驻华商务监督处，维多利亚女王任命皇家海军出身的威廉·约翰·律劳卑（Willian John Napier）为首任驻华商务监督。该机构设立的目的主要是代表英国女王与中国清政府打交道，这个安排“显然是在鸦片走私之外，试图通过一种官方的外交关系，强行打开中国的贸易大门”。这一机构的设立，意味着中英外交关系真正开始。

贵族出身的律劳卑到了中国后，很快就出现问题，不是因为什么国家利益，而是他感到极不受尊重。毕竟大清国没有外交部，也没人懂外交，官员们对于英国在未经中方允许的情况下派出商务监督之事本身就有不满，对英人更是视其为蛮夷。对于“驻华商务监督”这种职务，广州的官员们闻所未闻，他们不知道律劳卑官居几品、什么级别，因而在见他时既不称其官衔，也不称其“大人”，而是根据“律”的谐音直呼其为“驴”。这还不够，律劳卑从翻译官马礼逊口中得知，中国人将他的名字翻译成“律劳卑”也含有“劳苦卑贱”之意，这令这位贵族大为光火。带着公仇、私怨，律劳卑在给英国外交大臣巴麦尊的信中建议英国政府对大清国采取强硬态度，甚至主张出兵以武力逼迫中国就范，他认为只要出动三四艘巡洋舰以及三四千人的军队就可以达到让中国屈服的目的。与此同时，律劳卑又于1834年8月给英国首相格雷写了一封信，称大清国“完全不了解国际法的原则和实践，所以清廷不能够用文明国家之间所公认和实行的规则加以处理或对待”。

实际上，大清国固然闭塞，但律劳卑所谓的“国际法则”也简单粗暴，就是比拳头大小的丛林法则。当年9月7日，英国军舰突袭广州虎门炮台，好在广东巡抚卢坤事前觉察英人异动，做了备战，双方交战两个多小时，没有捞到便宜的英舰便退到虎门炮台射程之外的水域。但仅隔两日，英舰再度来袭，凭借着武器优势很快就将清军炮位摧毁，守军伤亡惨重。这一时期的中英博弈虽然都仅限于局部冲突，但也至少暴露了两个问题：第一，老大帝国外强中干，不堪一击；第二，国际约法只是一纸空文，所谓的外交实乃“炮舰外交”。

战败不忘“阿Q精神”

由于没有外交机构，大清国与外国人打交道的“夷务”只能靠临时指派人来干。当时最为棘手的“夷务”也是鸦片问题。1836年，大清国的贸易收入出现赤字，毒品竟占了进口总额的四分之三。问题越来越严重，两广总督祁贡甚至给英国女王写了抗议信质问：“我在本国禁烟，为何让奸商趋利而害我国民？”当然，清廷的做法还是老一套，指定林则徐去处理禁烟问题。

接下来发生的事情大家都清楚，“苟利国家生死以，岂因祸福避趋之”的林则徐对国内外奸商及走私贩子采取强硬态度，收缴鸦片，虎门销烟。大洋彼岸的英国内阁会议于1839年10月1

日做出决议，派遣远征军来华。鸦片战争爆发，大清国惨败，坚船利炮打开了中国的大门。由于战事的失利，道光帝又指派主和派代表琦善与英国人周旋。值得一提的是，琦善最初与英人接触时，英国人带着照会前来，内容主要是要求照价赔偿鸦片；割让一岛或数岛给英国；惩办林则徐。不懂外交的清朝官员哪知道照会意味着什么，他们甚至将“惩办”二字翻译成“申冤”“昭雪”来满足当权者的天朝上国心态。道光帝看了照会，也单纯地认为英国人“申冤”就是希望惩办林则徐，只要处理了林则徐，一切都会迎刃而解。结果就是禁烟功臣林则徐惨遭贬谪，但英国人的主要目的远不止于此，他们要清廷割地赔款，开放通商口岸，打开中国市场。最终，处于战败一方的清廷不得不签下近代中国第一个不平等条约——《南京条约》。

中英战争告一段落。这场战争所暴露出的，不仅仅是大清国武器装备以及作战观念的落后，更重要的是思想闭塞。道光帝认知不足，朝廷上至军机大臣，下至地方官员对西方世界几乎一无所知。这种无知实际上也是冰冻三尺非一日之寒，从入关建立政权的那天起，清王朝就鲜与外界接触，心态极度自负。朝廷虽然设有一个号称“上知天文，下知地理，无所不通”的翰林院，但实际上充斥在这个机构中更多的是一群只会背书的腐儒。例如，在《明史》的编修上就足见清代官员的无知程度，编修官描述明军与葡萄牙发生冲突时，写道“佛郎机，近满剌加”，把葡萄牙强行挪到亚洲马六甲一带。更可笑的是，编修官们将葡萄牙、西班牙、法兰西等国一概称为“佛郎机”，视作“毛番”，全是红头发、绿眼睛的怪物，只会搞些奇技淫巧，不值一提。这种心态导致他们对西方世界的真实情况根本懒得了解。

就在鸦片战争爆发前夕，这种优越感依旧弥漫朝野，甚至出现了很多匪夷所思的理论。例如，他们道听途说得知国外缺少茶叶、大黄等农副产品和中药材，就大开脑洞，认为西方人吃的不是农作物，而是牛肉干磨成的肉粉，吃了肉粉后必须有中国的茶叶帮助消化，否则会腹泻而死。于是，不少朝廷官员动辄就将茶叶、大黄视为抗敌神器，是“控驭外敌之具”。主张“开眼看世界”的林则徐虽不至如这些官员般愚昧无知，但同样认知不足。例如，他主张与英军作战时应“诱敌上岸——近身格斗”，这完全是冷兵器时代的战法。

从各方面看来，鸦片战争之败是大清国注定难逃的一劫。《南京条约》签订后不久，想要“利益均沾”的美国人也驾驶军舰驶入广州，向两广当局提出签约实现贸易通商。他们希望不费一枪一弹就可以获得如英国那样的在华利益，并最终于1844年签订《望厦条约》。国门已开，中国犹如一块刚出炉的大蛋糕呈现于人前。随着列强纷纷东来，没有外交的苦头，中国还要吃多久？

就在《望厦条约》签订的这一年，李鸿章应顺天府乡试，考中第八十四名举人，住京曾国藩宅邸受曾补习教导，次年以年家子身份受业曾国藩门下。在随之而来的一场席卷全国的大动乱中，李鸿章将登上历史舞台。此时还没人能料到，这个爱睡懒觉的曾门弟子将会是未来大清帝国的外交名臣。

李鸿章初涉外事

与琦善、耆英等人不同，李鸿章外交的起点并非被临时“抓壮丁”去与外国人交涉谈判，而是在战火硝烟中起步的。清咸丰元年（1851年），国内爆发“洪杨之乱”，太平军自广西一路北上，势如破竹，席卷半壁江山。八旗、绿营不堪一击，曾国藩的湘军亦陷入困境。更致命的是，此时的清廷内忧外患。咸丰六年（1856年），中国与英法联军爆发第二次鸦片战争，这次中国败得更惨。英法联军于1860年攻入北京，火烧圆明园，直到《北京条约》签订后，战争方告终止。

如何应对内忧与外患，清廷必须做出决策。朝廷内部如郭嵩焘、冯桂芬等对洋人有所了解的大臣都持主和立场，认为洋人“无意于中国土地民人”，而太平天国则是要清王朝的命。另外，在与太平军的血腥战争中，清廷雇用洋人，以洋枪洋炮组织起来的武装多次为清政府立下汗马功劳，这也让朝中出现以冯桂芬为代表的“借师助剿”之主张。从1861年开始，清廷调整新国策，从之前的“仇夷”转向“联夷制乱”。对这一国策响应最为积极的莫过于以上海为中心的东南官绅。早在朝廷调整国策之前，不少上海官绅就开始借用洋兵“协防”，最著名的便是江苏太道吴煦雇用美国人华尔（Huaer）组织的“洋枪队”（1862年正式更名为“常胜军”）。李鸿章外交风云的起点也始于此。

1861年10月至11月间，太平军在忠王李秀成的率领下，连克奉化、慈溪、台州、宁波数城，挥师包围上海，并警告通商口岸的洋人保持中立，不得轻举妄动。上海官绅人心惶惶，江南名士钱鼎铭更是越过重重封锁向曾国藩求救。曾氏遂于11月24日决定出兵东下。两天后，曾国藩写信给九弟曾国荃，要他带兵前往上海，同时命李鸿章招募淮勇。当时在曾国藩帐下担任幕僚长、从事出谋划策和起草奏折工作的李鸿章已经三十九岁，他对这次援沪的任务非常看重，正好不久后曾国荃回信说不愿“归他人调遣”，援沪便完全交托李鸿章负责。不过曾国藩对朝廷“借师助剿”的政策并不是很赞成，李鸿章前往上海后，他不断在信中暗示李与洋人打交道的原则与策略，他告诉自己的学生：

> 洋人缠嬲颇难处置，尊处只宜以两言决之曰：会防上海则可，会剿他处则不可。

李鸿章到上海与洋人打交道果然不顺利。先在上海登陆的淮军衣衫褴褛，脚蹬草鞋，头裹布巾，看上去土气十足，被当地的洋兵们讥笑为“叫花子军”。“洋枪队”的头目华尔也对李鸿章拒而不见，的确应验了曾国藩所言的“洋人缠嬲”。不过李鸿章没有像一般清朝官员那样拂袖而去，尚无与洋人打交道经验的他对曾国藩道出自己的想法，认为上海官绅“媚夷”是“失之过弱”；而另一些反对者则“失之过刚”，而他的原则是“调剂于刚柔之间”。所以在上海被华尔来了个下马威时，李倒也保持了克制，在写给老师的信中还说“与外国人何暇争此小过节耶”。不过真正地与华尔及“常胜军”接触了几次后，李鸿章非常失望，认为华尔乃“蠢然一物”，而这支军队也“均系外国流氓”。由于“常胜军”骄横，大清官员多不与之打交道，李鸿章也意识到，如不处理好这支雇佣军，将来成尾大不掉之势，必然对他本人的地位甚至对清王朝的统治构成威胁。

不久后，华尔被太平军打死，“常胜军”头目换成了更加骄横的白齐文（H. A. Burgevine）。1863年1月，上任没多久的白齐文因索饷而殴打了官吏杨坊，并劫去饷银四万余元，这次事件给李鸿章提供了一次难得的处理洋务的机会。李鸿章闻讯，首先以“不遵调遣，劫饷殴官”之罪将白齐文革职。白齐文不服，纠集美国公使、英国公使一齐到北京控诉，清政府面对这个棘手的问题，用踢皮球的方式将责任下推，问题又被踢回上海。李鸿章维持原判，坚决不肯给白复职，并在《白齐文滋事撤换片》中强调白齐文已自请加入中国国籍，受朝廷三品顶戴职衔，“违犯法令，应照中国之法治罪，以杜后患而敬其余”。对于“常胜军”，他提出要由中国官员会同管带，以防将来难以驾驭。

如果因此以为李鸿章是一位铁面无私的强硬派，那就大错特错了。他深谙软硬兼施之道，一方面他坚持处理白齐文，整顿“常胜军”；另一方面他又附上《奏奖外国官弁片》，建议朝廷对一些有功的外国使领馆官员和军人进行奖赏，意在安抚他们，平息其对撤换白齐文事件的不满。至于对“常胜军”的整顿，李鸿章与英国多次交涉，英方希望人数至少有五千人，李鸿章虽也想借助其消灭太平军，但担心其坐大后不好收拾，于是力主将其大量裁减到自己可控的范围。经过几个回合的较量，双方根据协议，英国派军官乔治·查理·戈登（Charles George Gordon）出任管带，中国派李恒嵩会同管带。“常胜军”的规模在李鸿章的建议下从简，并对其设有该军购买军火须要持有江苏巡抚文书、不得干预地方事务、惩处兵勇须听中国会带官意见等规定。

苏州杀降背后的文化冲突

整顿“常胜军”的过程中，李鸿章一方面严格控制这支洋部队的兵力，另一方面撤掉了吴煦、杨坊等在上海经营已久的地方势力，为日后安插自己人创造了条件。不过初涉外事的李鸿章毕竟不是一个“西洋通”，中西文化、意识形态上的差异，很快就导致他与“常胜军”管带戈登之间出现了不可调和的矛盾。

戈登与李鸿章的关系一开始相处得还不错，但后来因李鸿章时常拖欠“常胜军”的军饷，两人就逐渐有了矛盾。从1862年2月开始，李鸿章率淮军与“常胜军”西进，太平军寡不敌众，江阴、无锡等地相继失守，唯有苏州在重重包围之下据城死守。围困苏州期间，戈登请求扩招军队，李鸿章一开始拒绝，后来在戈登的再三请求下，才同意再招一百人，并提出条件：无论苏州是否攻下，这一百人在一个月之后都必须辞退。戈登不能接受，搬出英国驻华陆军司令伯郎与李鸿章交涉，并扬言伯郎可以亲率英军攻城。李鸿章又急又气，借故拖延，就是不与伯郎见面，气得伯郎差点要控诉。这也是李鸿章早期与洋人打交道时的“痞子腔”外交风格。

但真正撕裂戈李关系的是“苏州杀降”事件。由于苏州久攻不下，李鸿章派遣从太平军投过来的帐下大将程学启进城密会太平军守将郜永宽等人，以二品武官为诱饵，要他们献城投降。郜永宽等人有所顾忌，提出让英国人出面作保，于是双方请戈登作证，并折箭为盟。几天后，郜永宽等八个叛将果然刺杀了主将谭绍光，开城门投降，但同时命自己军队占着另一半城池，要求成建制编入淮军。当晚，程学启面见李鸿章，告诉他这八个降将靠不住，劝其尽早诛灭。次日上午，李鸿章传令召见太平军的八个将领，设下鸿门宴将他们一举诛杀，紧接着在苏州城内亦大开杀戒，数万太平军在毫无戒备的情况下全部被杀。听闻李鸿章杀降消息，戈登大为震惊，极重契约精神的他对李鸿章背信弃义的做法深为不齿，同时也感到为太平军作保的自己受到深深的欺骗和侮辱。攻克苏州后，戈登被清廷封为提督，赐黄马褂、花翎，但戈登却拒绝了，他说："由于攻占苏州后所发生的情况，我不能接受任何标志皇帝陛下赏赐的东西。"

李鸿章为缓和与戈登的关系，先重赏"常胜军"白银七万两，又奖赏白银一万两给戈登本人，同时登报说明杀降事件与戈登无关。后来戈登虽在英国公使的劝说下接受了清政府的嘉奖，但始终拒收李鸿章的一万两赏银。尽管在戈登看来"杀降"事件背信弃义、无耻至极，但大清朝野却不见过多谴责之声。归根来说，这是中西文化背景不同而导致的。在中国历史上有杀降事例，也有"杀降不祥"之说。杀降，是因为你背叛原来的组织，不忠、不孝、不仁、不义，该杀；不杀降，是因为我讲信义，遵守约定。两种做法在中国历史和文化中都能找到道义上的合理性，这一点与西方的契约精神不同。即使是以理学家自诩的曾国藩也称赞李鸿章的行为，说“此间近事，惟（唯）李少荃在苏州杀降王八人最快人意”，“殊为眼明手辣”。清廷也认为李鸿章此举“甚为允协”。

由于杀降使戈登以及外国人对李鸿章产生了强烈的不满，李鸿章更加坚定了彻底裁撤“常胜军”的决心。在李鸿章的运作下，当年5月，清军攻克常州，苏南的太平军土崩瓦解后，“常胜军”遂在昆山被解散，大部精锐全部并入淮军。

中日缔造的首个平等条约

李鸿章的外交生涯起于太平天国战争，但他并非专司外交，还掺杂着处理军事部署、内外人事关系等问题。太平天国覆灭的1864年，在北京主持总理衙门的恭亲王奕䜣收到江苏巡抚李鸿章的信，信中李鸿章向朝廷建议：“中国欲自强，则莫如学习外国利器。”之前与太平军的实战让李鸿章认知到中国欲由弱变强，必须有技术上的革新。他以日本明治维新为例，列举向西方学习的必要性与可行性。当时朝野中这样的思想极为少见，民国学者外交家蒋廷黻在《中国近代史》一书中甚至称李鸿章这封信是19世纪中国最有历史价值的一篇文章。

李鸿章之所以能成为晚清洋务名臣主要有两方面原因。其一是整个大清朝人才缺失，清朝官吏与洋人打交道要么是琦善式的一味逢迎，要么是林则徐式的死磕到底，更多的官员则根本不想与洋人打交道，相比之下李鸿章处理白齐文事件、“常胜军”事件软硬兼施，为清廷统治者所看重。其二是李鸿章自己勇于自荐，给恭亲王写信便是典型一例，实际上早在写信的前一年，与太平军作战的同时，李鸿章就上奏请设外国语言文学学馆于上海，这也是其洋务生涯的起点。1870年出任直隶总督后，李鸿章责任愈巨。他综观世界各国的发展，痛感中国之积弱不振，原因在于“患贫”，并得出“富强相因”“必先富而后能强”的认识，将洋务运动的重点转向“求富”。他的关注点除了西洋列强，还有东方正在崛起的日本。

1870年9月，日本政府代表、外务权大丞柳原前光经上海到天津会见李鸿章，要求与中国订约、通商。在转给北京总理衙门的书信中，柳原以“均极恭谨”的措辞，表达了中日联合共抗西方的想法，让李鸿章对其顿生好感。不过李鸿章虽然对日本使臣的提议很赞同，但仍认为日本不能按照与西方各国所订条约那样在华享有特殊利益，与日本应另订新约。当时总理衙门原本已经同意在不立约的条件下允许日本通商，但因李鸿章的影响，决定允许日本于明年特派使臣来华商谈订约之事。到了1871年1月18日，已兼任北洋大臣的李鸿章专就此事致书总理衙门，认为日本自清建政以来，很少侵扰中国，即使在两次鸦片战争及“洪杨之乱”时期也未乘人之危，因此可以与其立约，以求“推诚相待，纵不能倚作外援，亦可以稍事羁縻”。三天后，李鸿章又上了一道《遵义日本通商事宜片》，这封奏折中，他考虑到日本以后可能会对中国构成威胁，故而相信两国通商立约后可以“侦探彼族动静，而设法联络牵制之，可冀消弭后患，永远相安”。这一看法得到了清廷的认同。

1871年7月，日本任命大藏卿伊达宗城为全权大臣，柳原前光为副使，远赴中国天津与清政府指派的李鸿章、应宝时、陈钦进行谈判。谈判开始后，李鸿章先让应宝时与柳原前光反复辩争，然后自己再出面与伊达谈判。伊达宗城与之前恭敬谦卑的柳原前光不同，他“翘然自负”，盛气凌人甚至蛮横无理，令李鸿章非常反感。于是李也针锋相对，对其进行驳斥，尤其针对日本想在中国享受片面最惠国待遇等请求，李鸿章坚决不让步，表示中日不能以“西约”为例，应缔结平等条约。几个回合下来，日方无法再提出过分要求，双方以草约为基础达成协议。9月13日，李鸿章与伊达宗城正式签订《中日修好条规》和《中日通商章程》。这是中、日缔结的第一个平等条约和通商章程，也是近代中日建交的起点。

弱国外交的困境

签订平等条约固然是外交上的成功，但李鸿章对日本还是认知不足。《中日修好条规》签订后，李鸿章认为日本必不会侵犯中国的藩属国朝鲜，更不会侵略中国：

> 总之，东约铁案已定，纵欲倚西人为声援，断不能转白为黑。

但事实是，李鸿章很快被“打脸”了。条约墨迹未干，日本就想“转白为黑”，提出了修改条约的要求。李鸿章对此自然又惊又怒，对来者面加驳斥，拒绝了日本的要求。日本不甘心，于

1873年2月再派外务卿副岛种臣前来换约。当时日本国内“征韩论”甚嚣尘上。同时，在1871年底，五十四名琉球船民在中国台湾被劫杀的事件又让日本产生了“征台”的企图。所以这次换约，实际上也带有到中国侦察、收集情报的性质。

遗憾的是，直到1873年4月30日，《中日修好条规》在天津举行换约仪式时，李鸿章对日本都没提高警惕。归根结底还是受轻日心态的影响，他认为对于中国台湾问题，“日本力更不逮，断无能为”。反观日本一方，1874年4月就设立了“台湾事务局”，任命陆军中将西乡从道为“台湾事务局都督”，并于长崎设立侵台基地，野心昭然若揭。果不其然，当年5月初，三千日军自台南登陆，进犯中国台湾。日本侵台令清廷大为震惊，李鸿章主张通过“喻以清理”和“示以兵威”两个策略来促使日本撤兵，主动调拨六千五百名淮军精兵赶赴台湾，并调枪炮支援。当时日本在台也遇到了强烈抵抗，不得不重新回到谈判桌。

> 1874年7月中旬，柳原前光到天津与李鸿章展开会谈。这次李鸿章非常生气，当面斥责日本“口说和好之话，不做和好之事”。柳原起初还强词夺理，到后来“无理可说时一味躲闪支吾”。日方因现阶段还不足以武力侵台，于是定下以撤兵换取中国赔偿的方针。

双方于1874年10月底达成协议，即所谓《中日台湾事件专约》。这款协议中，中国承认日本侵台行为是“保民义举”，赔款方面也做出屈辱性的妥协。尽管此次日本未能实现侵台野心，但李鸿章一直以来对中日联合以抗西洋的幻想算是彻底破灭了。

从台湾事件开始，李鸿章所签订的条约大多倾向息事宁人、委曲求全，唯有一次难得的例外，那就是1874年与秘鲁共和国签订的《查办华工会议专条》与《中秘通商条约》以及1875年的换约。与秘鲁签订的条约旨在保护华工不受虐待，整个中、秘交涉过程中，李鸿章态度强硬，几乎毫不让步。不过客观上说，李鸿章能一反常态地据理力争并最终达成目的，也谈不上是出色的外交成果，因为秘鲁是个落后的穷国、小国，对中国不能构成威胁，李鸿章有恃无恐。如果对手是强国，他的谈判方式就只能是有理也让三分了。

对19世纪积贫积弱的中国而言，从无到有的外交很难说是正常外交。传统的“以诚相待”，结果往往是“我以诚往，彼以诈来”。但是精于权谋的李鸿章借“痞子腔”作为与洋人周旋的“利器”能达成目的吗？答案是否定的。李鸿章善于权衡利弊、精于计算得失，对付外国人也有些手段，这些使他在一定程度上能够捞到暂时的“便宜”，但也因此埋下诸多祸患。这些弊端在日后的中日、中俄交涉中被暴露得淋漓尽致。诚如学者雷颐所言：“这种‘痞子手段’可能有用有效于一人、一事、一时，但若对世界大势缺乏认识、判断错误，则无论‘痞子手段’多么成功，都不能挽救全局的灾难性整体失败。”

（文/周渝）

掌管外交大权的开端："天津教案"

1870年9月，在曾国藩与李鸿章交接直隶总督之际，师生二人在天津有一次对话，当时李鸿章以学生身份去向曾国藩拜谒请教。

两人一见面，李还未及开口，曾即问道："你准备如何与洋人交涉？"李鸿章先是谦虚一番，然后道："与洋人交涉，不管什么，我只同他打'痞子腔'。"

曾国藩听后反问："'痞子腔'？我不懂得如何打法，你试打与我听。"

李鸿章听出曾国藩不以为然，赶忙说道："门生信口胡说，错了，还求老师指教。"

曾考虑良久，说："以我看来，还是用一个'诚'字。无论如何，我的信用、身份，总是站得住的。脚踏实地，蹉跌亦不至过远，想来比'痞子腔'总靠得住一点。"

李鸿章急忙应声道："是，是，门生准尊奉老师训示办理。"

虽然此番津门论道，是由曾国藩"主讲"，李鸿章"听课"，但实际上曾国藩此时正被外交搞得焦头烂额，晚节不保。倒是随后发生的中国近代史上著名的"天津教案"，李鸿章接手后运用

“痞子工作法”，再加上命运之神的眷顾，成为其政治生涯的又一转折点。

“迷拐”“折割”：民众真假难辨

鸦片战争后，西方列强通过不平等条约开始在中国广建教堂，传播教义。而在诸列强中，尤以法国对传教最为积极。西方传教士在中国飞扬跋扈，他们无视中国的传统文化、法律，因而引起中国民众尤其是中国知识阶层的普遍反感。

在这种情况下，1870年春夏之际，天津地区发生疫病，法国天主教育婴堂所收养的婴儿大量死亡，达三四十人之多。这时，有一种说法开始在天津迅速流传：天主堂的神父和修女经常派人用药迷拐孩子，然后挖眼、剖心，用于配制欧洲到处都在搜求并不惜以重金收购的某种特效药。在魏源的《海国图志》里，就有关于洋教用药迷人信教、挖华人眼睛制药的内容。而又有人目睹了天主堂坟地的婴儿尸体又有不少被野狗刨出吃了，“胸腹皆烂，腑肠外露”。百姓听闻更是群情激愤，说这正是洋人挖眼、剖心的证据。

对于传言，法国方面并没有积极地澄清并让民众了解仁慈堂的实际运行情况，而是认定这是不值一辩的谣言，说这些谣言之荒谬是任何受过教育和信奉基督教的人都无法相信的。那么这些传言是因何而起呢？

《中法天津条约》签订后，有一批法国神父和修女，在位于今天津市河北区狮子林街的地方，建起了一座哥特式的教堂——望海楼。除做礼拜、发展教徒、讲经唱诗等这些日常事务之外，还开办了育婴堂，即仁慈堂，也就是养育弃婴的慈善孤儿院。仁慈堂开办后，有一些好心的老百姓，从城市里、荒野中捡到弃婴后，将弃婴送到仁慈堂，交给法国神父和修女进行抢救和抚养。对于仁慈堂来说，即使那些病得垂死的孤儿或弃婴，他们也肯收留，以便在他们气绝之前由神父施以洗礼，让他们的灵魂获得升天的资格。

教堂在华开展“福音事业”，除了用宗教义旨召唤那些迷途的羔羊，还有一定的业务拓展“指标”。指标不够，则拿不到源自本国的慈善款项。因此，教堂千方百计扩充仁慈堂的收养员额。修女们在慈善的同时，也把这些婴儿培养成教徒，从而配合她们在中国的传教事业。所以仁慈堂会给送来弃婴的人一笔奖励，从而导致天津民间的一些教民及社会上的不法之徒为了赚钱，拐骗幼孩送入堂中，将慈善事业变成了“拿提成”的生意。

很多弃婴本身被抛弃就是因为身上有先天性的疾病。进入6月份，随着天气越来越热，一些疾病也开始流传，这样就导致了许多婴儿死亡，而天主堂坟地的死婴又被草草浅埋，尸体有不少被野狗刨出吃了。因为仁慈堂不对外开放，所以那里发生了什么，老百姓并不知道，这就不能不引起怀疑。社会上便出现了“迷拐”、“折割”（为取生人耳、目、脏腑之类，而折割其肢体）的谣言。

美国外交官西华（美国驻上海总领事）曾说：“在中国人当

中流行的关于洋人杀害儿童的流言蜚语，也并不是完全没有现象的依据。”他的第一条“依据”是：“天主教徒据说对儿童受洗后灵魂得救的效验深信不疑。结果是，他们在幼孩病倒的濒危之际，将其接到他们的育婴堂施行洗礼。这种做法和死亡的频繁发生，支持了人们相信他们需要幼孩躯体供诡秘目的之用的看法。”他还说：“天主教育婴堂和孤儿院所遵守的保密制度，或者应该说幽闭状态，引起了人们的许多怀疑。”即此可知，“那么多小孩死在‘幽闭’的教堂内——尽管都是即将殇亡的儿童，他们的父母往往将‘洗礼’当作挽救儿女生命的最后一次努力，并不一定具有教士所谓‘灵魂得救’的宗教自觉——不能不令‘暴民’心生疑虑。”

“风闻”告示：政府火上浇油

民间风传的“拍花”即是“迷拐”的一种。天津教案发生之前的1870年5月，掌云南道监察御史贾瑚，就曾向清廷奏报过一宗“拍花”案件：崇文门内有一名十二岁的少年，正在当街扫地之时，忽有匪徒向其头上一拍，他便随其而去。行至兴隆街，有人见形迹可疑，便截住这位少年盘问，少年“形神痴呆，卒无一语”。匪徒见事已败露，即时逃走。不一会儿就有很多人前来围观，其中有认识这位少年的邻居，连忙跑回向其家人报信，旋即被家人接回，用凉水喷醒。清醒后，这位少年说，清晨他正在门口打扫，忽有一位不认识姓名的人向他头上一拍，登时昏迷，“但见身之两旁，俱是河水阻隔，中间仅有小路可走，前面有人引路，不得不跟踪前往，此外别无所知”。

1870年6月9日，天津静海知县刘杰抓获了两名拐童罪犯。据时任天津知府张光藻忆述，这两名拐犯分别叫“张拴”和“郭拐”。当时他正在沧州办案，待回津后，就对二犯提审，“据供挖眼取心合药属实，但未供出教民，问官亦不深究”，第二天便将二人处决。其实，张拴、郭拐两人的案子，是否真的审查确凿，当时外国传教士即颇表怀疑，认为清方官府“告示上所用的人名中有‘拴’‘拐’的字眼（拴作捆绑解，拐作绑架解），这样的字眼不大可能被华人选作人名，这样就使人一望就知其出于杜撰”。但在处决罪犯后，天津府却张贴了一份告示，说二犯是“用药迷拐儿童”，更重要的是，这张告示还强调：“风闻该犯多人，受人嘱托，散布四方，迷拐幼孩取脑剜眼剖心，以作配药之用。”在处决犯人的告示中写入并无实据的“风闻”，对民众而言，这无疑就等于官府承认了“传言”的真实性。

官府的这则告示无疑起到了火上浇油的作用，有关“迷拐”“折割”的传言以及相信者越来越多。“民间迷拐之事愈传愈多，街巷为之不靖”，民间率行拿人之风盛起。百姓不时成群结队地麇集在教堂附近，肆意发表激愤的议论，而且不止一次地要求仁慈堂将幼孩释放回家。而民间组织“水火会”受到鼓励，开始主动组织捉拿人贩子，不久即捕获一名叫武兰珍的迷拐犯。经民众严审，武兰珍供述称其作案所用迷药是法国天主教仁慈堂所提供。在张光藻的忆述中，武兰珍所供与前述“拍花”案甚为相似：6月20日晚，某村一李姓男子正在菜园浇水时，遭遇“拍花”，李家发现后，率众追及之，救醒其兄，并把拐匪押到一座庙中，群相诘问，该匪自供武兰珍，拍花迷药系教堂王三所提供。第二天一早，乡民将武兰珍送案，当堂质讯，供悉如前。于是民众都相信迷药出自教堂，“街谈巷议，几有刻不能忍之势”。此外，据说案发之后不但在天主堂地窨内放出被迷拐来的小孩，并于仁慈堂搜出幼孩及坛装幼孩眼睛（事后查明，实际是腌制的洋葱头）。

因信实教方主使“迷拐”“折割”之事，广大民众群情激愤，“天津周围犹如火药遍布，只要某处有一点火星，便会连锁爆炸”。6月21日，由道、府、县官员押武兰珍前往教堂对质，但没有找到王三其人，并且教堂的“门庭径路与犯供不符”。但就在人证、物证均未核实的情况下，已经处于“集体无意识”状态下的上万民众聚集到法国在天津设立的天主教堂前，大声声讨并向里投掷石块。这一冲突惊动离教堂不远的法国领事馆。领事丰大业的傲慢介入，又使得事件陡然升级。他“像一头受伤的野兽”，迅速带人闯入三口通商衙门和天津府衙门，要求崇厚、张光藻调兵镇压。遭到拒绝后，气急败坏的丰大业在返回途中遇静海知县刘杰。按中方说法，丰大业在刘杰辩论时，刘杰的一名跟丁挡在前面不让其走，丰大业拔枪就射，打死了这名跟丁。丰大业的开枪杀人行为自然激起天津民变。愤怒的数百围观百姓当即打死了丰大业及其随从，又冲入法国教堂，打死法国神父、修女、洋商、洋职员及其妻儿等计二十人（包括三名俄国人），以及中国雇员数十人；据天津知县的统计，被焚毁的房屋有法国教堂一处、公馆一处、仁慈堂一处、洋行一处，又误毁英国讲书堂四处、美国讲书堂二处，从而酿成震惊中外的“天津教案”。

“和戎罪大”：曾国藩晚节不保

教案发生后，法国调兵集结于天津、烟台，扬言“将天津化为焦土”。慈禧急速派老成持重的朝廷重臣曾国藩去天津处理。曾国藩此时年已六十，健康状况每况愈下，而且右眼失明，伴随着经常性的眩晕。教案发生时，他正请假在保定静养。6月22日下午，慈禧给曾国藩发出上谕，因此案关系紧要，曾国藩停止休假，即赴天津办理此案。

曾国藩深知他这次遇到了难题，在日记中写道：“天津洋务十分棘手，不胜焦灼。”这使得他的眼病、眩晕、嗜睡、疲劳之症更加严重，夜间严重失眠。他还估计此去有可能会死在天津。7月1日、2日接连两天，他给两个儿子写下遗嘱，然后于7月4日从保定启程，8日到达天津。

经过调查，曾国藩发现武兰珍的供词，可能是在逼供成招的情况下做出的。他在日记中记载了案犯身上有“跪伤”“棒伤”“踢伤”的痕迹；又经“连日细查衅端”，对挖眼、剖心一事的真实性也基本否定。而“迷拐”案情，则依然模糊难辨：至仁慈堂救出妇女幼孩百余人，讯供皆系多年入教、送堂豢养，并无被拐情事。

但此类传闻太多，他又无法一一核实，所以他认为：迷拐一节，实难保其必无，惟未得确实证据，徒据讯供一面之词，不足折服洋人。

在案情离奇的“拍花”案中，从情节来看，拐匪肯定是使用了某种“迷药”，在一拍之下（或拍肩，或拍头），被拐者登时即告昏迷，而这种“昏迷”又非意识丧失、肢体麻痹，而只是颇为特异的“迷幻”，即不用挟持便自动跟随拐匪行走。民间有关“拍花”的传闻非常多，但是不仅当时曾国藩未能查明其实，而传闻中所有的这类案件也是真真假假、虚虚实实，没有一件能得到确认。拍花所传的神奇“迷药”，也就是那种迅速而又奇特的“致幻剂”，即使到今天，仍被相关专家所否认。

很多人都认为曾国藩在处理此案时，一味地妥协退让以迎合洋人。但正如接到谕旨后，曾国藩在复奏中所言：

> 惟此案起衅之由，系因匪徒迷拐人口，牵涉教堂……必须讯取确供，武兰珍是否果为王三所使，王三是否过为教堂所养，挖眼剖心之说，是否凭空谣传，抑系确有证据，此两者为案中最要之关键。审虚则洋人理直，审实则洋人理曲。

因为查无实据，在教案中，清政府自有理亏之处。曾国藩也尽力做了抗争。洋人提出，津案要惩办“凶手数千”，对此，曾国藩认为天津教案发生时，群忿齐发，聚若云屯，去如鸟散，谁能说得清谁是凶手，因此只可“一命抵一命”。曾国藩还想努力减少惩办的犯人人数，但清政府在回复中认为“若正凶仅仅讯出七八人，恐无以服洋人之心”，曾国藩不得不又扩大缉凶范围。在曾国藩的坚持之下，洋人也接受了“一命抵一命”的处理方法。法国公使罗淑亚认为天津人民杀洋人、烧教堂是受地方官员主使，因而坚持让天津清兵提督陈国瑞、天津知府张光藻、知县刘杰抵命。曾国藩则认为这种处理方式“万难允准”。为了保护两位府县官员，曾还擅自让他们以治病为名先离开天津，躲躲风头。

7月21日，在病中的曾国藩给慈禧写出了整个案情的初步调查报告——《查明天津教案大概情形折》。曾的这份长达两千余字的报告，首先谈了民间说教民迷拐人口、教堂对中国儿童挖眼剜心、采生配药并不是事实，也无证据，全系谣传。但是，同时他也谈了津民之所以这样谣传，也事出有因，教堂确实有很多“致疑点”。比如，大门终年紧闭，过于秘密；教堂地下有地窖，密不可测；有时中国人进教会看病后，久而不还；教会收留中国孤儿，甚至连有病将死者也收，只见其入，不见其出；加之今年四五月间外界有拐卖孩子事件，正是天主教堂死人过多之时。以上种种，极易导致人们产生怀疑。

慈禧立即将曾国藩的这个《查明天津教案大概情形折》让内阁印发各级官员。但是在发抄朝野时，却有意删去了曾国藩为天津市民辩护的几个“致疑点”。只印发了曾国藩替洋人洗白的话，以及处分地方官员、向洋人赔款、道歉等处理意见。

这份删节版的《查明天津教案大概情形折》一经发表，朝野舆论大哗。这份报告成了人们对曾国藩评价的拐点，他一下从“中兴名臣”变为人人喊打的“过街老鼠”。当时的中国民众包括一些局外官员，都对教方有迷拐乃至挖眼剖心之事坚信不疑，曾国藩为教方辩解之言被认为系有意抹杀事实，向外国献媚。“京师湖南同乡尤引为乡人之大耻”，京城会馆中所悬的曾国藩官爵匾额悉被击毁，并将其名籍削去，不再承认他是湖南籍人。湖南家乡绅民更一怒砸了他的家宅。当时有副对联如此挖苦他：“杀贼功高，百战余生真福将；和戎罪大，早死三年是完人。”

有许多人认为，“天津教案”影响了以后教案的处理结果，如学者陈登原就认为曾国藩在处理“天津教案”中发明了“有洋无民”的处理政策，以后的教案处理都以此为模式。但实际上如果考查“天津教案”之前的历次教案，就会发现其实处理结果也同样都是赔款、处置民众、处置地方官员这三种方式。例如，1848年的“青浦教案”，清政府的处理结果是地方官被撤职、十人被判刑并赔款白银三百两；1861年的“青岩、开州教案”，地方官被革职，赔款一万二千两白银；1868年的“台湾教案”，清政府被迫允许赔款和惩凶，取消台湾官厂的樟脑专卖权，并代为建筑被打毁的英、法教堂，将鹿港同知和风山知县革职。可见，所谓教案中“有洋无民”的处理政策并非由曾国藩在“天津教案”中发明的。

曾国藩被“天津教案”弄得“外惭清议，内疚神明”，正巧此时，新任两江总督马新贻遇刺身亡，清廷也给曾国藩找了个台阶，令其回任两江。同时任命李鸿章为直隶总督，处理“天津教案”。

“痞子外交”：李鸿章成功甩锅

事实上，自“天津教案”发生之后，李鸿章就一直在关注。当接到诏令后，远在陕西的李鸿章马上启程，经过长途跋涉到达直隶边境，但是他并不急于马上去天津接任。在到达保定后，他给曾国藩写信说，自己的肝病复发，需要调养一段时间。李鸿章把自己处在一个可进可退的位置，玩弄“痞子手段”，等待其师将教案“凶犯”议罪正法后再赴津接任，以免“初政即犯众恶”。

顶着压力，曾国藩在 9 月 18 日上奏分别定拟一疏，建议正法十五人，军流四人，徒罪十七人。结果出来后，洋人们又开始抗议了，他们给清政府发去联合照会，还是觉得处理得太轻。很快，曾国藩又拟出第二批被处理的名单，正法五人，军流二十五人。两次加起来共判死刑二十人、充军流放二十九人。除惩治人犯、惩罚官员外，还有赔款五十万两白银，派崇厚为专使向法国赔礼道歉。做完处理意见，在一片责骂声中，曾国藩离开了天津，把剩下的事情扔给了李鸿章。

对于教案，其实李鸿章也没有什么好的办法，曾国藩已经调查清楚了，他能做的就是在细节上再与法国人讨价还价。例如，法国公使提出的赔款中，有二十五万两是给丰大业及男、女教士的恤银。李鸿章便提出，既然已经抵命，就不应该再索要恤银。通过李鸿章的斡旋，俄国人最后只要求经济赔偿，不要求抵偿人命。这样，死刑犯的数量从二十名减为十六名，捡回了四条中国人的命。对于洋人指控在天津教案背后鼓动民众排外的天津提督陈国瑞，李鸿章经多方努力，最终保住了他。而在对犯人行刑的时候，李鸿章又施展“小动作”，偷偷派人以原来关押的十六个死刑犯顶替了被判死刑的人，反正洋人也不知道判的人是谁。李鸿章还筹集各方面的捐助并和曾国藩拿出自己的积蓄，总共凑了二万两银子，送给张光藻和刘杰，算是对他们经济上的一点补偿。

从“天津教案”这个事情上看，李鸿章在大局上其实并没有比曾国藩更高明，但他充分施展了“痞子工作法”。先是把所有的黑锅都甩到曾国藩身上，自己只承担执行者的角色，然后再从细节上争回点权利，搞点洋人不知道的“小动作”，为自己赢得口碑。

不能不说，在这次事件中李鸿章得到了命运女神的垂青。就在“天津教案”发生后不久，欧洲爆发普法战争。待李鸿章到达天津接管教案后，正值法国在普法战争中遭到惨败，法国公使罗淑亚与李鸿章往来会晤“语气极为和婉”。而李鸿章虽知法国惨败，却没有利用这一有利时机，逼迫法国让步。法国在欧陆的霸主地位岌岌可危，因此也希望早日完结“天津教案”。所以在一些枝节问题上也就不做纠缠。对此，梁启超曾说：

> 中国当时之人，无一知有世界大局者，以普法一役如此惊天动地之大事，固咸熟视无睹，以为是李鸿章之声望韬略过于曾国藩万万也，于是鸿章之声价顿增。

梁认为，李鸿章“是为时势所造之英雄，非造时势之英雄”。“天津教案”成为李鸿章政治生涯的转折点，在此之后，李鸿章成功从曾国藩手中接过汉人第一权臣的指挥棒并主管中国外交长达二十五年之久。

（文/黄金生）

中法之争:“裱糊匠”岂能替房东做主

1883年至1885年的中法战争在近代史上以“不败而败”闻名。传统观点认为，清军在前线并没有一溃千里，中、法两国在越南前线的几条战线逐步稳定。特别是镇南关前线的捷报传来，振奋了每一个关心时务的中国士大夫。清末“诗界革新导师”的外交官黄遵宪，刚刚从驻旧金山领事的位子离职回国，听闻大捷，挥笔写下《冯将军歌》，热情歌颂镇南关前线的老将冯子材，诗中有“闪闪龙旗天上翻，道咸以来无此捷”之句，可见国人对胜利的振奋之情以及对中法战事的乐观。

然而，就在镇南关大捷三个月后，1885年的6月9日李鸿章在天津与法方代表签订《中法会订越南条约十款》(《中法新约》)。条约最核心的内容就是清政府就此承认了法国对越南的所谓“保护权”，国人熟悉的安南国从此不再是中华的宗藩，而沦为了法属印度支那殖民地的一部分。传说左宗棠曾公开说“十个法国将军也抵不上一个李鸿章坏事”。左宗棠一向恃才傲物，与李鸿章素有不睦，然而恨李鸿章的远不止左宗棠一个。一时间，李鸿章成为人人得而诛之的“国贼”，说他“误尽苍生，将落个千古骂名”。全国舆论如此，一向心气甚高的李鸿章想必也如坐针毡。

然而，事件毕竟起于外交之厄，我们不妨抽丝剥茧，寻找这一外交事件的本源。

中日互相出卖司法主权

李鸿章此前的外交实践诚然不少，然而他表现出的外交素养却并不能达到令人的期待。1871年9月13日，天津山西会馆灯火通明。谈判桌一头端坐着刚刚北上接任直隶总督不久的李鸿章，另一头是日本钦差全权大臣伊达宗城。在这里，洋务运动方兴未艾的大清国与明治维新肇始不远的日本签订了《中日修好条规》。仔细研究这一条约就能发现：中、日这两个先后被西方坚船利炮轰开国门的东方古国在当年还不能完全了解西方条约体系的国际秩序，在第八条里，双方约定：

> 两国指定各口，彼此均可设理事官，约束己国商民。凡交涉财产词讼案件，皆归审理，各按己国律例核办。

这等于两国互相出卖了司法主权，授予了对方领事裁判的特权。其实在1842年中英签订《南京条约》时，清朝官员对“领事裁判”这一条毫无异议，认为外国领事如果能替自己管束“奸民”，何乐而不为呢？在近代主权国家兴起之前的国际秩序里，这种对领事裁判的心态并不罕见。无独有偶，据说奥斯曼土耳其对其地中海沿岸的威尼斯等西欧国家商人聚居之处也支持领事裁判。但是，如果按照现代条约体系的标准来看，1871年开启中日外交的《中日修好条规》实质上不仅是对华的不平等条约，也是对日的不平等条约，真令人哭笑不得。然而，当年的李鸿章已经是国内数一数二的了解洋务和外交的官员了，而他对近代条约体系约束下的国际秩序的了解也不过如此。

早在对法宣战之前的1882年，李鸿章就与法国驻华公使宝海进行过交涉。陪同李鸿章出席的是马建忠与罗丰禄。与同日本互相出卖司法主权而不以为意的李鸿章不同，这两位都是真正的外交专家。马建忠在后世以《马氏文通》的汉语语法学研究而闻名，而他早年的教育背景相当西化。马建忠作为著名教育家马相伯的弟弟，兄弟二人均毕业于天主教耶稣会徐汇公学。1876年，马建忠以郎中资格被李鸿章派往法国学习国际法，同时兼任中国驻法公使，并任“洋务先驱”郭嵩焘的翻译，最终获得博士学位。罗丰禄则是福州船政学堂的毕业生，也是清廷选派的首届赴欧留学生，先后兼任清朝驻英公使馆翻译、驻德国公使馆翻译。马建忠与罗丰禄均于1880年回国，进入李鸿章幕府。在这两人的辅助下，李鸿章与宝海的协议较之此后的条约远为平和，然而茹费理上台组阁之后，宝海很快被法国政府召回国内，就在李鸿章与宝海交涉的这段时间里，法国趁机向越南增兵，并试探出中国不愿开战的底牌。与洋人打过多年交道的薛福成愤恨地说：“洋人办事之狡狠，往往如此，似尚不在政府之易与不易也。”法国人的侵略意图，就算没有内阁的交替也不会停下扩张的脚步。

1883年，法国撕毁了李鸿章与宝海订立的协议，改派驻日公使脱利古与李鸿章谈判。此时清廷尚未与法国宣战，但前线已经到了一触即发的地步，脱利古直接要求清廷断绝与越南的关系。与清流派口中软弱的形象不同，李鸿章对这条要求断然否决，他表示中国并不想与法国“失和”，但“越为中华属国已数千百年”，这是事实，法国不能强迫清廷否认。只要法国不能与中国妥善协商此事，“无论所办如何，华终不能认”。面对毫无诚意的谈判对手，李鸿章始终严肃对待，清廷这次也学乖了，趁机加强了前线战备。

对“大义名分”的坚持超越对现实利益的考量

1883年12月，法国悍然进攻驻越清军，中国朝野一片哗然，慈禧太后大为震怒，下诏向越南派兵，战争终于打响。这场战争中，李鸿章的“主和”头衔早已深入人心，但其实“主战”与“主和”未必彻底矛盾。李鸿章最希望的“求和”是，在前线让法国人吃到苦头之后再与之和谈，争取有利的谈判地位。这其实也是朝野的共识。他在开战之初也尽力筹划，准备一展身手，他的嫡系淮军也开拔到了前线，然而法军推进速度之快超出了所有清廷大员的预料。越南北圻的重镇北宁、太原和兴化相继失守，法军将战火烧到了中国的家门口。清廷罢免了恭亲王奕䜣首席军机大臣和总理衙门领班大臣的职务，五名军机大臣全部罢免或降职，改由礼亲王世铎和庆亲王奕劻掌控中枢，并派直隶总督李鸿章为代表与法国议和。

1884年4月，开战四个月有余的时候，李鸿章收到了法国海军中校舰长福禄诺的信，信中提出了四个条件：一、中法订立西南各省通商章程；二、中国承认法国保护越南之权力；三、中国应速将驻法公使曾纪泽调开；四、法国欲索兵费，中国如真心和好，法国可放弃索取。第一条是西方人一贯的通商请求，第三条和第四条显得莫名其妙，看上去就像凑字数的废话，只有第二条是最为核心的内容，然而，正是这一条今人看来无关痛痒的条款在当年引起了轩然大波。

法国侵占了越南，中国人大惊失色是为何？按今天的人看来，当年的国人为了“宗藩”这类虚无缥缈的头号不惜与法国开战，而宗藩朝贡向来又是厚往薄来，毫无经济收益，简直是愚不可及。今天的人们已经不太能懂当年国人的政治伦理，以至于在解释《中法会订越南条约十款》的影响时也不得不从现实利益出发，认为此条约导致“中国西南边疆门户洞开”等。换言之，失去藩国安南，就是失去了一块西南边境的缓冲带。实际上，直到今天，日语、韩语中都还存留着一个来自汉语的专有名词，叫“大义名分”。当年的中国人对“大义名分”的坚持经常是超越了国与国的现实利益考量的。《论语·尧曰》中有一句：“兴灭国，继绝世，举逸民，天下之民归心焉。”“兴灭继绝”才是朝贡体系中的核心政治伦理。中国古代的国家组成，家与国是同构的，当年的中国皇帝确实是以君父的形象协和万邦，就如同家庭中的大家长一样庇护着东亚世界——平日里宗藩朝贡，承认中华皇帝的权威；非常时期，中国必须为藩属国主持公道，兴灭继绝，为藩国存其国，为宗藩王室存其祀，如同旧式大家族的族长一样协调各宗支的关系。最典型的例子就是万历援朝抗倭之役。只可惜君临天下的实力已经“雨打风吹去”。

李鸿章作为当年中国数一数二的外交人物，自然也不能脱离这种意识形态的影响。就在此次中法交涉前四年，1879年李鸿章代表中国就日本吞并琉球一案进行对日交涉。李鸿章曾表示，“争小国区区之贡，务虚名而勤远略”，故当代有人认为李鸿章一篇奏折葬送了琉球。其实李鸿章提出的琉球方案，其核心目的是确保琉球王国在群岛中最富庶的中山复国。但与当代人一厢情愿的想象不同，李鸿章的根本目的也是为琉球王室存祀，他之所以坚持琉球国必须在物产最丰富的中山岛复国，并不是中国贪图那点琉球物产，而是考虑到若琉球复国在偏僻海岛，其国势必不能久存，其王室也无法延续。李鸿章甚至为了琉球国王室的延续，尽全力寻找琉球王的支脉远亲。这种伦理考量就是“兴灭继绝”，当年清廷朝议中，兴灭继绝是全体共识。在这种背景下，法国骤然吞并了清廷的宗藩安南，清廷朝野大哗自然不出意外。

就在几年前，李鸿章还是一个将朝贡体系下的政治伦理置于外交核心考虑的传统士大夫，而这次对法交涉时，他已经对兴灭继绝那一套不再感兴趣了。当年他自己为了琉球国的兴灭继绝，与贪得无厌的日本进行了不懈的外交斗争，最终既没能保住琉球王国的独立，也没能延续琉球王室的族祀。李鸿章的大义凛然一度让前来调停的美国前总统格兰特大惑不解，格兰特不能明白自己这位老朋友在外交场合上寸步不让，竭力为一个贫瘠的琉球国争取权益究竟目的何在。实际上，日本吞并琉球，经历了废国为藩、外务省管辖地、内务省直辖，直至废藩置县等步骤，其操作的程序在通行的国际法实践上竟然找不出多少出入。琉球亡国的殷鉴不远，李鸿章亲身体会了新的国际秩序的残酷蛮横。经历了琉球交涉的一无所得，这一次，他再也不坚持对越南宗藩的兴灭继绝了。实际上，琉球国一贯以守礼之邦闻名，是明清两代与中国最亲善的藩属之一；安南的阮朝则桀骜不驯、叛服无常，直到乾隆朝才遣使来北京称臣纳贡，这在清廷内是人所共知的。于是，李鸿章的议和请求一经上报，总理衙门立刻批准。

经过李鸿章与福禄诺的商定，1884年5月11日，《中法会议简明条款》在天津签订。这一条约最核心的内容是中国必须将在越南北圻的中国军队即行撤回，对所有法越已定和后定条约不得过问。要知道，早在1883年8月25日，法国就强迫越南接受了第一次《顺化条约》。这一纸条约直接规定，越南承认并接受法国的保护权，越南的外交事务，包括与中国的关系，由法国掌管。也就是说，在李鸿章与福禄诺订约之时，越南全境已经全部落入法国人之手，此时中国如果对法越一切条约不再过问，无疑是承认了安南宗藩的沦丧。订约后不久，李鸿章致信抗法前线的云贵总督岑毓英称："此次议款之速，实因桂、滇各军溃退，越事已无可为。"纵然十分不情愿，但前线军事的失败已经直接葬送了李鸿章和清廷据理力争的底气。就在与李鸿章签约后不久，法国人再度发难，强令越南订立新约，史称第二次《顺化条约》，从此越南王室彻底被架空，法国成为越南对外关系的代表。

死灰复燃的战火

然而，这里有一个悬而未决的隐患，那就是中国军队的撤军期限。法国原本要求清军在三个月内撤回国内，但李鸿章始终不予接受。李鸿章此举看似不可理喻，其实有他自己的考量。当年的晚清政坛上，活跃着一派自称“清流”的政治势力。在中法战争期间，李鸿藻、张之洞、张佩纶等“清流派”大臣指斥时政，频发“清议”，震动朝野。“清议”是一种相当古老的政治活动。士大夫们聚会交游，臧否人物，形成一种社会舆论，这就是东汉时期惨遭党锢之祸的党人遗风。清议对腐朽的政局而言固然有激浊扬清的作用，但是士大夫往往因此而沽名钓誉、不能任事。例如，“清流中坚”张佩纶，慷慨好论天下事，却在中法战争中坐视福建舰队被法军尽灭。这些“清流”大员中，能独当一面的办事人才的确不多，但他们的舆论能力却不容小觑。国内“清流”把持舆论，主战言论甚嚣尘上之际，任何的撤军行动都会一石激起千层浪，引发无法预料的蝴蝶效应。李鸿章只能一方面敷衍法国人，反复声称尽快撤军，但就是不订立具体期限，同时又暗中授意各营统帅做好撤军准备，意图分批撤军，细水长流，将撤军的风声消弭于无形。在战场上，悄然撤军往往是为了迷惑敌军，而李鸿章的此举却是为了应付国内的政敌，这不能不说是一种莫大的讽刺。结果，法国人强行进入中国军营接收，清军被迫开火，本已熄灭的战火死灰复燃。此时是1884年6月底，距离李鸿章签订合约才不过一月有余。

此外，李鸿章的老对手日本也蠢蠢欲动。1884年12月，福建水师已经全军覆没，李鸿章的爱将刘铭传正在台湾岛上与法国大军苦战。就在中法两军在越南前线厮杀之时，支持朝鲜亲日派的“开化党”发动政变，暗杀了亲华老臣，虽被驻扎在朝鲜的清军青年官员袁世凯果断提兵镇压，然而日本已经毫不掩饰自己剑拔弩张的企图。法国与日本在幕府末年就有很好的外交关系，一旦两国结盟对抗中国，中国将顾此失彼，毫无招架之力。南北强敌交侵，仿佛古书上“中国不绝若线”的劫难再度来临，清廷抵抗的决心再次遭到了打击。就在这命悬一线的危急关头，广西前线竟然传来了大捷的消息。

1885年初，法国人已经逼近中越边境。前线清军使用激将法，佯攻法军驻守的文渊城后从容撤退，成功地将恼羞成怒的法军带进了早已坚壁清野的镇南关伏击圈。经过老将冯子材等人的奋战，创造了日后被称为“镇南关大捷”的奇迹。此战中，清军坚守有利地形，凭借山势伏击法军。在大雾之中，冯子材带领大队官兵冲入法军阵中，与法军肉搏，各路清军援军也冒着法军榴霰弹的猛烈炮火不计代价地增援，终将法军击退。清军趁势收复越北重镇谅山。法军在越南北圻东京湾地区的最高指挥官波里也将军（General Louis Bri è re de l'Isle）给国内拍去电报，报告了前线军事形势的恶化，以及法军撤离谅山的消息。这封著名的“谅山电报”不知怎么回事让法国媒体探听到了，立刻登报，并且配上惊悚标题，称“法军在越南遇到了灾难性的失败”。法国股票立刻狂跌，引爆了内阁的政治危机，史称“东京事件”。这直接导致了主战的茹费理（Jules Ferry）内阁狼狈倒台，也直接改变了中国在和谈中的地位。

“清流派”抹黑淮军

法军固然在镇南关遭到了打击，然而装备落后、只靠官兵一腔热血搏命的中国军队显然承受了更加惨重的损失。刘永福手下仅剩五百余人，前线军饷也转运不济。李鸿章对前线的事态显然是清楚的。镇南关大战时，广西巡抚潘鼎新正是李鸿章的嫡系。潘鼎新一向被视为投降主义的代表人物，在史书中长期以来都是一个“主帅脱逃”的卑琐形象，《清史稿》就写他“伤肘坠马，仓皇失措，退至龙州”。潘鼎新此前作战不利，丢失了越南北部的重镇谅山，镇南关成为广西最后的屏障。张之洞等大员对此发难，清廷因此将潘鼎新革职。但革职令尚未生效，镇南关前竟然取得了胜利。张之洞是“清流”主战派的代表人物，对潘鼎新这种李鸿章淮军系官员肯定看不上眼，毕竟李鸿章早有求和之名。张之洞的幕僚写出《克复谅山大略》一文，说镇南关开战前一个多月，潘鼎新就逃入关内，紧接着又逃往距关内五十里的凭祥，接着逃到了距关内一百里的海村，然后又退到距关内一百五十里的龙州，导致军心大动，老百姓也慌了，一时“难民逃军，蔽江而下”。

其实，冯子材给张之洞的电报中明明白白写到，在镇南关开战前六天，潘鼎新还亲自到关前视察，并没有临阵脱逃。实际上潘鼎新当时是与刘铭传齐名的淮军宿将，和一般的文官巡抚不同，他打过不少恶仗，懂得用兵之道。镇南关开战前一星期，潘鼎新大手一挥，给待遇最差的桂军增饷，饷银由每人每月二两四钱一口气增加到四两二钱，与淮军等同。一时间，这些久在关外苦战的广西老兵感激不已，“皆争先恐后，万众一心”，当年不少前线将领所上奏折中都提到这次加饷对士气的鼓舞。对冯子材的合理建议，潘鼎新也基本上言听计从，比如他虽然希望安心防御，但对冯子材主动攻击文渊州城法军驻地的计划也予以支持。朝中大员对潘鼎新的攻击，多缺乏根据。张之洞在镇南关战前一再劝说冯子材要尊重、服从潘鼎新的指挥，同时也在潘鼎新面前替冯子材说好话，劝潘鼎新采纳冯子材的合理建议。

镇南关战役全程奋战的淮军将领王孝祺一直湮没无闻，实际上，在当年的记载中，王孝祺是与冯子材齐名的前线功臣。在镇南关前，王孝祺率部猛攻西岭，麾下官兵“袒臂裸体，冲入敌阵”，在法军的榴霰弹炮击之下承受了惨重的伤亡，王孝祺战马中弹而死，他仍然换马奋战，直至法军败退为止。

可见，镇南关的胜利，李鸿章的手下实际上是出了力的，但李鸿章本人仍然遭到张之洞为首的“清流派”的攻讦。被占据道德制高点的政敌倾力攻击，李鸿章的日子自然不好过。他深知前线的官兵疲惫已极，已是强弩之末，其势已不能“穿鲁缟”，早就不堪再战。他迫切地希望挟镇南关战胜之威，与法国签订比较有利的和谈条约。当时，法国的海军占领了澎湖，切断了台湾与大陆的联系通道，中国的海军已经毫无战斗力，法军军舰如果一路北上再临大沽口，清廷也是毫无办法，毕竟当年距离北洋海军成军还有三年之遥。

说来讽刺的是，在镇南关战胜之后，首先代表中国提出对法国乘胜求和的倡议者却不是中国人。早在1885年初，清政府授予海关总税务司赫德（Robert Hart）以及海关驻伦敦代表金登干（James Duncan Campbell）交涉全权，并对议和的过程严格保密。这两个英国人看到法国茹费理内阁倒台后，新政府态度尚处于摇摆不定之中，唯恐久拖生变，于是金登干赶忙来到巴黎与法方协商。经慈禧太后批准后，清军“乘胜即收”。1885年4月20日，法方代表来到天津与李鸿章开始了正式和约的谈判。这时，距离他结束与伊藤博文就朝鲜政变的谈判才过去仅仅两天，刚刚小心翼翼补好一个窟窿的帝国“裱糊匠”又开始了新的修补工作。

1885年6月9日，李鸿章与法方代表巴德诺在天津签订《中法会订越南条约十款》，其内容竟然与一年多前的《中法会议简明条款》如出一辙，中国失去越南的宗主权已成定局，漫天要价的法国人此时还色厉内荏地要求中国赔偿，这种无理的要求也自然遭到了拒绝。

谈判之初，全国舆论都对李鸿章寄予厚望，就连老对手张之洞都特意写来了热情洋溢的信件，称：“今议详约，万望力争，天下责望惟在公也。”然而李鸿章有多少转圜的余地呢？面对张之洞的热切期望，李鸿章无奈地回信：“款议始终由内主持，专倚二赤。”所谓“由内主持”，自然指的是身居内廷的慈禧太后。而所谓“专倚二赤”，则指的是赫德和金登干两个赤发洋人。李鸿章失落地向老对手剖白心迹，抱怨清廷“虽予全权，不过奉文画诺，公徒责望，似未深知”。清廷要战，他去布置；清廷要和，他去谈判。在很多时候，他已经尽可能地进行了积极的努力，李鸿章虽有帝国“裱糊匠”之名，难道“裱糊匠”还能替房屋的主人做主不成？

（文/罗山）

中朝之交：外交生涯最大败局

1882年1月20日，农历十二月初一，保定直隶总督衙门当天正午设宴待客。十二时开始的宴席一直持续到下午二时才散，"盛设酒馔，易鼎味者凡九次"，宾客们的中心话题只有一个，即朝鲜问题。主人李鸿章与当天最重要的来宾、朝鲜领选使金允植曾有过一番趣味横生的对话。李鸿章似是对朝鲜问题满怀热情，竭力想要帮助朝鲜思考出拯救民生、挽回经济的高招，金允植则态度消极，似是并无贴近巴结的意思。这一冷一热，恰似当时中、朝两国的关系。

中堂使通词问：贵国有何土产否？

答：土陋民贫，别无所产，惟衣食所需，仅支自给而已。

李：人参为贵国上货，何不多种，售卖他国？

金：人参多则价随以贱。

李：东国亦养蚕织帛乎？

金：然。

李：多种桑树乎？

金：然。

李：以绵丝卖他国，则可得厚利，贵国绵丝一斤价钱几何？

金：一两银子有余。

李：比中国价太高，卖买无利。棉布如何？

金：国中衣服，皆藉于是。

李：棉花颇贱否？

金：然。

李：纸属如何？

金：三南种株造纸。

李：亦行卖于中国民否？

金：然。

李：此外又有何土产否？

金：别无。

李：贵国所产，真个稀少，产茶叶否？

金：全罗道沿海或产茶。

李：国中首富，货产几何？

金：贮银十万两为最饶之人。

李：若此者几？

金：无几。

介入危局

19世纪降临之后，西力东渐，近代化的大潮开始侵袭东方，东亚世界传统的政治格局、生存模式在外力的刺激下发生了巨变。原本清静无为的朝鲜由于在地缘、区位上所处的独特位置，在大清帝国眼中的重要性日渐上升。1879年，通过明治维新改革快速成长、崛起的日本夷灭了曾经的中国属国琉球，改其为冲绳县，日本对中国的刺激、威胁进一步加增，被清王朝官员视作中国的“肘腋之患”“永久大害”。也就是在这一年，清王朝突然改变祖宗成法，将对属国朝鲜的管理权从礼部移出，指令由北洋大臣直接监督、管理朝鲜事务，其本质上是将朝鲜事务纳入中国本国的外交与海防建设中以一体化管理。这标志着清王朝就此结束对朝鲜无为而治式的、放任自流式的管理，开始采取积极介入朝鲜事务的全新战略。当时清王朝做出这一战略决策的重要前提就是担心琉球之事在朝鲜重演。为此，清王朝同时还命令驻日公使协助北洋大臣处理朝鲜事务，显现了这一对朝鲜事务管辖权的调整主要是为了针对并反制日本。

其时担任北洋大臣一职的官员就是淮系军政集团首领李鸿章。就此，朝鲜事务正式成为李鸿章政治、外交生涯中的一项极为重要的中心工作，某种意义上，也直接影响了李鸿章一生的勋业声名。

朝鲜李氏王朝以朱子之学立国，统治上维护特权垄断阶层的利益，并以此作为政权巩固的基石。李氏王朝的王族亲贵之下，由“两班”阶层专权。所谓“两班”原意是官员觐见时分成的“文”“武”两班，后代指朝鲜官员的阶层。虽然朝鲜也有科举取士制度，但几乎被两班子弟垄断；平民子弟尽管理论上也可投考科举，但由此中试而改变命运的概率微乎其微。最终，“两班”阶层的子弟代代传承，永为官员，“不耕不商，粗涉文史，大决文科，小成进士”，纵使是不做官员而退居乡里，也会成为具有特权的乡绅。随着时间推移，“两班”人口不断繁殖增长，到了19世纪60年代，“两班”阶层及其家庭几乎已经占人口总数的六成以上。占总人口少数的平民负责养活官员阶层和王室，且属社会地位低下的“贱民”；占总人口多数的“两班”实际控制着朝鲜的地方政权，向下实施黑暗残酷的压榨统治，向上则对李氏王朝形成尾大不掉之势。甚至当时在“两班”阶层中有一句流行语：“国王不过是吃我们的剩饭而已。”这种头重脚轻式的社会结构，成为朝鲜国内政局重要的不稳定因素。

在“两班”阶层之上，朝鲜王朝当时还面临着一个同样严重的潜在危机。1863年，朝鲜哲宗去世，因为无嗣，经大王大妃（类似中国的皇太后）决定，选兴宣君李昰应的儿子李熙继位，是为朝鲜高宗。在李熙成年、大婚之前，由大王大妃垂帘听政，由生父李昰应作为“大院君”襄赞国事。1866年，李熙大婚，娶闵氏为妃，大王大妃遂宣布撤帘，但是其生父大院君仍然把持朝政大权。随后不久，闵妃凭借娘家闵氏的外戚力量，并影响了高宗李熙，共同打压大院君。1873年，闵妃成功发动政变将大院君逐出汉城（首尔），此后朝鲜王廷便陷入了公、媳争权的争斗乱况。此时，无论是亲中派、亲日派、亲俄派，无论是采取近代化手段或保守政策，都只不过是闵氏和大院君借以攻击对手的“道具”而已。

除此，使得清政府不得不出手直接干涉朝鲜内政外交的，还有朝鲜已经面临险恶的外部国际环境。随着日本试图效法西方列强踏上了野蛮扩张的“崛起”之路时，朝鲜就是日本登上中国的天然跳板，日益被日本加以谋算。1873年，日本政府出现了旨在征服朝鲜的“征韩论”。1874年，日本入侵中国台湾。1875年，日本军舰“云扬”号故意炮击朝鲜江华岛炮台，引发“江华岛事件”“云扬号事件”，进而直接剑指中国和朝鲜间的宗藩关系。1876年，日本逼迫朝鲜王朝与自己签订《日朝修好条规》(《江华条约》)，要求朝鲜在1879年开放元山、1881年开放仁川将其作为日本的通商城市。

1879年，北洋大臣李鸿章接过对朝鲜事务的管辖权，摆在他面前的正是这样一个令人备感棘手、头疼的朝鲜。

以毒攻毒

19世纪70年代末，日本正式向朝鲜方向发力，试图撬散中、朝间的传统联系，从而获得踏上东亚大陆的跳板。日本介入朝鲜国内政治时直切其要害，利用了闵妃和大院君两派的政争，并根据大院君保守、亲华的特点，转而支持闵妃、高宗一派；获取其信任后，以帮助朝鲜推行近代化、改革积弊、改变落后的命运为标榜，获得了在朝鲜一些思想开明的“两班”青年官员的好评。在国际观瞻上，近代化先行的日本主动帮助落后的朝鲜，似也是各方乐见的好事。

面对日本咄咄逼人的形势，需要以何种对策反制？李鸿章早在正式受命主管朝鲜事务时已在思考这一难题，并逐渐形成具有个人风格的对朝外交策略。而且颇值得注意的是，李鸿章在朝鲜问题上，不仅针对已露獠牙的日本，而且也在提防同样对朝鲜虎视眈眈的俄罗斯。

李鸿章对朝策略的要点分为两层：首要目的在于确保中国和朝鲜之间自古就有的宗藩关系牢不可破，确保朝鲜能够继续充当中国东北边境的屏障藩篱；其次则要尽快设法稀释、抵消日本已经在朝鲜产生的影响，防止日本逐渐蚕食、控制朝鲜。李鸿章策略的本质是努力维持朝鲜旧貌的防守式措施，为了实现这两层目标，在具体的措施手段上则归为一律，即利用列强牵制日本、俄罗斯，这也是李鸿章在外交方面习惯使用的“驱虎吞狼、以夷制夷”之术。

针对日本借着从《日朝修好条规》中得到特权以国际法权利涉足朝鲜国内政治的现状，李鸿章决定以牙还牙，即干脆将列强势力全部引入朝鲜，使各列强在朝鲜都有利可图，从而达到列强在朝鲜各自牵掣、无法一家独大而中国则可以坐收渔翁之利的局面。

1879年8月26日，李鸿章致信朝鲜领议政（首相）李裕元，试探性地向朝鲜方面透露了自己的意图。1879年8月31日，李鸿章正式就此方略上奏清廷，请求批准“密劝朝鲜通商西国”，并在获准后立刻设法实施。此后，几乎由中国北洋大臣手把手操纵的朝鲜与各列强签约的工作陆续展开了。

小算计处处落空

李鸿章在引列强势力进入朝鲜“以毒攻毒”的第一招中首先考虑的是在列强中实力相对较弱的美国。1880年，针对当时美国对朝鲜利益有兴趣的情况，李鸿章邀请美国远东舰队司令薛斐尔德（R.W.Shufeldt）到天津会晤，向美方提议，撮合其与朝鲜签约通商。

针对李鸿章的这一举措，时任中国驻日公使的何如璋曾表示担忧。何如璋认为朝鲜是中国的属国，并不是独立的国家，其之前和日本签订《日朝修好条规》已经属于严重失计，此时更不应该错上加错，再让朝鲜直接和西方列强签订通商条约。何如璋建议干脆由中国包办朝鲜的外交，由中国直接和美国签订针对朝鲜的通商条约。

李鸿章则担心如果取这种直接践踏朝鲜主权的强硬姿态，可能会激起日本或俄罗斯借机挑事，导致节外生枝，所以转而采用其在外交上惯常的“绵里藏针、工于小算计”的方式作为对朝鲜直接和外国签约这一形式的补救。拟定朝美通商条约时，李鸿章在第一条就列入朝鲜为中国属国的内容，寄希望通过美国在这份条约上签字画押，不仅使得美国成为中国对日本“以毒攻毒”的工具，同时还一并将美国拉到赞同朝鲜是中国属国的立场上。

对李鸿章外交上的小算计，美方立即窥破，坚决不同意在条约中列入这样的条款，几经争论，最后双方形成了奇怪的折中——在条约的正文中不列入有关“朝鲜为中国属国”的文字内容，但在条约的正文后以朝鲜国王声明的形式注上。对此，李鸿章自认为达到了目的，而在美国方面的理解中，因为朝鲜国王的声明并不列在条约的正文之内，不属于条约内容，不具有国际法效力，所以并不表示美国承认此点，美国也不会就此为中国和朝鲜进行担保。只是这种认识上截然不同的分歧，双方似乎是存有默契一般，竟然互相都没有道破。令人奇怪的是，当时在李鸿章幕府中有多名曾经留学欧洲的国际法专才，诸如马建忠、罗丰禄等，对于这一简单的国际法常识，二人似乎并没有为李鸿章说明、道破，这或许与李鸿章平时对属下不容置辩的强悍作风有关。据时人称，李鸿章每发一意见，属下有异议者，常会遭呵斥，久而久之也就造成李鸿章北洋幕府之中，各种策略多出于李鸿章一人，鲜有主动襄赞讨论者。

1882年5月22日,《朝美修好通商条约》经中国要求朝鲜王朝签署认可，美国成为第一个“落入”李鸿章算计的西方国家。在此之后，自以为得计的李鸿章，又根据朝美条约的条文内容，手把手地辅导朝鲜相继和英国、德国等西方国家签署了多个不平等的通商条约。李鸿章将列强势力引入朝鲜以实现对日本“以毒攻毒”的布局看似初步完成，而事实上可谓大败。

正如朝美条约中并没有能将“朝鲜是中国属国”字样列入正式约文中一般，朝鲜与其他列强签署的条约也都是如此。此举导致的后果极为严重——非但没有能够哄骗列强为中、朝的传统宗藩关系背书，反而将朝鲜作为一个独立的国际法主体和主要列强国家签约，从国际法上加强了朝鲜是个独立国家的定义，而这正中日本下怀。日本此前逼迫和朝鲜签订《日朝修好条规》的一大用意，正是为了通过符合国际法原则的条约确立朝鲜是独立国，从而瓦解中、朝之间尚不具有现代国际法依据的传统宗藩关系，最终达到日本操控朝鲜政府的目的。

同时，李鸿章还计划通过让列强在朝鲜都能获得通商利益，从而达到列强势力在朝鲜互相牵扯进而形成相互平衡的目标，实际上也大大落空。首先，相比较而言，朝鲜口岸的商贸利益远不如中国以及日本沿海通商口岸带来的利益。其次，日本在朝鲜的势力扩张采取的是帮助朝鲜近代化、影响和控制朝鲜政府的形式，并没有侵害到其他列强在朝鲜的利益。除俄国那样对控制全朝鲜有兴趣的国家之外，其他西方列强对日本在朝鲜的举动，基本持听之任之的态度。

更出乎李鸿章意料的是，中国辅导朝鲜和外国签订的条约，本质上都是出让朝鲜利益的不平等条约，直接造成列强势力大量侵入朝鲜，既在朝鲜底层社会产生了愤懑的排外、不满情绪，同时又使一些有志复兴朝鲜的“两班”阶层对中国失望，反而衬托得表面上帮助朝鲜厘革旧制的日本看起来更为可亲。因此，一些年轻气盛的朝鲜官员经过比较，甚至认为追随日本才是朝鲜崛起的可靠途径。

平定“壬午之乱”

1882年，李鸿章损人不利己的朝鲜政策实施后不久，朝鲜国内局势猛然发生剧变。

1882年7月23日，因为对闵氏外戚集团的腐败统治和由日本训练的新军可以拿到较优的报酬不满，朝鲜京军部分官兵发动暴乱，史称“壬午之乱”。在大院君李昰应的暗中唆使下，暴动很快变成政变。此后连续几天时间，起义士兵占领王宫，杀戮新军的日本教官，焚毁日本驻朝公使馆，拥戴大院君执掌政权。此后，朝鲜王朝一改闵妃集团采取的亲日态度，重新恢复排外保守政策，朝鲜国王李熙被软禁，闵氏则遭到追杀，逃出京城。

朝鲜突然发生的这一政治剧变时，李鸿章因母亲故去而返回安徽原籍守制，淮军武将出身的署理直隶总督张树声上奏清廷请示处置，淮军吴长庆部由北洋水师统领丁汝昌率军舰护送海运入朝，奉命火速平叛。8月20日，丁汝昌和庆军营务处会办袁世凯亲自踏勘并选择了登陆点，吴长庆率领三千余名庆军在朝鲜西海岸的马山浦登陆，而后诱捕大院君，诛杀为首起义的朝鲜士兵，并恢复高宗李熙的权位，迎逃难在外的闵妃回宫，快速平息了壬午事变。

由于清廷出兵果决，且抢在日本政府做出全面反应前就平息了事变，使得中国国内在对朝外交政策上发生了重要的调整。淮军小试牛刀就平息了朝鲜的国内变乱，且似乎使得日本只得望而却步，清政府朝野由此对中国军力的情况产生了过于乐观的判断。很多人认为对待朝鲜问题和日本问题不用再拘泥于外交形式，不如采取直截了当的武力措施；甚至有人提议中国应当在朝鲜设置监国一职，将朝鲜彻底变为中国的傀儡、附庸。当时风头强劲的“清流”言官张佩纶则密奏清廷，请求干脆趁热打铁，制定东征之策，简任东征大臣，集结军队加以训练，用武力直接征服日本。对这类信心爆棚的意见，慈禧太后持谨慎态度，曾朱批指示："尔其慎之，毋忽。"李鸿章也是谨慎乐观，并不认为中国军力已经凌驾于日本之上，但李鸿章同时发现如果在朝鲜事务上采取一些强硬手段，也颇能奏效，完全可以文武并举、双管齐下。此后，李鸿章对待朝鲜的外交策略开始发生微妙的调整，逐渐加上了"军事力量"这一砝码。

平息朝鲜变乱后，大院君被中方认定是肇事祸首，而且认为其思想保守排外，可能会危及中国在朝鲜引西方列强对日本、俄国"以毒攻毒"的大战略，因此最终本质上属于亲华派的大院君被李鸿章当作了朝鲜局势的不稳定因素。经奏请清廷批准将其押送中国保定软禁收管，其间不定期还要向李鸿章提交思想汇报。入朝平叛的淮系庆军则被安排继续驻扎朝鲜，对朝鲜王朝形成监管之势，同时也震慑日本，成为有清以来罕见的、中国在属国进驻大规模军队的特例。

引人注意的是，李鸿章对朝鲜外交策略一连串新动作中的重要一环，即壬午事变之后，中、朝两国签订了一个名为《中朝商民水陆贸易章程》的条约。李鸿章在辅导朝鲜和列强签订条约时，逐渐意识到中国也应该通过和朝鲜订立具有国际法效力的条约来确定相互间的关系，而壬午事变后的这一条约就是基于此种认识订立的。该条约明显属于不平等条约，清政府根据条约从朝鲜获得大量特权，诸如：朝鲜向中国开放通商口岸，中国在通商口岸拥有治外法权等。这一条约是清政府破天荒地以国际法形式确定和属国关系的尝试，条约中也反复出现了“朝鲜是中国属国”的内容。

通过这些措施，李鸿章的对朝策略初见成效，日本一时偃旗息鼓，而朝鲜王朝对中国则表现得俯首帖耳，“事大”政策成为主流。然而，以金玉均为首的一些朝鲜“两班”出身的官员，经对比中国和日本的近代化建设情况，认为清王朝落后、颟顸，跟随中国没有希望，遂发起并成立了以追求朝鲜国家独立自由实现社会近代化为目的的开化党。开化党内的大部分政治家都抱有炽烈的民族热情，认为追随日本能够改变朝鲜的命运，但实际上他们并不清楚，其实自己在日本政府眼中只不过是可以被利用的棋子而已。身处在大国夹缝中的小国，其命运的决定权，往往并不完全操控在自己手中。

授人以柄

1884年，中法战争爆发。日本认为中国专注中法战事，可能无暇东顾，便暗中操纵开化党人在当年12月4日发动了甲申政变，意图清除亲华的闵氏外戚重臣，建立以开化党人主导的亲日政府。出乎日本意料的是，清军再度采取果决措施。驻扎朝鲜汉城的庆军在少年气盛的营务处官员袁世凯的指挥下，快速攻剿叛党，平息了政变。为了防范日本派兵登陆朝鲜支援开化党，北洋水师将原本要驰援台湾海峡的新锐巡洋舰“超勇”“扬威”改调至朝鲜仁川停泊。

事发后，1885年4月，日本政府任伊藤博文为特派全权大使赴天津，和李鸿章围绕朝鲜问题进行谈判，以缔结外交协定。伊藤博文的主要诉求是约定中日双方都从朝鲜撤出军队，并且以后也不在朝鲜驻军。在李鸿章看来，日本主动表态不在朝鲜驻军，正是自己求之不得的好事，如日方能够保证，那么中国已驻朝鲜的淮军大可撤回。节外生枝的是，李鸿章考虑到万一将来朝鲜再发生政变等状况，中国可能还需派出军队，于是提出应该就双方不在朝鲜驻军的约定做个补充条款，即“若他国与朝鲜或有战争，或朝鲜有叛乱情事，不在前条之例”。结果伊藤博文对此表示不同意，尤其不同意“朝鲜发生叛乱”这一前提设定。在相持不下之际，李鸿章拟定了一个解决办法：“万不得已，或于第二条内无干句下添叙：‘两国遇有朝鲜重大事变，各可派兵，互相知照。’”

有关中日都可出兵的条款，后来成为甲午年日本出兵朝鲜的重要国际法依据。后世常认为是李鸿章订约不密，导致授人以柄，但很少有人注意到，此条竟然是由中方主动提出的。在签约当时，李鸿章对这一条文的自我理解令人吃惊，非但不认为此条不妥，反而以为让日本接受此条是取得了重要的外交胜利。因为该条有中日两国出兵前需要互相知照的设定，这就使得将来日本要出兵朝鲜，必须先照会中国，可以使中国获得反制的准备时间。在这种制约设定下，日本显然就应不敢轻易对朝鲜动武。此外，如果发生了俄罗斯等第三国入侵朝鲜的情况，中国又可以援引此条，约日本一同出兵朝鲜以作抗衡，让日本为保护中国的属国而战。这样的外交思路，是极为典型的李鸿章小聪明式的外交伎俩。只是李鸿章在算计中忘记了一招，万一将来是中国先出兵朝鲜，这一条约将会引起怎样的后果？

阶段性胜利

为了在没有驻军的情况下继续保持强力控制朝鲜政府的政策，李鸿章看中了一位青年才俊。壬午事变和甲申事变中，庆军官员袁世凯表现得积极、果决，手腕强硬，而且袁世凯还是李鸿章重要幕僚袁保龄的侄儿，别有一层特殊的亲密之情。李鸿章遂推荐由袁世凯出任几乎相当于清政府朝鲜总监的驻朝通商事务大臣一职。这一选任，并不是因为袁世凯有过人的外交能力，而是李鸿章看重了袁世凯飞扬跋扈和心狠手辣的性格特点。

当袁世凯路过天津准备转道赴朝鲜上任时，李鸿章见到了这位年少气盛、略显轻狂的少年官员，笑称“今如演戏，台已成，客已请，专待汝登场矣”。袁世凯请增派著名大员赴朝鲜，李鸿章则笑道“韩人闻袁大将军至，欢声雷动，谁敢抗拒，原议诸员悉无所用，兵亦不须遣，只许汝带水师小队数十登岸作导引足矣”。语近戏谑，但不难看出李鸿章想要用袁世凯以一当千震慑控制朝鲜王朝的用意。因注意到当时朝鲜闵妃又有亲俄的迹象，李鸿章又奏请清廷，将与闵妃不共戴天的大院君放归朝鲜，以作为制衡、警诫闵妃的“王牌”。

不负李鸿章的期望，袁世凯带着大院君一起回到朝鲜后，立刻给朝鲜王室施以下马威，逼迫朝鲜国王李熙亲自出汉城迎接。在大杀了李熙和闵妃的威风后，袁世凯同时又立即给大院君也服了一剂“清醒药”。他将大院君的几名亲信以乱党为名处死，让其明白，清政府之所以放其回国，无非是利用其在朝鲜守旧派中的影响以及其与闵氏的宿怨，让闵氏始终有芒刺在背之感，而非支持其重夺王位。

从此，袁世凯俨然以太上皇的模样驻在朝鲜，在相当程度上控制了朝鲜的宫廷事务和政治、经济决策，在一定程度上恢复了清朝对朝鲜的控制力。

至此，李鸿章对朝的外交战略似是取得了阶段性胜利，只是这些胜利的取得，大多是凭借李鸿章对国际法的一知半解，以及自认为取巧的外交手段。李鸿章以袁世凯压制朝鲜政府，以列强蚕食朝鲜商务利益，单单忘记了朝鲜国家和民族自身的生存发展。李氏王朝政府的国内统治益发黑暗、腐败，底层社会生计艰难，怒火蓄势待发，危机随时可能出现。此外，北洋大臣李鸿章定寻不到良方助朝鲜走上近代化，朝鲜更是越发落后于世界，因此加剧了一些朝鲜改革派两班官绅对中国的不满。

属国沦失

1885年后，对于看似偃旗息鼓的日本，李鸿章倒是有较为清醒的判断。他认为“大约十年内外，日本富强必有可观”，并将日本视作中国的远患。事实上，就在1882年清政府以火爆的军事干涉快速平息朝鲜壬午事变后，日本政府就开始自我检讨，认为军力不及中国。1884年甲申事变后，更是全面展开了针对中国的海军军备竞赛，其直接目标就是要借着军力的提升，首先在朝鲜争锋中压倒中国，进而直接将矛头对准中国。

1885年至1894年这近十年间，朝鲜局势看似波澜不兴；清廷自1888年北洋海军成军后，便志得意满，放缓了军事近代化的步伐；日本则后来居上，无论是军力、国力，都开始超越中国。就在李鸿章预估的“十年内外”，日本果然“富强可观”，而李鸿章在朝鲜外交策略上基石不牢的隐患，在1894年全面爆发。

1894年春天，被李氏王朝的黑暗统治压榨得民不聊生的朝鲜底层爆发了东学党农民起义，遂一发不可收。当清军应朝鲜王朝请求入朝平乱后，日本借着《中日天津条约》中的权力，也出兵朝鲜，遂致局势无法收拾。

当李鸿章设法央求列强调停中、日朝鲜争端时，突然发现列强对于中、朝之间的宗藩关系竟然并无认同，当年条约中的漏洞全面暴露。此时的日本则借机生事，以中国破坏朝鲜的国家独立以及阻碍朝鲜的近代化为由，最终挑起了甲午战争。

1894年7月23日，即1882年淮系庆军意气如云地登陆朝鲜平息壬午事变的十二周年纪念日，日本在朝陆军攻入朝鲜王宫，迎奉对中国意存不满的原亲华派领袖大院君入宫，成为日本的傀儡。随即，在日本的安排下，朝鲜王室发布诏书，授予日本代朝鲜驱逐清军的权力。一夜之间，在朝鲜的清军成了非法滞留者，而李鸿章在朝鲜的外交布局不但彻底化为乌有，还成为日本挑起战争的口实。

7月25日，丰岛海战；7月29日，牙山之战；中国在朝海、陆军双双失利；8月1日，中日互相宣战。曾经负责朝鲜外交方略的李鸿章，成为督办北洋军务大臣，总管朝鲜方向的对日作战，9月间，淮系陆军精锐兵溃平壤，北洋海军兵败黄海，清军就此全线退出朝鲜半岛，中华属国朝鲜彻底落入日本的掌握。

只用了短短半年多的时间，军事、政治、经济全方面落后的清王朝，在甲午战争中被日本彻底撕下了“老大帝国”的画皮，在前线哀鸿遍野之中，最终被迫决定向日本乞和。1895年4月17日，李鸿章在《马关条约》上签下了自己的姓名。在这份空前屈辱的条约里，日本并没有逼迫中国就朝鲜问题做出表态，因为此时，中华属国朝鲜早已化为历史，已经无需中国的态度了。

（文/陈悦）

李鸿章的欧洲之行

1896年，一股中国旋风席卷欧美。旋风来自一位年逾古稀的中国老人。这位已经七十三岁高龄的老人，带着自己的棺材，历时近二百天（3月18日至10月3日），访问俄国、德国、荷兰、比利时、法国、英国和美国等八个国家，横跨三大洋，行程九万多里。所到之处，受到上至王公大臣、下到黎民百姓的热烈欢迎，万人空巷。

他那超过一米八的高大身躯，以及雍容的气质、坦率的谈吐，令西方朝野为之倾倒。从此，在欧美报刊的漫画中，中国人第一次以健康、正面的形象出现，连《纽约新闻报》这样的大报，也将这位老人阅读该报的漫画，作为报社的形象广告。

这位向世界传递中国人新形象的老人，名字叫李鸿章。

出访两大使命

李鸿章出访欧美之前，正是他人生的最低谷：中国在甲午战争中惨败，李鸿章被迫签订《马关条约》。在远东有切身利益的俄国，联络德国和法国，出面逼迫日本归还辽东。俄国迅速被中国朝野视为可靠的“老大哥”，中俄亲善俨然已经成为“两国政府和两国人民的共同心声”了。

甲午战争正酣之际，老沙皇亚历山大三世（Alexander III）病逝，其子尼古拉二世（Nicholas II，即后来被列宁下令处决的末代沙皇）即位。尼古拉二世将于1896年5月举行加冕典礼，清政府决定派李鸿章为正使前往祝贺，同时命李鸿章顺道访问德、法、英、美等国。

2月28日，农历正月十六，慈禧太后接见了李鸿章，密谈数小时。一般认为，他们谈的焦点就是与俄结盟的重大外交战略。联俄之外，李鸿章此次出访还有一个使命：提高关税。在列强武力压迫下，当时的中国关税仅为“值百抽五”（即5%），几乎成为自由港，无法应对巨大的财政支出与对外赔款，提高关税势在必行。

在促成李鸿章出访的各种因素中，各方研究者恰恰忽略了最为关键的一点：“黄祸”。甲午战争后，以德、俄两国为主，西方掀起了第一浪“黄祸”论，担心庞大的中国龙在已经西化的日本“领导”下崛起，而分化中日关系成为德俄的切入口。此外，还有种说法认为派遣李鸿章出访是因为慈禧太后“酬庸”。但在“人生七十古来稀”的那个年代，将万里奔波的苦差事交给一位七旬老翁，这绝谈不上“酬庸”。

3月14日，李鸿章到达上海，在这里进行出国前的最后休整。各国的报纸报道说，李鸿章为这次出访带了一口华丽的棺材，以免万一客死他乡。尽管《纽约时报》（*The New York Times*）在随后采访李鸿章的发言人时，证明“这是一个编造的故事”

（1896年8月29日）；但在四年后，1900年6月10日，《纽约时报》却再度报道说李鸿章出访时所带的棺材将在法国马赛进行拍卖。

当提线木偶，签《中俄密约》

5月18日，李鸿章到达出访的第一站：俄国旧都莫斯科。

根据美国记者的报道，在参与沙皇加冕典礼的各国来宾中，李鸿章所受欢迎最为热烈，其排场仅次于加冕典礼的主角沙皇夫妇。而李鸿章几乎是嘉宾中唯一的非皇室成员。

当然，在红地毯、仪仗队和隆隆的十九响礼炮声中，俄国人所要传达的，绝不只是对一个“大政治家”（俄国财政大臣维特语）的景仰，也绝不只是展示“对中国人民的深情厚谊”，而是有着更为现实的利益考量：借地筑路——西伯利亚铁路从赤塔经中国东北直达海参崴，而作为交换，沙俄则同中国结盟对抗日本。这也就是李鸿章访俄的最大任务：以筑路权换取中俄的对日同盟。为此，李鸿章和沙皇以及维特等重臣进行了多轮机密谈判，除了谈判双方，仅有负责翻译的李鸿章之子李经方在场。虽然，前方的李鸿章其实只是负责签字的木偶，早请示、晚汇报，对北京的指令言听计从，最终签订了《中俄密约》(《御敌互助援助条约》)。

只是可惜密约墨迹未干，“同志加兄弟”的“老毛子”便突然翻脸，和德国一起演了出“双簧”：德国借口要为被“暴民”杀害的传教士讨个说法，出兵胶州；随即俄国以协助中国为名，派出军舰占据旅顺大连。史家一般认为，在《中俄密约》一事上，中国被暗算了，黄遵宪在挽李鸿章的诗中就有“老来失计亲豺虎，却道支持二十年”的慨叹。

高规格接待让山县有朋吃醋

6月13日，李鸿章开始了德国之行。从他进入德国国境那一刻起，就受到了比俄国更为隆重的礼遇，规格之高，俨然国家元首。他下榻于著名的恺撒宫（旧译“该撒好司”），“凡口之于味，目之于色，耳之于声，莫不投其所好”，甚至连他喜欢抽的雪茄和喜欢听的画眉鸟都事先安排妥当，寝室内高悬他本人及“铁血宰相”俾斯麦的照片，以示敬重；他在向德国皇帝威廉二世及其皇后递交国书后，德皇夫妇还专门摆设国宴，隆重宴请中国代表团，并亲自陪同李鸿章观看军事操演；“铁血宰相”俾斯麦还在家中单独接见了他。

凡此种种，都远远超越了接待一国特使的应有规格。同期到访的日本名将、著名政治家山县有朋，就没能享受到这些高规格的接待。山县在接受记者询问时，只有自嘲说“中国毕竟是大国嘛”。

德国各报不惜篇幅地描绘中国“副王”的各项行程。英、法等国报纸，则带着复杂的情绪，在对德国人的逾格接待予以了嘲讽。英国报纸的基本论调是，德国人为了拿到中国的大笔军火订单，对李鸿章过于奴颜媚骨，而当李鸿章离开时，并未采购任何军火，这令德国人失望至极，进而转为满腔怨愤。

甲午战争爆发，英俄等国为着如何在中、日之间合纵连横而煞费苦心，德国人却无事一身轻，向中、日两国大肆推销军火。当时的德国外长罗敦干男爵，在外交晚宴上就赤裸裸地表示："欧洲国家能从东方人相互间的战争里获得的唯一利益，就是向他们出售军火。"战争期间，日本和中国的采购团，在柏林频繁出没，这与英国因宣布中立而向中日两国禁售武器形成了鲜明对比，令英国军火商们羡慕不已。德国舆论则几乎是一边倒地支持"东方普鲁士"日本，不仅认为这是文明进步与愚昧落后的战争，更是一个新兴国家对一个老大帝国的挑战。但在战后，德国人却一反常态，对中国倍加呵护，与法国一道，积极参与了俄国牵头的对日压制活动，逼迫日本将辽东半岛归还中国，一举成为"中国人民的朋友"。干涉还辽的三国，自然都期待着中国的回报。

但李鸿章的出访，并没有带着采购军火的使命，不仅德国的军火商失望，就是对德国倍加嘲讽的英国军火商，也大失所望。1898年，德国人借口传教士在山东被害事件，出动大军，强占胶州湾。梁启超认为，这是德国人因1896年的"面子"被扫而进行的报复。又过了两年（1900年），德国驻华公使克林德（Klemens Freiherr von Ketteler），也为了"德意志的尊严"，不听劝阻，非要在遍地义和团的混乱北京，只身前往总理衙门会谈，路上因与清军发生争执而被杀，引爆了义和团与驻京外交机构之间的血腥冲突。备感丢脸的德国，组织了一支庞大的远征军，威廉二世在为这支军队送行的时候，要求他们对中国人必须残酷无情，"让中国人在一千年后还不敢小窥德国人"。

与“共和”亲密接触

从7月13日到8月2日，李鸿章在法国整整停留了21天。7月14日，法国国庆日，李鸿章觐见了法国总统富尔（Faure），并参加了阅兵式和塞纳河上的焰火晚会。

实地考察这样一个没有君主的共和国，对于李鸿章乃至他的使团中的绝大多数中国人来说，还是相当新鲜和震撼的。7月16日，法国总统在爱丽舍宫为李鸿章举行欢迎晚会。大清代表团惊诧地发现总统与其本国臣民也行宾主礼，而不是臣礼，看上去自贬身价，却“人卒无敢戏渝也者，情与义交尽也”，这样的官民关系远比大清来得“鱼水情深”。

李鸿章在这与“共和”亲密接触的二十一天内，除官民关系外，他似乎并没有感到法兰西与俄、德那样的君主国家有什么区别：在大清的巨大购买力前，共和国和君主国都同样对李鸿章敞开了大门，政治理念在国家利益面前，无非是个“婢女”而已。在李鸿章的经验中，列强所加诸在中国身上的欺凌，与列强的国家体制、意识形态毫无关系，在压榨中国方面，列强都是一样的。

尽管没有任何记录显示李鸿章对法兰西那样的共和国的直接评价，但在出访前一年（1895年），李鸿章在为李提摩太（Timothy Richard）译作《泰西新史揽要》一书作序时，极为大胆地写道：

> 我邦自炎农唐虞以前，以天下为公；嬴秦而降，以天下为私。以天下为公则民主之，以天下为私则君主之。

甚至认为：“至我大清，海禁大开，而中外之气始畅行而无隔阂，此剖判未有之奇，圣贤莫测之理，郁泻勃然而大发，非常于今日，殆将复中国为天下大公之局。”这样的观点，显然并不符合大清帝国政治正确的主旋律，却是李鸿章一生中难得表露出来的思想闪电和理论锋芒。

提高关税，英国不松口

李鸿章访问英国总共二十一天内（8月2日至23日），虽然与俄、德、荷、法一般，备受尊荣，但在觥筹交错、称兄道弟的背后，却是两颗越离越远的心。

自太平天国动乱开始，当时的世界唯一的超级大国英国的朝野达成了共识，大力推进大清国的“洋务运动”，在这一过程中力图将中国政权“英国化”。此后的三十年中，中、英关系如胶似漆，虽未正式结盟，但也似乎已经形成了稳定的“事实婚姻”。大清政府甚至将海关财政大权，让给了以赫德（Robert Hart）为首的英国管理团队，英国人俨然成了大清国的内当家。

如此恩恩爱爱了三十年，东邻有女初长成，在日本人的频送秋波下，英国人很难坐怀不乱。在日本威胁要与沙俄“私奔”后，英国被迫在中、日两国之间进行了抉择。在一个中立的外衣下，实际上为日本签发了动武的许可：英国人在新的《日英通商航海条约》上签字后，就直言这等于帮助日本打败了清国的大军。签字次日，日本大本营才最后决定对华开战。

新的《日英通商航海条约》，既是日英同盟的开始，又是远东新格局的重点，此前建立在中日对抗、英俄对立基础上的远东旧秩序彻底崩溃，并隐然形成了并不稳固的中俄"伙伴"与稳固的英日同盟之间的对峙。英国"绝情旧爱、缔结新欢"，也为此付出了沉重的代价：不仅失去了远东的主导地位，被日本逐渐取代，而且英、中之间的"传统友谊"受到极大的削弱，此后中国转而向俄国靠拢。

李鸿章此次出访，主要目的除联俄抗日外，就是敦请列强同意修改关税。而在与英国的关税谈判中，日本又成了一个鲜明的参照物。当时中、英贸易额已占到中国对外总贸易额的百分之八十以上，俄、德、法各国在谈及关税时，都表示理解和支持，但也都推到英国头上，他们只愿意"随大流"。

李鸿章与英国首相沙利斯伯利（Lord Salisbury）进行了闭门会谈。首相虽然表示关税的确过低，却设置了种种先决条件。先是说要咨询上海等地英国商会的意见，李鸿章立即反驳道：中日战争前，日英修约改税，英国政府也是乾纲独断，没听说要征询商会意见，为什么对待中国就不同呢？首相说：当时的首相金伯利（Lord Kimberley）是"贸然应许"了日本人，结果引起在日英商的不满，到处投诉（"谤书盈匣"），金伯利自己也"深悔于心"。首相又要求中国先行取消厘金等，李鸿章承认厘金是一种"苛政”，不利于商业，但当下是救急之时，先停厘金而不加关税，则中国的财政状况将更为困难。

李鸿章低声下气地解释了很久，英国首相就是不松口，李鸿章最终失望而归。

在华盛顿遭遇尴尬

在历时半年多的欧美之行中，年迈的李鸿章常常需要用他自己携带的轿子代步，而主人们为了表示尊重，也往往派出军人或警察，充当李鸿章的轿夫。当李鸿章到一些政要的私人豪宅中访问时，如果要上楼，也都由主人家的仆役抬上楼去。这些洋轿夫显然将这当作一项光荣而有趣的任务。

李鸿章到达美国后，这项任务便由美国的军人及警察担任。美国军队给予了李鸿章极高的礼遇。在他从英国越洋抵达纽约时，美国派出了多达二百名骑兵的仪仗队进行护卫和先导，纽约警方则调动了三百名警察维持秩序。

可就在美国首都，李鸿章遭遇了尴尬：车站警察拒绝抬轿。华盛顿车站的警长，严禁手下警察执行这一特殊任务，即使陪同李鸿章访问的美国武官好话说尽，警长就是不松口。美国武官无奈，只好到站外找了四名负责外围警戒任务的警察，但那固执的警长跑过来，将这些外围的警察赶出了车站。

气氛相当尴尬，李鸿章立等良久，便想自己慢慢走出车站。车站的管理人员看不下去了，赶紧张罗着找了四名铁路工人，才将李鸿章的轿子抬到了等候站外的马车边。

那位居然敢怠慢总理级国宾的车站派出所警长，原来是爱尔兰后裔，而此举是为了报复李鸿章对美国爱尔兰人的抨击。

就在前一天，李鸿章在纽约接受各报的联合采访，猛烈抨击了美国的排华政策。他认为“排华法案是世界上最不公平的法案”，而这一排华法案正是“由于受到爱尔兰裔移民欲独霸加州劳工市场的影响，因为中国人是他们很强的竞争对手，所以他们想排除华人”。李鸿章毫不客气地将矛头指向了爱尔兰人，此举在美国爱尔兰裔社区引发了巨大的愤怒。这位警长正好借题发挥，严禁手下警察去承担这一显然超出正常工作范围的抬轿子任务。

爱尔兰裔警长不愿意为李鸿章抬轿子，美国政要、媒体及普通民众，却热烈地为这位在美国享有盛名的中国政治家“大抬轿子”。李鸿章在美国访问时受到的礼遇，丝毫不亚于此前的俄、德、荷、比、法、英六国，而美国总统克里夫兰，为了表示对李鸿章的尊重，还专程赶到了纽约迎接，这在李鸿章的出访全程中，是绝无仅有的特殊礼遇。

美国大众媒体在对李鸿章的访问进行大量报道的同时，也颇具美国特色地将李鸿章作为集体狂欢和娱乐的对象。李鸿章的卡通形象，可爱、亲切、生动。各报还纷纷利用李鸿章大做广告，显然其形象已经相当正面。

从日后的记载看，李鸿章访问美国，与访问其他国家相比，最大的特点就是更为放松、自然。与其他六国相比，李鸿章在美国的访问似乎并没有特定的政治或经济目标，更像是一次纯粹的友谊之行。一个不得不端着架势的天朝钦差，到了自由的美国后，还原成了一个有趣的人，政治身段相当柔软。他不仅直率地批评美国政府，甚至也直率地批评中国本身。其中，最为著名的段子就是："中国办有报纸，但遗憾的是中国的编辑们不爱将真相告诉读者，他们不像你们的报纸讲真话，只讲真话。中国的编辑们在讲真话时十分吝啬，他们只讲部分的真实，而且他们也没有你们报纸这么大的发行量。一份伟大的报纸必是文明精神的一种体现，而我们的报纸还承担不起这份重任。"需要注意的是，此时的中国官方并没意识到宣传的重要，那些"不讲真话"的报纸都是在野者所办。

对于李鸿章，日本著名思想家德富苏峰曾评价说，经历了甲午战争的惨败后，"寻常人遇此失意，其不以忧愤死者几希。虽然，彼以七十三岁之高龄，内则受重谴于朝廷，外则任支持于残局，挺出以任议和之事，不幸为凶客所狙，犹能从容，不辱其命，更舆榇赴俄国，贺俄皇加冕，游历欧美，于前事若无一毫介意者，彼之不可及者，在于是"。

李鸿章是否真的携带了棺材出访，这并不重要。重要的是，一个老大帝国的外交关系与国际运筹，不得不依靠一个随时可能谢世的七旬老翁远涉重洋，这棺材或者说棺材话题本身，就预示着大清的命运。

（文/雪珥）

幻想保证中国二十年平安的《中俄密约》

自鸦片战争以来，中国对外战争几乎走入了每战必败、每败必割地赔款的泥潭。但即便如此，光绪二十年到二十一年（1894年到1895年）甲午战争的失利，依然让已经习惯了失败的国人感受到了格外的耻辱。这不仅仅是一场战争失利，对于国人来说，这意味着昔日中央帝国被边缘的小国打败，意味着东亚地缘政治格局发生了彻底的改变：不仅仅是在西洋列强眼中，现在即便是在自己的传统势力范围东亚，中国也沦落为一个“二流病夫”国家。通过近千年的朝贡体系在东亚建立起来领先地位、心理优势和大国自信，都随着北洋舰队，在那个秋日一起沉入了冰冷的海中。

伴随着“亚洲第一”舰队一同沉没的还有“晚清政局第一人”李鸿章的事业。在战前，这位洋务派干将、直隶总督、北洋大臣被国内舆论高高捧起，来往士子口中的“爵相”“中堂”称呼不绝于耳。在朝堂之上，他更俨然是位高权重的中流砥柱。但甲午之战的惨败让这一切都付诸东流：安身立命之本的北洋水师全军覆灭；一生的清誉也因为签订丧权辱国的《马关条约》而扫地无余；在日本，他不得不忍受伊藤博文的侮辱，乃至遭到日本小流氓的暗杀流血满身，回到国内还得被清流痛骂为“汉奸”“卖国贼”；甚至就连他为之效忠背锅的朝廷也翻脸不认人，为了平息物议特地拿他开刀，贬爵、褫夺黄马褂和三眼花翎，开去实缺投闲散置。一连串的打击让已经七十二岁的李鸿章极为消沉，在被迫闲居于京师贤良寺期间，他常常追忆生平往事得失，始终对日本耿耿于怀。作为晚清名臣，李鸿章少年科举、壮年从军、中年成为封疆大吏、晚年开始搞洋务，一生功名事业扶摇直上，自觉已经尽善尽美，不可谓不顺，哪知道年逾古稀却遭遇甲午战争，战败之后还得办理中日交涉割地赔款，使得自己一生名节事业付诸东流。这种巨大的反差，又怎生不让他哀叹“半生名节，被后生辈描画都尽”，实在是“环境所迫，无可如何”。

耿耿于怀的绝不仅是李鸿章一人，整个中国朝野上下都对日本咄咄逼人的崛起感到义愤填膺。这种愤怒，既有洋务运动以来心血积攒的成就被日本毁于一旦的扼腕叹息，更有天朝上国最后一丝遮羞布被对手扯下的恼羞成怒。然而让国人感到格外出离愤怒的不仅仅是割地赔款，还有北洋水师全军覆灭，因为这意味着除非奇迹发生，中国凭借自己力量翻盘的可能性已经不存在，只能束手待毙。就在清政府准备批准《马关条约》，不得不忍痛割让台湾和辽东半岛之前，这个奇迹似乎发生了：俄罗斯、法国和德国联合向日本提出通牒，要求日本放弃对辽东半岛的主权要求。

大受欢迎的搅局者：俄罗斯帝国

在获得以国运相赌的“日清战争”胜利之后，日本原本计划是一口气鲸吞中国的台湾和辽东半岛。但此时的它在国际政治大舞台上显然还太嫩，光考虑自己的崛起，完全没有注意到西方列强错综复杂的利益诉求。就在《马关条约》签署前两周的1895年3月30日，密切关注远东局势的沙俄政府就在尚未正式加冕的尼古拉二世的主持下，召开了一次大臣特别会议，确定了必要时出面干涉日本，以维护俄罗斯在远东的利益。4月17日，中、日两国签署《马关条约》。在确认日本要求中国割让辽东半岛之后，沙俄迅速做出了反应，当天就由外交大臣罗拔诺夫（Lobanov-Rostowski）在圣彼得堡出面召集德、法驻俄大使协调三国立场，准备共同出面干涉。六天之后的4月23日下午，三国大使以备忘录的形式正式向日本外务省递交了最后通牒，并限定日本政府在十五日之内答复：

> 今日本国割占辽东，既有危害中国之首都（北京）之虞，也让朝鲜国之独立有名无实，有碍维持远东之和平，故今劝谕贵国确认放弃占领辽东半岛。

由于实力上存在巨大差距，日本政府在接到最后通牒时，只经过了短暂的商议就审时度势地做出了“对三国完全让步，对中国寸步不让”的策略，放弃了对辽东半岛的领土要求。外交获胜的沙俄政府，则得意扬扬地摆出一副最后一刻力挽狂澜的英雄架势，特地在清政府原定正式批准和约的5月2日这一天派遣俄国公使拜会总理衙门，告之：“倭款（指《马关条约》）可商，可有电来，请少候。”不得不说，这种戏剧感十足的表演让不少国人感动得涕泪交加，尤其在得知沙俄不仅出面调停保住辽东半岛，还愿意提供年息四厘的低利率贷款（折合库平银一亿两）供中国赔偿给日本之后，朝廷内外更是一片赞扬。不少人立即萌发了幻想，觉得可以“联俄掣倭”。翰林院编修繁荣、左都御史裕德、国子监司业瑞询等人纷纷上奏，主张和俄、德、法三国签订密约，“许以利益，使为我掣倭”。不仅这些纸上谈兵的翰林清流，就连许多富有经验的地方督抚也对此深表认同。两江总督刘坤一就奏称：“倭之强，非俄所愿，倭之扰我东三省，尤为俄所忌”，因此他建议对俄国“稍予以便宜，使俄乐于从我”，甚至建议不妨割让部分新疆领土给俄国，以坚定其相助之心；而湖广总督张之洞虽然清楚俄国“此次为我索还辽地，虽自为东方大局计”，但他依然坚持认为“中国已实受其益”，觉得比起“袖手旁观，隐图商利”的英国来，沙俄已经很够朋友了。因此张之洞郑重地向朝廷建议，中国可以和俄国“厚其交谊，与之订立密约”。此时的中国朝野上下，已经陷入了一种强烈的“联俄、仇日、疏英”的情绪之中，为了对付心目中最可恶的“倭人”，他们甚至不惜做好了对俄国“曲为维持，有时意见参差，亦须设计弥缝，不使起衅”(《刘忠诚公遗书》)的准备，正如英人赫德评论的那样：俄国为中国帮了这样的大忙，已使中国人的眼睛再也看不到别的。

不过，对这些满脑子都是“以夷制夷”，“稍予便宜”使其“乐于从我”的朝中大佬来说，他们也未免太小看国际政治和身为列强之一的沙俄了。虽然沙俄政府十分警惕日本在远东的扩张，甚至不惜亲自出马牵头组织三国干涉还辽，但这绝不是因为他们正义感大爆发，而是日本对辽东半岛的主权要求严重影响其在远东的利益，迫使它不得不出手干涉而已。财政大臣（后出任国务总理）谢尔盖·尤利耶维奇·维特（Sergei Yulyevich Witte）就是当时沙俄政府中力主干涉最为得力的干将。因为他看得很明白，日本的扩张将会“直向我们（指沙俄）逼近。我们沿海领域与日本国境，至今皆系以海间隔”，而如果日本占据了辽东，则会“筑其利益基础，同时该处大陆又为我们最紧要的利益所在”。他所谓的这个“最紧要的利益”，正是指连接俄罗斯远东和欧洲部分的大动脉，当时已经修到外贝加尔的西伯利亚大铁路。

沙俄援手的背后：借地筑路

就像其国徽上的双头鹰的寓意一样，地跨欧亚的沙俄总是一头望向亚洲，一头盯住欧洲。而其国家战略也体现出明显的欧亚交替的特点：每当它的扩张在欧洲受挫，就会把目光转向亚洲；而一旦在亚洲的扩张被扼制，它又会反过来将精力集中在欧洲。19世纪末20世纪初的俄国也正是如此，由于英、德、奥等国家的干涉，在1877年至1878年的第十次俄土战争中险胜的沙俄并没有如愿在巴尔干获得让自己满意的势力范围，甚至战争最初的目标——获得博斯普鲁斯海峡的军舰通行权，也落了空。在欧洲处处被牵制、难以打开局面的情况下，沙俄不得不开始将自己的目标转向亚洲。1886年春，当时在位的沙皇亚历山大三世明确告诉自己的大臣，他过去“忽视了”富饶的远东，但是现在“是时候了，而且早就是该采取行动的时候了”。也就是从这个时候开始，修筑连接帝国两头的西伯利亚大铁路，成为一项极具战略意义的项目，被紧锣密鼓地提到沙俄政府的议事日程上来。

1887年6月18日，沙俄政府在圣彼得堡召开的决策会议上提出：“为了国家利益，特别是从战略上考虑，年来愈益迫切需要在欧洲、俄国和遥远东方之间建立起更迅速的交通设施。”但由于工程浩大，资金筹措困难，直到四年后的1891年3月31日，西伯利亚大铁路才正式破土动工，当时还是皇太子的尼古拉二世亲临现场为其举行了奠基仪式，可见沙俄对这条铁路干线的重视。经过了包括华工在内诸多工人五年多没日没夜的辛勤劳动，到甲午战争时，这条耗费了俄国巨大人力物力的西伯利亚铁路已经从欧洲修到了外贝加尔的赤塔。此时，主持动工修建的沙皇亚历山大三世已经驾崩，临死前还在遗诏中特地叮嘱他最信任的财政大臣维特伯爵继承遗志，对这条从莫斯科直达符拉迪沃斯托克（海参崴）的战略大动脉全权负责。而也正是这个维特在综合考虑了各种因素之后，认为应该和中国结盟，以换取从中国东北“借地筑路”。

从赤塔开始，西伯利亚大铁路有两条路线供沙俄政府选择，一方案是通过俄罗斯境内的阿穆尔州，沿黑龙江北岸围绕中国东北绕一个大圈南下至符拉迪沃斯托克（海参崴）；另一方案则是贯穿中国黑龙江、吉林两省直接南下至符拉迪沃斯托克（海参崴）。毫无疑问，第一种路线方案既耗工又耗钱，而且沿途多为山路，在工程上具有极大的难度，所以第二种路线方案成为沙俄政府的首选。就在三国干涉还辽协议达成后第三天，维特就向沙皇——当时尚未正式加冕的尼古拉二世提交了“借地筑路”的具体方案，提出要通过外交途径，甚至包括向中国实权派人物行贿的手段取得筑路权，修筑一条穿过中国东北直达符拉迪沃斯托克（海参崴）的铁路。在这一方案中，他明确告诉尼古拉二世，这条铁路将会给沙俄带来巨大的政治和经济利益：从经济上看，这条铁路能让“符拉迪沃斯托克成为满洲大部分地区的主要港口”，“会提供非常有利于俄国商品的条件，还可促使由此线通往中国内地支线尽快建成”；另外，维特也不失时机地向野心勃勃的尼古拉二世灌输这条线路的重大军事意义，指出这条线路“能让俄国在任何时候在最短的路上将自己的军事力量运送到符拉迪沃斯托克，以及集中于满洲、黄海及离中国首都的近距离处”。

对于维特的这个方案，不仅是沙皇，所有和此战略实施相关的沙俄官员，从外交大臣罗拔诺夫到沙俄驻华公使喀西尼都极为赞成。喀西尼看到此方案之后，立即整理一份实施策略向外交大臣罗拔诺夫做了详细汇报，提出要避免提出诸如领土扩张等这些肯定会遭到拒绝的要求，而是要充分利用现在沙俄在华的威信和声望来达到修筑满洲铁路这一首要目的。只要“借地筑路”的目标能达成，那么其他附带的利益在将来就会自然而然地得到解决。而对手下大臣在此问题上的齐心协力，尼古拉二世感到极为欣慰，愉快地在维特主导的以联盟抗日换“借地筑路”的方案上亲手批上了“无误”二字。

一拍即合的中俄同盟

对于清政府来说，和强大到足以抗衡日本的沙俄同盟，可以利用俄、日之间的矛盾“以夷制夷”，从而达到“联俄掣日”的目标以遏制日本咄咄逼人的扩张态势；而对沙俄政府来说，利用中国急于对抗日本的心态，用两国同盟换取中国境内的筑路权，可以让自己在远东的控制力和影响力得到大幅度提升。就这点来说，清政府和沙俄政府互有所求，有着接近并达成同盟的共同利益基础。但就当时国际关系而言，平等、稳定同盟往往只会出现在实力相近的两国之间，弱国片面地寄希望于强国的大发善心，往往是靠不住的。实际上，沙俄在中俄同盟的问题上也是如此，就在“干涉还辽”还在推进的同时，它已经频频用一些小动作进行试探，看是否能在不需要承担对日防卫义务的情况下就能“借地筑路”。

1895年8月，在未获得中国同意的情况下，四名沙俄工程师进入中国东北勘测各处地势。等这些人进入中国之后，喀西尼才照会中国总理衙门，称这些人是为了将来“俄路和华路相接方便，预勘线路”。另外，维特在圣彼得堡和驻俄大使许景澄频繁接触，喀西尼则在北京多次拜访总理衙门，试图以各种手段诱使清政府在没有签约的情况下直接出让筑路权。不过，也许是出于对遏制日本的执着，刚在甲午吃了大亏的清政府似乎突然聪明了不少，对沙俄的这些伎俩抱着一种“不见兔子不撒鹰”的态度。当时，喀西尼找到总理衙门，用“俄国保护中国不再与日本及其他国家相冲突”和“中国不顾邦交，我与日本联络另筹办法”的正、反手腕企图讹诈，没想到当时就被翁同龢给顶了回去，说修路节省了你们八百里绕道，但对中国没有分毫之利，甚至直接痛斥喀西尼“汝为公使，不顾大体也”。最终总理衙门义正词严地正式答复喀西尼：永远不再以此租借权与任何国家和任何外国公司。这已是坚决的永不变更的定案。

这当然不是什么定案，清政府只是因为久病成医，知道如果让喀西尼这个级别的官员空口白牙就诓走筑路权未免太过于笑话。喀西尼交涉失败后，沙俄政府明白不拿出点真诚的态度是不行了，便以参加尼古拉二世加冕仪式为由，专门致电清政府，要求改派遣一名“亲王以上的皇室亲贵代表”以取代原定的专使——位卑望轻的湖北布政使王之春。在喀西尼的运动下，尼古拉二世专电慈禧太后，最终确定人选为已被罢免的李鸿章，以这位足够分量的重臣作为全权代表，商讨中俄结盟的事宜。

1896年2月，清政府连下三道谕旨，任李鸿章为赴俄专使，参加尼古拉二世的加冕礼。从种种迹象来看，两国之间的最高层对结盟事宜已经有了定案，李鸿章出使只是执行而已。据熟悉清代掌故的叶恭绰透露，当时维特除通过喀西尼进行正常的外交工作之外，还利用华俄道胜银行理事璞科第通过李莲英和慈禧太后建立渠道进行秘密外交。从尼古拉二世指明给慈禧太后专电，以及事后璞科第官运亨通并且不合常理地出任驻华公使来看，此事恐非空穴来风。而李鸿章在途经上海和外交家黄遵宪闲谈之时，也透露说“联络西洋，抵制东洋，是此行要策”。已隐约向其透露出此行对两国联盟签订同盟密约势在必行的意思。

卖国还是救国，难以评述的《中俄密约》

其实，在沙俄政府的内心深处，对“借地筑路”，结成中俄同盟一事也是极为迫切。维特甚至担心李鸿章半途被英法德先“截和”，以致“深受欧洲各政治家种种诡计之影响”使得密约告吹。因此，当李鸿章刚过苏伊士运河，就派遣乌赫托姆斯基亲王（Prince Ukhtomsky）前往迎接，一路护送其于1896年4月27日直抵敖德萨方才放心。从这天开始，李鸿章在俄国共待了四十多天，直到6月8日才离俄赴德。其间多次觐见尼古拉二世，会晤维特和罗拔诺夫。让人惊叹的是，当时圣彼得堡各国使节和情报人员云集，但在李鸿章长达四十多天的访俄期间，居然没有任何人发现两国谈判并签订了同盟密约，这种保密工作也真可谓高明。

其实，就在李鸿章在俄皇村行宫首次觐见尼古拉二世，递交国书后的第二天（5月5日），李鸿章和维特就已经代表两国政府展开了关于“借地筑路”的谈判。根据维特自己回忆，在第一次谈判之时，他就向李鸿章交了底：“为保证大清帝国完整，须由俄国筑成经满洲北部而达海参崴的铁路。”将提供武力保护中国和筑路联系了起来。但由于李鸿章坚持要求确认这是沙皇亲自制定的国策，因而只能在5月11日让尼古拉二世以回宫验收礼物的方式，进行了一次最高层密谈。在确认了沙皇的意图之后，实质性的谈判才真正展开。谈判的胶着点在于沙俄想筑路，但是又不想结成军事同盟、承担防卫义务；而李鸿章则想结成军事同盟对抗日本，否则就绝不松口答应借地筑路。双方在这点上展开了艰苦而激烈的谈判，最后各自让步才得以达成一个妥协性的条约大纲。在这个大纲中，李鸿章虽然答应了出让路权，并且允诺未来铁路建成之后，运营公司可以自设警察，享受充分的权利，但同时也迫使维特答应此铁路公司必须以私人公司方式经营，并且“绝对拒绝由俄国建筑和掌握”。在这个大纲的基础上，双方正式拟定了全文六款的《中俄密约》：

一、日本国如侵占俄国亚洲土地或中国土地，或朝鲜土地，即牵碍此约，应立即照约办理。如有此事，两国约明应将所有水陆各军，届时所能调遣者，尽行派出互相支援，至军火粮食，亦尽力互相接济；

二、中俄两国，既经协力御敌，非由两国公商，一国不能独自与敌议定和约；

三、当开战时，如遇紧要之事，中国所有口岸，均准俄国兵船驶入，如有所需，地方官应尽力帮助；

四、今俄国为转运俄兵御敌并接济军火粮食，以期妥速起见。中国国家允于中国黑龙江吉林地方，接造铁路以达海参崴，惟此次接造铁路之事，不得借端侵占中国土地，亦不得有碍大清国大皇帝应有权利。其事可由中国国家交华俄银行承办经理。至合同条款，由中国驻俄使节与银行就近商订；

五、俄国于第一款御敌时，可用第四款所开之铁路运兵运粮运械，平常无事俄国亦可在此铁路运过境的兵粮，除因转运暂停之外，不得借他故停留；

六、此约由第四款合同批准举行之日算起照办，以十五年为限，届期六个月以前，由两国再商办展限。

如果就《中俄密约》条文本身来说，双方的确各取所需，都获得了自己想要的东西。沙俄政府精明地将条约起效期和铁路合同绑定在一起，摆出了一副没有铁路就没有安保的架势；而中国达成了自己“联俄掣日”的初衷，不仅让沙俄为自己提供了安全保障，还没有忘记刚刚失去控制的朝鲜；第四款中更是体现了李鸿章老成谋国的外交手段，通过委托商业银行进行承办，避免了沙俄政府赤裸裸地介入东北的可能性，为中国多少争取到了一些监督牵制的权力。这和刘坤一割让新疆领土换取中俄同盟的愚蠢主张相比，的确不知道要高明到哪里去了。但事实上，就当时两国形势而言，清政府让渡黑龙江、吉林筑路权“厚赂俄人”，以换取沙俄政府军事保护的《中俄密约》，从其起源到签订的整个过程，都是出于双方政府自愿的行为，甚至可以说是被当时中国朝野视为求之不得的好事。若是从这个角度来说的话，李鸿章不仅没有卖国，反而还在尽可能的范围内为中国争取到相当的权利。因此，1896年6月3日，李鸿章在和维特签署了《中俄密约》之后派塔克什纳将文本送回国，毫无意外地获得了朝廷的批准。三个月后的9月28日，奕劻、张荫桓、翁同龢和喀西尼在北京进行了换文，《中俄密约》自此正式成立。由于《中俄密约》从谈判到换文仅用了七个月时间，在一向办事颟顸的晚清政府中已经算是不同寻常的高效。也正因为如此，还引发了后世的一些流言，认为当事人李鸿章是因为受了三百万贿赂才会积极推动此事。不过，就目前主流史学界的看法而言，虽然沙俄政府的确设立了一笔价值三百万卢布的“交涉特殊用项基金”，但这笔基金一直存在华俄道胜银行账户之上，由沙俄财政部总务厅直接管理支配，后来被沙皇当作自己的“小金库”。其中仅有一百七十万卢布作为中国官方从合资铁路公司中获得的津贴而支出，没有任何证据表明李鸿章在《中俄密约》一事中收受了俄国贿金。归根到底，他也就是一个替朝廷背锅的签字大臣，俄国人又何必在这个没有最终决定权的人上浪费卢布呢？

条约签订之后，李鸿章曾向人夸口认为《中俄密约》可保证中国二十年安全。然而，这种仰他人鼻息的做法，到头来终究只是一场空。沙俄抓住清政府在防务上有求于己的弱点，以《中俄密约》为基础迅速炮制出了相关的《华俄道胜银行契约》《华俄银行条例》《东清铁路会社条约》，一环扣一环，一约未完又派生一约，仅仅四年光景就将东三省变为自己的势力范围。而等到四年之后的庚子国变之时，俄国则干脆撕毁条约，直接参与到瓜分中国的狂潮中来了。

（文/李思达）

李鸿章的最后一搏：庚子年外交总崩盘辛丑议和

庚子年（1900年）五月廿五清晨，慈禧太后的案头平整地摆放着一道硃笔谕旨。字迹尚未全干，慈禧太后用单框老花镜照着看，字体略有点变形，但有两行分明写着：

> 与其苟且图存，贻羞万古；孰若大张挞伐，一决雌雄。

二十个红字，悲壮中透着苍凉。无论如何，世界记住了这个历史性的时刻，大清国向东、西方列强同时宣战。

一个五六年前在甲午战争中吃了大败仗的弱国，向当时世界上最强大的几个国家同时宣战，实在令后人匪夷所思，感觉愚不至此。事实上，当时反对与洋人开战的官绅颇不乏人。时任总理衙门大臣、负责外交工作的奕劻、荣禄、王文韶、许景澄、袁昶等人，都在不同程度上反对利用义和团与列强开战，即使宣战也应区别对待。比如袁昶就认为：此次中外失和起因于民教相仇、拳洋互斗，即使一定要宣战，从情理和地势上讲，也应先撇开路近、兵多的日本和俄国，而专与路远、兵少的欧洲列强为仇。即使不能联合日、俄两国以助我，至少也设法使其守局外中立，断无不分青红皂白，向东西方列强同时宣战、置自身于孤立无援之理。王文韶也希望利用《中俄密约》稳住俄国、利用同洲同种因素羁縻日本、利用商务利益联络英国，与袁昶的看法异曲同工。姑不论这些主张有些一厢情愿，遗憾的是，这一切都于事无补。可以说，庚子年大清国内政和外交决策已经彻底失控，外交面临总崩盘。

为什么会出现这种局面？为什么外交决策可以如此“愚昧无知”？为什么相对理性的外交主张不能表达出来？即使表达出来，也不能发挥作用、挽救危局？毫无疑问，慈禧太后知识有限、精于内斗、暗于外情，信用载漪、刚毅、徐桐等人倒行逆施，导致政策重大失误，要负主要责任。1902年回銮之初，慈禧太后召见翰林群体，也曾亲口承认庚子之乱，“皆余不德所致”，说话之时，“泣下沾巾”。但这个解释仍嫌简单，因为从中外关系角度看，大清国自鸦片战争以来，尤其是第二次鸦片战争后，设立总理各国事务衙门负责与洋人打交道，随后遣派驻外公使，逐渐建立起条约体系（虽然不平等，但基本在遵守），逐步学着用“国际规则和国际惯例”进入世界，已经有大约半个世纪之久，何以这次如此激烈地向东西方列强同时宣战？外交当局和外交途径出了什么问题？

恭亲王之死的影响

1898年5月29日，恭亲王奕䜣之死，是一个非常值得关注的转折。1860年，庚申之变，咸丰皇帝逃往热河，恭亲王留京办事，与英、法等国签订《北京条约》。1861年，总理各国事务衙门（简称“总理衙门”）成立，负责外交、洋务一应事宜，就是由奕䜣主持。伴随着外人势力对清朝的影响愈来愈大，总理衙门逐渐成为军机处之外另一个权力重心所在。1861年，慈安、慈禧两宫太后垂帘听政。奕䜣则身兼议政王、领班军机大臣、总理衙门大臣，集内政、外交大权于一身。但这就与慈禧太后产生了矛盾，双方时有权斗。不久，议政王头衔被撤，恭亲王权力受到裁抑。但奕䜣内有大批王公大臣、外有洋人支持，仍是制约慈禧太后的强大力量。

直到1884年，慈禧太后联合醇亲王奕譞，利用中法战局不利的形势和国子监祭酒盛昱的参折，“追究”主政者的责任，一举更换了包括奕䜣在内的军机大臣班子，史称“甲申易枢”。军机处和总理衙门分别由资历浅显、能力平平的礼亲王世铎和庆贝勒（即后来的庆亲王）奕劻领衔主持。这就改变了奕䜣主政时期由同一亲王领袖军机处和总理衙门的格局，更利于慈禧太后一人操纵大局。醇亲王因系光绪皇帝亲父，只能在幕后“暗执”朝政，并不如恭亲王那样，对慈禧太后形成有效制约。

1894年中日甲午战争爆发，战局迅速恶化，慈禧太后虽然不甚愿意，但还是顶不住众多朝臣一再奏请的压力，令“赋闲”十载的恭亲王重新出山主政。虽然奕䜣此时已颇有老病颓唐之态，不如当年的锐气和担当，但是，慈禧太后在罢免奕䜣之后，朝局国势益坏，终至甲午战争大败，不得不向奕䜣“让三分”。

况且，恭亲王的皇室血缘、资历、威望、经验，均远非任何王公亲贵可比，其人在朝一日，尚可主持正论，不致太过偏离轨道。

1898年5月，66岁的奕䜣病重去世，给正面临瓜分危机的大清国的内政和外交带来不可估量的损失。英国人濮兰德（Bland）和白克好司（Backhouse）在《西太后治下的中国》中分析道：恭亲王的死是一件严重的事。如果他还活着，或许不会有义和团乱事。有传教士亦认为，恭亲王势力很大，他在戊戌春天的突然去世，使错综复杂的政府机器中失去了一个重要的轮摆。

曾在中国海关任职三十多年、著名美籍学者马士（Morse）在其《中华帝国对外关系史》（1910年出版）一书中也说：一般人认为如果恭亲王不死，可能会挽救国家很多的不幸。

不仅外国人如此看，了解政治秘辛的朝内高官亦有同感。在1898年春恭亲王弥留之际，精明能干的总理衙门总办章京顾肇新，在写给其兄顾肇熙（前福建台湾布政使）的家书中就颇有危机感地说：

> 恭邸（奕䜣）病情所说不一，弟亦不得确闻。此人尚在，究竟大家有所顾忌，实关全局。否则庆邸（奕劻）必兼领枢垣，一味仰承意旨，恐不免更有离奇之处。

顾肇新所谓“此人尚在，究竟大家有所顾忌，实关全局”，如果从后来历史看，奕䜣若在，对于慈禧太后、端亲王载漪辈的倒行逆施，必能有所制约，庚子事变或许可免。顾肇新预测奕劻在恭亲王去世后将会身兼领班军机大臣和总理衙门大臣，虽然暂时没有成为现实（于1903年荣禄去世后方才实现），但顾氏因与奕劻同事多年，十分了解其能力和性情，所以他说奕劻“一味仰承（慈禧）意旨，恐不免更有离奇之处”，确是一针见血之论。

平心而论，奕劻虽然能力似不及恭、醇二王，但经过多年历练，在亲贵王公中绝对属于庸中佼佼。若由其放手办外交，虽未必能力挽狂澜，也绝不致昏庸孟浪，与东西各国同时决裂。可惜，奕劻与奕䜣的皇室血缘、个人事功、处事性格完全没有可比性。奕劻因与慈禧亲弟桂祥关系密切，而受慈禧重用。以一个远支贝勒，十年升至亲王，富贵皆来自慈禧恩赐。此外，奕劻虽工于心计，城府深厚，但性格偏软，属于“无可无不可”之人。他的一味仰承慈禧意旨，固属必然，希望其制约端亲王载漪、庄亲王载勋等近支王公的胡作非为，也多半是做不到的。

恭亲王去世后，外交方面由奕劻主持，军政方面由荣禄主导，畿辅武卫军皆隶麾下。荣禄能力颇强，资历亦老，也有血性，但在一味仰承慈禧旨意上，似乎比奕劻也强不了多少。荣禄虽然也是总理衙门大臣，但既不擅长交涉，也巧于趋避风险，对于外交事务能躲则躲，与奕劻井水不犯河水。或许，李鸿章也想过这个问题：倘若自己戊戌年不被挤出总理衙门，那么，从戊戌政变至庚子事变（如果仍会发生的话），他会有什么作为？

权斗和政变的恶果：李鸿章出总署，张荫桓遭遣戍

甲午战争的结局，不仅完全改变了中、日两国的地位和命

运，而且对近代东亚政治格局演变和世界历史发展进程产生了深远影响。李鸿章的人生也因此逆转。李鸿章曾私下说：

> 予少年科第，壮年戎马，中年封疆，晚年洋务，一路扶摇，遭遇不为不幸，自问亦未有何等陨越，乃无端发生中日交涉，至一生事业扫地无余，如欧阳公所言"半生名节，被后生辈描画都尽"，环境所迫，无可如何。

的确，从甲午战争、中日交涉开始，李鸿章真是被骂惨了。有指其有心贻误，必欲置于死地；有说其子为日本驸马，甚至凑成对子骂李为汉奸："杨三已死无苏丑，李二先生是汉奸"（李鸿章排行老二，其兄李瀚章官至两广总督）。现在看来，李鸿章作为统帅，在战争准备和指挥方面，对于战败都负有不可推卸的责任，但考虑到大清国当时各方面的实际情况，正如朱昌峻教授所说："没有李鸿章，中国在中日战争期间甚至会更加脆弱，不堪一击。"

甲午战败后，大清国立刻面临两项任务：其一是必须筹借巨款，支付《马关条约》规定的战争赔款二亿两白银，外加赎回辽东半岛的三千万两白银。其二是酬谢三国干涉还辽事件中"帮助"过中国的俄、德、法，尤其是联络北方近邻俄国，以抵制日本。当时，慈禧太后、光绪皇帝和李鸿章均认可这一联俄战略。因而，1896年李鸿章在俄国签订了《中俄密约》。这在当时似乎也是无可奈何之举。随后，李鸿章又访问了德、法、英、美等国，号称“李傅相”历聘欧美。

19世纪80年代以来，总理衙门大臣中，例有一名担任过驻外公使的汉人，类似于刑部、户部的当家侍郎。先是曾国藩之子，曾任英、法、俄国公使的曾纪泽担当这一角色。1885年至1889年，张荫桓担任驻美国、秘鲁、西班牙公使，在欧美颇著声名。张氏早年受李鸿章、阎敬铭等人赏识，后与军机大臣、总理衙门大臣孙毓汶亦关系密切。1895年，孙毓汶退出中枢，翁同龢、李鸿藻重入军机处，并兼总理衙门大臣后，同为户部堂官的翁同龢与张荫桓越走越近。翁同龢既不擅长外交，且甲午之后外交事务更成为“高危职位”，所以翁氏一开始趋避甚力，不欲进总理衙门，只是在恭亲王一再建议之后，才不得不兼此重任。因此，他借重张荫桓之处正多，翁、张关系一度颇为水乳。更重要的是，张荫桓深受光绪皇帝器重，时常获得独对机会。1890年曾纪泽去世后，张荫桓遂成为曾纪泽的接班人。[①]

1896年，李鸿章回国进入总理衙门。此时，总理衙门由恭亲王奕䜣、庆亲王奕劻、军机大臣翁同龢、李鸿藻等组成，其中出过洋、擅外交的张荫桓，实为关键角色。张荫桓在总署当家多年，已然形成气候。“前辈”李鸿章的到来，对张荫桓的地位无疑是个威胁。羽翼丰满的张荫桓逐渐不把虎落平阳的李鸿章放在眼中。双方在一些重要事务上无法和衷共事。比如，1897年

---

① 1898年戊戌政变后，张荫桓获罪遣戍新疆，清廷遂召驻俄、德公使许景澄回国，出任总理衙门大臣。

至1898年，英、德续借款一事，张荫桓、翁同龢就与李鸿章不断较劲、互相拆台，造成了无谓的内耗。结果，最终签订的借款协议，条件甚为苛刻，中国颇蒙损失。而甲午战争之后，李鸿章亲俄的倾向有时到了执迷不悟的程度，而张荫桓不但先前出使美国，1897年又出访英国，在英、美两国声誉颇佳，与英、美人士交往较多，故政见颇亲英、美。结果，李鸿章和张荫桓这两位大清国当时最擅长外交的高官在总理衙门内明争暗斗。1898年8月，大学士李鸿章竟被逐出总理衙门。这固然是因李鸿章需要为联俄政策和《中俄密约》的失败“负责”，但据说内中也颇有张荫桓拨弄的因素。李鸿章在致其子李经方的家信中写道：

（七月）廿二日忽奉明诏，毋庸在总署行走，莫测由来，或谓樵野（张荫桓）揽权蒙蔽所致。

李鸿章在戊戌政变后对陈夔龙说：

不料张樵野（张荫桓）也有今日！我月前出总署，几遭不测，闻系彼从中作祟。此人若不遭严谴，是无天理。

戊戌年政局真是波谲云诡，李鸿章被逐出总署不久，戊戌政变就发生了。张荫桓因促成康有为进用而被抄家逮问。慈禧太后久已对张荫桓恨之入骨，意欲将其处死。所幸有英国公使等人竭力营救，方才免于一死，改为遣戍新疆。外交环境如此险恶，人才又如此匮乏，像张荫桓这样不可多得的办事人才却被抛弃，国事岂能见好。

李鸿章在政变后给李经方的家书中说：

> 樵野（张荫桓）暮龄远戍，书来乞怜，亦殊可悯。各驻使因朝局纷更，人心不定，各调小队入卫使馆。庆邸（奕劻）沿门商恳搬兵而弗应，时事可知。余趁此偷闲静避，诸孙绕膝，含饴为乐，拟过慈寿（十月十日慈禧太后生日），相机长假，有庆邸、荣相（荣禄）夹辅，或者苟延残喘耳。

岂料“庆邸、荣相夹辅”并不可恃，残喘已难苟延，而外人各调小队保护使馆，已有庚子事变前的征兆，且此前胶、旅危机的负面影响非常之大。

胶澳、旅大事件后清廷对外交失去信心

甲午战争失败后，北洋海军覆亡，门户洞开，大清国国防极度空虚。《中俄密约》签订后，据说李鸿章称其能保东亚二十年和平，不料不到两年就发生了德国强占胶州湾、俄国巧取旅大的重大变故。1897年，德国借口巨野教案，将军舰驶入胶州湾，强行登陆，公然侵略大清国港湾国土。俄国则以盟国“帮助”中国之名，将军舰开入旅顺口，然后赖着不走，要租借旅大。随

后的胶、旅交涉中，中方主要由李鸿章、张荫桓、翁同龢负责。胶、旅交涉失败后不久，恭亲王就含恨以终。

德国赤裸裸地用武力强占胶州湾，侵略中国土地，彻底打破了西欧列强数十年来不侵占中国土地而更重商业贸易的形象，露出其残暴无理的“夷狄”本性。

洋人所办的《北华捷报》也认为“德国的办法背离了国际惯例”。李鸿章在签约之前声称：德国占领胶州是公然违反条约和国际公法的行为。与此同时，大清国的“盟国”沙俄竟利用《中俄密约》，巧取“盟国”土地。中国不惜做出巨大利益牺牲而换来的《中俄密约》，曾被寄予厚望，然而竟这么快就为中国带来了可悲后果。这使慈禧太后和许多王公大臣对所谓的国际公法、外交条约产生了莫大怀疑。保守的大学士徐桐就道出了他们的心声：“此次德人占据胶澳各情，实中外通商以来所未有之变……然谓德人并不侵占土地，则非也；且俄人并无端而亦索我旅大矣，将来俄人西伯利亚铁路造成，祸有不堪设想者。”

非“李中堂”不可

如上所述，庚子年中国外交总崩盘的由来甚为复杂。从人事方面看，戊戌七月清廷免去李鸿章的总理衙门大臣，次年李鸿章离开北京，南下广州出任两广总督，也是其中一个重要因素。

自1870年李鸿章出任直隶总督兼北洋大臣以来，当外交之冲，历次重要交涉无役不与，外交事务几乎形成“非李中堂不可”的局面。此种地位的重要性，在和平之日或许还不十分显露，然而一旦中外局势紧张，就会立刻凸显。因此，庚子年（1900年）夏，中外交涉决裂，到了开战的关头，李鸿章遂又成为朝野瞩目收拾局面的不二人选。

庚子年五月二十（1900年6月16日），李鸿章奉到清廷电传谕旨："著迅速来京。"五月廿四（6月20日），李鸿章电奏表示"现已料理起程……但众议非自清内匪，事无转机"，奏请"先定内乱，再弭外侮"。实则此时北方情形不明，和、战不定。所以，李鸿章以水陆不通为由，有所观望。随后，各省督抚、驻外公使一日三电，敦促李鸿章早日就道，以拯危局。

六月十二（7月28日），清廷下旨任李鸿章为直隶总督兼充北洋大臣。六月十七（7月13日），李鸿章再度奉到迅速来京的电传谕旨，遂奏报二十日交篆，次日启程北上。六月廿五日（7月21日），李鸿章乘船抵沪。此时电信稽迟，清廷并不知李鸿章行踪所至，以致急不可耐。六月廿七（7月23日）电旨称："现在事机日紧，各国使臣亦尚在京。迭次电谕李鸿章兼程来京，迄今并无起程确期电奏。该督受恩深重，尤非诸大臣可比，岂能坐视大局艰危于不顾耶？"在此前后，李鸿章会同东南督抚奏请保护使馆，认为使馆保全，尚可转圜，一旦攻破，大局必将无法收拾。到达上海后，李鸿章见北方打得正酣，而"内意不定"，立即北上有可能白白牺牲，而外人也未必承认其全权代表地位，故又托病滞留。在此期间，其与在华洋人、驻外公使、各督抚大臣等电函交驰，搞起了"上海外交"。

七月廿一（8月15日），北京城破，两宫西狩。随后李鸿章奉命为议和全权大臣，可以“便宜行事”，朝廷“不为遥制”，真正成为大清国存亡之所系。这时，李鸿章担心行在中枢仍为载漪、载勋、刚毅等人把持，外面议和终难奏效，遂联合两江总督刘坤一、湖广总督张之洞、山东巡抚袁世凯等东南督抚，密劾载漪、刚毅等人，并力推荣禄赶赴行在，促成了行在中枢“易主”，随后力主严办庚子“祸首”，为停战议和打开局面创造了条件。

八月十九（9月12日），李鸿章一行到京，一场艰难的马拉松式谈判开始了。众所周知，城下之盟的挽回空间本来就很有限，但列强之间的矛盾和制衡关系，却也能巧加“利用”；列强希望两宫早日回銮的心情，也可成为推动早日撤退洋兵的用力点；美国人提出的门户开放，亦可用于保持中国领土和行政的基本完整。

经过一年的漫长交涉，辛丑年七月廿五（1901年9月7日），议和全权大臣李鸿章、奕劻与德、奥、比、西、英、法、美、意、日、俄、荷共十一国公使终于在屈辱的《辛丑条约》上签字。大清国的国际地位沉入了谷底，但总算保住了国家，也可以勉强说是“转危为安”。在此过程中，李鸿章力任其难，殚精竭虑，挽回一分是一分。但其跋扈固执，比方说另一议和大臣奕劻插不上话，经常电报发出去李鸿章才给奕劻通报，以致误判之处也有所不免，他认为先签俄约，然后问题可以迎刃而解（由于刘坤一、张之洞、奕劻等人的反对，以及形势变化，没有先签）。然而，如时人所说：此时“若无公在，更有何人足以当此重任”，不愧为大清国力挽狂澜之柱石。

九月廿七（11月7日），《辛丑条约》签订两个月之后，李鸿章愤恨而终。弥留之际，李两眼“犹瞠视不瞑”，其心腹周馥安慰数语，“忽目张口动，欲语泪流”，遂亡。

消息传到河南开封，据亲历者吴永记述，回銮驻跸于此的两宫“并震悼失次”，慈禧皇太后大哭数场，“随扈人员乃至宫监卫士无不相顾错愕，如梁倾栋折，骤失倚恃者。至此等关键，乃始知大臣元老为国家安危之分量，想此时中外朝野必同抱此种感想。”虽然同是签订屈辱的不平等条约，但在朝野眼中，李鸿章的晚节已经迥异于1895年从日本马关带伤回国之时。

（文/韩策）

戊戌变法

晚清帝后权力格局演进的“多幕戏”

光绪十五年正月二十（1889年2月20日），京城冬阳和煦，天气晴暖，然而御史屠仁守的一纸奏折打破了这原本“无风无雨也无晴”的氛围。屠御史力谏准备“退居二线”的慈禧：即使在归政后，外省密折、廷臣封奏，仍按照训政时期的体制上书皇太后、皇上圣鉴，俟皇太后披览后再施行，并建议皇太后不要住到颐和园，继续住在慈宁宫，以方便对朝政的监管。屠的这番拳拳忠心非但没得到慈禧的赏识，反倒招致其勃然大怒。

次日，帝后二人召集重臣于养心殿东暖阁议事，慈禧首先对屠御史的奏折亮明态度：

> 垂帘听政，本属万不得已之举，深宫远鉴前代流弊，特饬及时归政，上符列圣成宪，下杜来世口实。

故而屠的建议不啻陷太后于自坏规矩、欺名盗世之境地。况且庙堂之中，岂容臣属如此妄议揣测，实在荒谬，于是屠仁守的下场便是：所奏乖谬，撤去御史，交部议处，原折掷还。

六天后，光绪大婚礼成。又过了五天，慈禧归政于光绪。一个半月后，慈禧移驾颐和园，光绪的亲政时代正式揭幕。

这是一个继往开来的时刻：维系晚清近三十载的“太后垂帘”模式暂告结束，君主治国理政的机制重新激活。不过，在此看似权力平稳交接的背后，隐伏着太多的“不确定”——慈禧的独断时代真的画上句号了吗？之后的帝国舵手光绪帝能否乘风破浪、一往无前？这是帝国权力角逐大戏的完结篇吗？

一切的谜底，似乎已写在这场大戏的序幕中。因此，我们还需从三十年前说起。

由“颉颃共翔”到“一飞冲天”

著名史家蒋廷黻先生曾在《中国近代史大纲》中说：

> 可惜道光、咸丰年间的人没有领受军事失败（第一次鸦片战争）的教训，战后与战前完全一样，麻木不仁，妄自尊大。直到咸丰末年，英、法联军攻进了北京，然后有少数人觉悟了，知道非学西洋不可。所以我们说，中华民族丧失了二十年的宝贵光阴。

浪费机遇的代价即更沉重的民族灾难。庚申一役，京师沦陷，皇室北狩，之后英法议和，咸丰病亡，清廷内部的权力格局发生了根本性转变，分裂为随驾热河的肃顺集团、后宫集团与留守京师的奕䜣集团这三股势力。

此时局势之扑朔迷离，借用“犬牙交错”一词形容，似也不为过。然由于自恃顾命大臣的肃顺诸人，继续采取强硬立场，致使“赞襄”与“垂帘”之争日趋白热化，处于弱势的后宫集团不得不转而与奕䜣集团联合：“三国杀”化作“二人转”。1861年，在博取列强默许、获得军队效忠及各路朝臣支持后，叔嫂联手以迅雷不及掩耳之势打掉了以肃顺为首的八位辅政大臣，史称“祺祥政变”(“辛酉政变”)。

叔嫂共治，新政局当有新气象，清廷高层一夜间大换血。剪除肃顺的第二天，清廷就迫不及待地公布了新一届军机处领导班子成员名单：领班大臣恭亲王奕䜣、户部左侍郎文祥、大学士桂良、户部右侍郎宝鋆、鸿胪寺少卿曹毓英及户部尚书沈兆霖。这套阵容，四名满员、二名汉员，折射出新的动向——赤裸裸的恭亲王嫡系“嘉年华”。文、桂、宝、曹、沈这五位，要么乃恭亲王亲信，要么借政变奇勋跻身枢桓。令人备觉意外的是，此时恭亲王已呈盈满之势。两宫先是打破祖制，封其为议政王。同一天，又任命其出任军机大臣和宗人府宗令。次日，他又将管宗人府银库、总管内务府大臣等职尽数收入囊中。时隔一周，两宫又以幼帝名义，赐给奕䜣世袭罔替“亲王”爵位，这亦是违背常例之举。不到十天，奕䜣已是大权在手，一人之下，万人之上。这一年，他才二十八岁。

慈禧、慈安两宫敢于授大权于奕䜣，自有其信心与布局。在恭亲王集团弹冠相庆之际，两宫便匆匆借同治小皇帝名义，郑重向世人宣告：

朕奉母后皇太后、圣母皇太后懿旨，现在一切政务，均蒙两宫皇太后躬亲裁决。谕令议政王、军机大臣遵行，惟缮拟谕旨，仍应作为朕意宣示中外，自宜钦遵慈训，嗣后缮拟谕旨着书“朕”字。(《翁心存日记》)

这道谕旨，清晰地明确了中央政治决策的程序：第一步，各省及各路军队奏折均先呈交两宫披览；第二步，交议政王、军机处等重臣详议；第三步，两宫根据群臣意见做出裁断；第四步，议政王等大臣按照两宫太后意旨交由军机处拟旨；第五步，最终定稿呈请太后审定并正式颁发。

颁布的一纸上谕，意味着此既是新一届领导班子对制度设计的共识，亦是彼此心照不宣的默契。两宫拥有至高无上的最终决策权，而所谓的“议政王”仅仅是埋头干事的行政首脑。说白了，两宫是大清股份有限公司的董事长，恭亲王是总经理。至此，两宫将自己同奕䜣的权限划分得泾渭分明。

不过世间的事情，往往说起来是这般，做起来却是那样。于日后的实际政治操作中，恭亲王逐渐有意无意地侵夺太后之权，让原来厘清的权限变得模糊。

今膺议政王之重寄，集宫廷大小诸务于一身，虽不若顺治摄政王之位尊权重，然每日商白公事者环伺于军机处门前，耳目声势，亦煊赫于一时。而王于各省事件多委权督抚，其能特达者不加遥制。

仔细考察，该局面绝非恭王一人任性所致，实肇因于清廷最高层权力格局的严重“错位”。所谓“错位”，便是权力架构剧本中意外平添叔嫂共治的桥段。两宫如此重赏恭王，本意无非望其感谢天恩，忠心辅佐小皇帝，然这却恰恰使得本已错位的权力格局越发倒置。须知，作为一国之君，同治皇帝乾纲独断名正言顺，太后垂帘即意味着两位本无资格染指最高权力的妇人却替小皇帝暂代大权，而权势煊赫的恭王作为亲王，距离御座实际仅一步之遥，难保无非分之念。说穿了，彼时的情形是：三方距离至高皇权都是如此的近，又如此的险恶。于是此等步步惊心的剧本，注定了叔嫂之间必须经过激烈的“排位赛”来确立各自最终在最高权力结构中的序列与地位。

后人习惯将政变后的四十八年岁月一道视为“慈禧专权时代”，这其实并不确切。中国台湾史家苏同炳先生曾把慈禧当国的四十八年分为三个时期：第一个时期起自辛酉政变以后，历同治一朝而至光绪十年。在这一时期内，恭王为军机领袖。其初政局颇有清明气象，其后渐见偷惰苟安，于是乃有光绪十年的朝局变革，恭王出军机，军机亦全班尽撤，代之者乃礼亲王世铎。

在此时期，以同治四年（1865年）罢黜恭王事件为界，又可分为两段。前期尚处合作蜜月期的叔嫂，已是嫌隙暗生。同治二年（1863年），两宫借“清流”之口除掉了恭王地方上的嫡系胜保，可谓首度试探。发觉事后恭王回应并不强烈，慈禧自然放开手脚，敲山震虎。同治四年春的罢黜恭王事件遂成为叔嫂权斗交锋的小高潮。当然慈禧此番出手，意在收揽大权，并非致恭王于绝境。但该事件却唤醒了奕䜣，其“自是益谨”。不过慈禧之咄咄逼人与恭王之步步退让形成了强烈对比，惹来了慈安太后的不满和同情，于是乎东宫与恭王私下形成默契。这在同治八年（1869年）诛杀安德海、同治九年（1870年）“天津教案”及同治十三年（1874年）的重修圆明园之争等事件中或多或少皆有体现。这意味着叔嫂权力博弈进入长期的“暗战期”。

这种僵局终在1884年被打破。1881年4月8日，慈安太后卒，恭亲王失去了关键奥援，于是慈禧毫无顾忌，将火力集矢于恭亲王一身。1884年4月8日，慈禧借中法战争局势不利、朝章弹劾不绝为由，突然发布懿旨，罢免以奕䜣为首的军机处全部班子成员，史称“甲申易枢”。经此一番变故，慈禧终将大权彻底握于己手。以往世人多把此事件归因于慈禧强烈的权力欲望，似略显偏颇，若制度设计上不出现最高权力格局的严重错位，西太后亦无法借此漏洞揽权。故一定程度上讲，这是不稳固的权力构架发展的必然结果。

在这二十三个春秋里，慈禧同慈安、恭亲王共同经历了权力场上的从“颉颃共翔”（1861年“辛酉政变”）到“一飞冲天”（1884年“甲申易枢”）的神奇蜕变。清廷上下内外已是“秋水共长天一色”，然落霞与孤鹜却不再齐飞。自此，叶赫那拉氏无敌手。

由“母子情深”到“心生芥蒂”

六叔被清理出局时，光绪已登基整整七个年头，但还是个听命于幕帘之后太后懿旨的小皇帝。

有一点必须交代，光绪自始至终都不是慈禧心目中的对手。

首先，慈禧选择光绪继位，便是经过深思熟虑且唯一的选择。作为慈禧的亲生儿子，同治亲政不久，即撒手人寰，接班人问题急迫地摆在清廷皇族面前。既然无“龙种”传下，慈禧只能从最直系的后辈中物色，仅两个人选可供参考。其一是恭亲王奕䜣之子载澂。不过这位天潢贵胄当年就是同治帝的玩伴，同治年纪轻轻暴病而卒，载澂恐怕脱不了干系，也非治国之良才。于是慈禧只得将目光投向醇亲王奕譞之子载湉。载湉此时仅五岁，白纸一张，易于培养；论辈分又是咸丰帝的亲侄子、慈禧的亲外甥，可谓再合适不过的人选。

其次，与桀骜不驯、放浪不羁的同治迥然不同，光绪可以说是极其听话。依照曾长期于两宫身边记录起居注的官员恽毓鼎记载：

> 上幼畏雷声，虽在书房，必投身翁师傅怀中。
>
> 性宽厚，侍臣或偶失仪，不究也。
>
> 上天表静穆，广额丰下，于法当寿。
>
> 畏太后甚。上本口吃，遇责问，益战栗不能发语。

由此可知，光绪生性胆小，加之慈禧给他安排了最为严格、甚至苛刻的道德修养训练与文化教育，使其言行、做事谨慎、谦逊。这恰恰是慈禧心目皇帝的模样。

最后，如文章开头所提，待到光绪成年时，慈禧在归政事宜上毫不犹豫，乃至表现出决绝之态。1886年7月11日，在召见重臣议事之际，慈禧首次提出不再垂帘听政将日常国事交予光绪的想法。如果抛却后世万般揣测的“阴谋论”，慈禧当时的意图恐怕是专权甚久，已生倦意，况且于这个尚算平稳的阶段急流勇退，至少能给自己留个青史垂名的可能。然而大臣们未必这么想，醇亲王奕譞、礼亲王世铎率领众人以世事多艰、万几繁巨为由，恳求太后收回懿旨。经过几番吁请与密商，慈禧并未改变主意，她再度明确表示：

> 垂帘之举，出于万不得已。十余年来深宫训导，欣见皇帝典学有成，特命于明年正月内举行亲政典礼，审慎宣论，权衡至当，不容再有游移。

一言以蔽之，该问题可以不讨论了！

当然，慈禧也给了重臣们些许颜面。之后奕譞、翁同龢诸人又上折强调“垂帘虽权，仍是守经”，太后“二十年中功德”不可磨灭，况且一旦遭遇“外国交涉事，战守机宜，非仰承慈训，何以悉合机宜”。甚至为了改变太后的决心，军机处负责起草该折的官吏竟将垂帘听政形容“为亘古未有之创局，即系亘古未有之盛事”。可谓肉麻至极！翁同龢看过此折后，也认为这等谀辞，“似未惬也”。于是面对群臣之呼声，慈禧做出妥协，答应在光绪亲政后再继续训政若干年，应当说，此时慈禧未能及时当断则断，则为之后政治局势、权力结构的变化预埋了不小的变数。

坦率而言，这种判断仅是我们研究者的后见之明。作为当事人，按照慈禧的设想，群臣的意见虽然掺杂不少“水分”，但有一点是值得汲取的：作为执掌帝国多年的实际“大BOSS”，她确实不能突然甩手，皇帝毕竟年轻，还需要扶上马、送一程，应在实际的政治历练中由她手把手将其锻造成名副其实的国君。那么在此期间，所谓的“训政”，便意味着是一个慈禧逐步放权的过程，直至光绪最终成为一名堪当大任的皇帝。

历史是由人书写的，但它的发展轨迹并不会依循人的意志前行，哪怕你是昔日不可一世之人。因而之后的政局演进，并未按慈禧拟定的剧本发展，亲政后的光绪帝，在日常的处理政事的过程中，越发体会到清廷积弊之深、政改之举步维艰，逐渐与“亲爸爸”在政见上分歧日多、渐行渐远。

首先是用人方面，光绪备感乏善可陈，难获良才。陈寅恪先生高足石泉曾对“甲申易枢”后的高层政情有过颇为精到的论断：

> 外廷领袖，由恭而醇，由醇而礼、庆，每况愈下，遂使太后日益得以随心所欲，而朝政则日趋下游，同治以来，中兴气象，至此可谓已全行消失。

可以说，光绪帝于朝堂之上面对的群臣，多为“猪一样的队友”，实给人以“一蟹不如一蟹”之感。

其次，19世纪90年代的晚清政局乱象丛生。其一，洋务运动与守旧势力之冲突；其二，满洲统治者对汉人新兴势力之猜防；其三，宫廷矛盾与朝臣党争是也。三者错综，遂使局面益趋复杂。光绪实际接手的是个“烂摊子”。这在朝廷大臣的私函中也有侧面的体现。就在慈禧与光绪交接之年（1889年）四月，李鸿章致信醇亲王，喟叹道：

> 目今解事人少，办事人尤少，鸿章实有才难之叹！此当于事前审慎，外间每疑鸿章用人似滥，不知节取器使，稍窥古人略短录长之义。津沽耳目切近，尚能随时督查训励，若鞭长莫及之地，自非有独当一面之才，不敢轻于付托。(《李鸿章全集信函》)

连向来号称兵多将广之淮军，都感慨人才难得，清廷之“用人荒”，可见一斑。更何况“同光以来，内外重臣，皆孝钦所亲拔”，光绪“虽亲政，实未敢私用一人，其势已孤矣”，“慑于积威，见太后辄战栗”，举凡大事不敢自主。无人、无威、无可奈何，自然羽翼不丰。

倘若光绪对于慈禧留下的“政治遗产”只是隐有腹诽的话，那么甲午一役前后的巨大刺激和剧烈动荡，则将二者的分歧推到明面上。中日甫一交战，光绪头一回公然违抗慈禧旨意，鼓动臣下“请停颐和园工程以充军费”，结果“西后大怒。自此至乙未年（1895年）九月间凡二十阅月，几于不交一言”。到了年底，慈禧给光绪扎扎实实上了一堂生动的“政治课”，先是以“近来习尚浮华，屡有乞请之事”为名，将瑾妃、珍妃降为贵人，“以示薄惩而肃内政”。紧接着，又将“翁门六君子”之一的志锐发配乌里雅苏台。

然而，这并不足以证明清廷内部已形成以慈禧为首的后党与光绪为首的帝党。不妨以常识论之。所谓帝制时代的“党”，代指统治阶层内部的不同派系，相互角力博弈，实可称作“党同伐异”。而反观彼时情形，一来，光绪亲政不及六载，虽有恩师翁同龢平日注意延揽“清流”名士文廷式、盛昱、黄绍基、王仁堪、屠仁守、丁立钧、沈曾植、张謇、郑孝胥、叶昌炽诸人。不过所谓“清流”，无非掌权者之口舌与工具，慈禧需要时骤然风起云涌，呈压城之势；弃用时则忽而风流云散，销声匿迹。因此这些人围拢在光绪周围，并不足以保证其树党自固。二来，党争必定至少是双峰对峙。仔细梳理慈禧揽权的三十余年，确实有众多亲信大臣听命于她。不过作为实际的统治者，自然群臣拥戴，是故不能因其身边聚拢了一批大臣，就将该官僚集团称之为“后党”。并且没有“帝党”，又何来“后党”？三来，慈禧虽对亲近光绪的官员及嫔妃多有惩治，但更多是母亲规训儿子的意味，并不能一概上升为政治斗争。

但当戊戌变法进入实操期后，伴随着光绪改革步骤的日趋激进，光绪与慈禧的分歧愈加扩大，直至逾出了“亲爸爸”所能承受的心理界限。

由“改革正剧”到“政变悲剧”

根据著名历史学者茅海建先生的研究，在变法期间，光绪与慈禧的政治权力运作存在两种制度。其一是事后报告制度，即军机处每日将前一日朱批、口谕、电旨、折件连同其“事由”上报太后。其中个别奏折光绪帝对慈禧有所隐瞒。其二是事前请示制度，除个别情况下以军机处奏片的形式向慈禧请旨外，主要是光绪面见太后时，须将重大政治决策和高级官员任免，先行进行请示。由上可判断：慈禧虽可监控光绪，但碍于体制，不能直接通过军机处发号施令。整个国家机器须对光绪负责，光绪向慈禧负责。倘光绪一旦不愿向太后负责，依旧可通过国家机器推行自己的主张。这种任性式的“脱轨”，自然是慈禧不愿看到的，也是光绪万不敢轻易启动的。

可是，这种例外在变法期间还是发生了。1898年9月4日，光绪罢免了礼部六堂官，次日任命杨锐、刘光第、林旭、谭嗣同为四品军机章京。慈禧闻后勃然大怒！原本的“改革正剧”变奏为“政变悲剧”。

或许作为当局者，慈禧与光绪，皆不希望这出尚带温情的权力大戏朝着扼杀改革、帝后不和的方向演进。奈何人永远敌不过天，高潮已来，不可阻止！

（文/王学斌）

维新派的民间动员：强学会与《时务报》

遥想清军入关伊始，曾下令在全国的府学、县学都树立一块卧碑，上面铭刻三大禁令：

> 第一，生员不得言事；第二，不得立盟结社；第三，不得刊刻文字。违者，杀无赦。

戊戌变法之所以被史家视为大事件，一个很重要的原因是戊戌年间的这场大规模社会运动，释放了大清开国以来一直被压制的一股社会力量，为体制外的读书人打开了发声通道。戊戌变法中有一项举措，允许官民上书言事，体制内外的障壁似乎打开了一扇窗口，这对处于边缘的知识分子是莫大的鼓舞。

朝廷有难，读书人想出力

戊戌变法以前，想进入体制内是相当困难的。正途无非科举一条，但科举考试是真正的千军万马挤独木桥，录取率相当低。三年一考，基本上全省前一百名才有希望中举人，前十几名才有希望中进士，就这个录取比例，无怪乎五十几岁的复读生范进中举后高兴得语无伦次。即便如此，中了进士也不一定有官做，大清的官场有固定编制，一个萝卜一个坑。按照《大清会典》，全国大概一万八千个文官职位，实际上官员数量会略多于编制，但也不过两万人上下。要知道，此时全国的举人就有大概四万，读书人少说也有上百万，真正能在体制内崭露头角者，也许仅占读书人的百分之一。

无法进入体制内的读书人，是很想参政议政的。毕竟自古以来，中国士人的理想就是“致君尧舜上”，人生偶像都是管仲乐毅之类的名臣，李白这么潇洒的人，一听说皇帝召见他，不也“仰天大笑出门去”嘛！

甲午战争的失败，又对我国知识分子有着莫大的刺激。中国人一贯不大看得起日本人——输给西洋人，是咱确实没见过，弄不清洋人的路数，就和输给外星人一样，不是我们的无能。可这日本人，在当年中国人看来不过是山寨了一点中国文化的岛屿蛮夷，居然就把泱泱大国给打趴下了。天下兴亡，匹夫有责，每个读书人都觉得自己有责任兼济天下。体制外的那些读书人，更是酷爱以躬耕南阳的诸葛亮自诩，都觉得自己胸中有救国良策，只是差一个表现的机会。

这些在野的知识分子怎么办？给皇帝上书？他们没这资格，向朝中大员自荐者倒是不乏其人，但人家领导干部也很忙的，哪有时间见你一个科举都考不上的“学渣”？即使幸运如孙中山，上书递到了李鸿章本人手中，也不过只读不回罢了。大批苦闷的体制外知识分子，很自然而然地选择了抱团取暖，三杯两盏淡酒，谈几句兴衰，骂几句时局，传看几本新书，发几句怀才不遇的牢骚。于是，戊戌变法前，大小学会在中国四处开花。

维新派集散地：强学会

现在人看来，组织一个学术社团、搞一点学术研讨会、印一点文集、切磋学问，这和政治毫无关联。但是，这种形成规模的学会组织蕴藏了强大的思想动员潜力。

组织学会者，显然是读过圣贤书的，智商和文化水平不会太低，不乏可用之才，且在当地富有影响力。这些读书人能组织起来，显然富有热情，民气可用。虽然多数“学会”号称以讲求学问为宗旨，但其实这些组织者想的无不是经世致用、变法图强。传统的长幼尊卑，在学会组织中不再吃香，学会内部只看学问大小。无论你是辞章才子、科第名家，无论你是簪缨世族，声动朝野，学会内部一律平等，正与当时社会上方兴未艾的变法主张切合。

就这样，在全国的政治中心——北京城里也有了讲求维新的学会组织。维新派创办刊物，刊登海外新闻、时评政论和有关公文，以“渐知新法”为主要宗旨，京城有名的官绅都送他一本。同时，当时“清流”派的健将——翰林院侍读学士文廷式在北京宣武门外的诸省驻京会馆内定期集会、演说、讨论。为何要在这里演说？这就要搞明白这些驻京会馆的用途。当年的北京是一座政治城市，这里的会馆并不像其他商业城市的会馆那样主要接纳往来客商。北京的大多数会馆，主要为同乡官僚、缙绅和科举之士居停聚会之处，故又称为试馆。换言之，北京的这些同乡会馆，真可谓谈笑有鸿儒，往来无白丁，是知识分子的聚集之所。选在这里宣讲，真可谓占尽天时地利。

1895年冬，经过大半年的前期准备宣传，强学会正式成立了，一时入会者数千人。还有如张之洞、袁世凯、徐世昌等朝中重臣纷纷解囊襄赞，列名参加，李鸿藻、翁同龢等“清流”领袖也予以强烈支持。李鸿章也愿捐二千两银子入会，但因签订《马关条约》名声不好，被强学会拒了。

不过，成也萧何，败也萧何。读书人的组织，很容易借助读书人间的地缘、学缘和科举同期之谊而迅速扩展，一时如火如荼。然而知识分子常会带有些固有的缺陷。例如：圣贤书读得太多，思想过于形而上，往往缺乏实干精神；喜欢道德审判，喜欢排斥异己，自视甚高，不容于人；知识毕竟是一种稀缺资源，知识分子作为稀缺资源的生产者和某种程度上的垄断者，优越感又往往特别强。这不仅是中国一家独有的现象，其实全世界都差不多。

强学会的“停散”

张之洞、李鸿藻等人的赞许，就为强学会的分裂埋下了伏笔。在晚清政坛上，拥戴光绪改革的一派大臣被人们称之为“帝党”。此时，许多官员不满后党跋扈，以拥护光绪帝相互标榜。强学会里帝党众多。强学会的骨干人物，如陈炽、文廷式、沈曾植、沈曾桐，都是翁同龢的得意门生、铁杆的帝党。就这样，拥护光绪皇帝的帝党，和主张君主立宪的维新派，在强学会中相互吹嘘，气氛一团和气。

须知，帝后两党只是一种笼统的说法。许多人之所以被视为帝党，仅仅是因为他们反对李鸿章在甲午战争中先畏首畏尾，后屈膝求和。可对李鸿章有意见的，未必就愿意冒着丢官风险去支持光绪帝。当年满脑子忠君热情的年轻人，经过几年宦海沉浮的洗礼，也许现在也油腻、世故了起来。今日之帝党，论源头，还要追溯到十多年前的“清流”。

早在1883年中法战争时，李鸿藻、张之洞、张佩纶等清流派大臣指斥时政，频发清议，震动朝野。清议对腐朽的政局而言固然有激浊扬清的作用，但是士大夫往往沽名钓誉，办事能力则十分有限。例如：“清流”中坚张佩纶，“慷慨好论天下事”，却在中法战争中坐视福建舰队被法军尽灭。

经过十几年的历练，当年的“清流”领袖李鸿藻、张之洞，早不是一腔热血、年轻气盛的模样，李鸿藻入值军机，张之洞已经是封疆大吏，他们在垂帘听政的体制下积攒了丰厚的政治资本和既得利益。李鸿藻此时已经七十五岁，比影视作品中常以须发尽白的老人形象示人的翁同龢翁师傅年纪还大十岁，早已过了热血的年纪。

在李鸿藻、张之洞看来，在野的读书人组织朋党，本来就是一种值得警惕的信号，虽然一时暴得大名，但这种体制外的政治集会，长久看来定为朝中的集权势力所不容。因此，李鸿藻、张之洞希望借助强学会，逐步渗透，把体制外的言论限制在洋务派所许可的范围内，逐步将强学会演变改造成为体制内的政治工具。缺乏政治经验的康有为等维新派，却主动将李鸿藻、张之洞的亲信揽入强学会，希望借助二人的声誉提振强学会的知名度。

结果很不幸，李鸿藻派来的学生张孝谦是一个“杠精”，在不断抬杠的过程中将强学会的组织机制彻底整瘫痪。后党趁机弹劾，御史杨崇伊以“私人堂会，将开处士横议之风”上奏慈禧太后。慈禧太后马上以光绪皇帝的名义下旨，严禁北京强学会议论时政。一个宣扬政治改良的组织，一旦被禁止论政，它的生命也就走到头了。

当年有名的外交专家、大诗人黄遵宪提及此事，用了一个很微妙的词汇——“停散”，一旦停下，势力瞬间四散。强学会犹如一辆高速行驶的汽车，在一纸禁令下突然急刹车，速度骤降，内部的压力瞬间释放，参与人员势必撞得头破血流。

遭到当头一棒的学会成员这才发现，原来自己势单力孤。维新派终于明白，文人论政，若要依靠在野的政治团体来直接推动，势必为保守势力所不容。黄遵宪提议“谋再振之，亦以报馆为倡始”，聚拢几个维新派中的笔杆子，走上了新媒体事业——办报。

维新派大办报纸

1896年8月9日，《时务报》在上海创刊，成为日后中国新闻史上的一桩大事。梁启超在创刊号上发表文章《论报馆有益于国事》，阐明了自己投身新媒体行业的初衷。

梁启超表达了一个观点：大清当下的问题在于，民间与官方的沟通渠道堵塞，体制外的声音无法传到最高决策者耳中，决策者深谋远虑的苦衷又没有途径向民间百姓解释清楚，上下不通。因此，要想真正推动变法，必须创立一个体制内外的沟通渠道，而这个渠道就是《时务报》。

在梁启超看来，好的媒体必须符合四个标准：一以贯之的高尚价值取向（宗旨定而高），便于培养稳定的读者群体；观点新，三观正（思想新而正），便于向读者群体传递自己的价值观；文章题材丰富（材料富而当），要让报纸好看，打开销路；最后还要讲求时效性（报事确而速），新闻报道的生命所在，同时便于吸引广告。

《时务报》馆还大力经营社办企业，如出版书籍，大多数是翻译的西洋书籍，有一些销路相当不错。《时务报》在康有为门徒的运作下，在各地设立了一百多个代销点，主营《时务报》和报馆出版的书籍，销售网络在当年算是非常完善了。因此，许多新兴媒体和出版商人也想利用《时务报》的销售网络，主动依附。《时务报》专门有“告白专栏”，所谓“告白”就是广告。据统计，在《时务报》代销点可以买到最多十三种报纸、六十六种书籍，还有一些书馆的股票，形成了媒体集群。

此外，《时务报》还有有奖征文。不过，《时务报》将此称之为“时务会课”，仿佛给读者出考试题目一般。1896年底，《时务报》发布征文题目，一是“中国不能变法之由”，二是“论农学”，文科生、理科生都能说上两句，一时间应征者甚多。《时务报》

第三十八期上刊登了前五十名获奖者的姓名，并依照名次发给奖金。同期《时务报》又刊出第二次时务会课的课题：问泰西、日本维新以前一切弊政与中国今日多相类者，能条举之否？可惜这次还没等评选结果公布，时务报就停办了。

《时务报》馆也积极拓展线下业务，搞知识付费，成立东文学社，教授日语。据说年轻的王国维每天来这里苦读三个小时。英文、法文的学塾也相继开设，缴纳学费后就可以听课了。《时务报》还有“带货”业务，只不过是替湖南巡抚陈宝箴推销湖南的铅矿石。可以看出，《时务报》的营销手段非常多样，宣扬的内容又非常新潮，《时务报》一时间风靡海外。

张之洞推销《时务报》

《时务报》从创办之初就不免染上了官方色彩。

《时务报》广告里曾这样写道：

> 本馆草创半岁，迭承中外大府各省同志提倡保护，顷助款至一万三千余金，派报至七千余分。非借诸公大力，何以及此？

能出得起这么多钱的赞助人，一定非富即贵。实际上，《时务报》的赞助者正是地方的督抚大员们。

张之洞说，《时务报》“识见正大，议论切要，足以增广见闻，激发志气”，夸奖《时务报》“实为中国创始第一种有益之报”。张之洞亲自为《时务报》做营销，要湖北全省文武大小各衙门和学堂，每个衙门都要搞一份《时务报》学习，一下就增加了几百册的发行量。浙江巡抚廖寿丰、湖南巡抚陈宝箴，都下令属下官员用公款订阅《时务报》，发给学堂，供青年学子阅读。上到李鸿章，下到普通道员，大小各级官员也为《时务报》积极捐款。

在这一幅和谐图景中，有人看出了暗藏的危机。黄遵宪就对这种来自官场的赞助很警惕。他发现支持《时务报》的地方督抚大多主政南方，在北京城内，保守势力仍然占据上风，纷纷指责《时务报》为“谤书”。

《时务报》分崩离析

《时务报》的三驾马车是黄遵宪、汪康年和梁启超。黄遵宪此前长期担任驻外使臣，刚刚从新加坡领事任上回国不久，对西方新闻媒体的运作非常熟悉。汪康年是张之洞的幕僚，梁启超是陈宝箴的座上宾，二人都不算严格意义上的体制内人物，又都得到体制内大领导的庇护。

黄遵宪则身在体制，顾虑颇多。黄遵宪早就和汪康年、梁启超说，我们三人里面，我在官场，最怕别人攻讦举报，您两位反可以无所顾虑。黄遵宪始终不能放开手脚。汪康年对梁启超又有意见，他觉得梁启超总是在《时务报》上大力宣传康有为的学派和主张，这就不对。汪康年是浙江人，与康有为的广东学术，不是一个路数。

康有为讲托古改制，一般保守派反对的是“改制”部分，汪康年反对的是康有为缺乏考据精神的“托古”。汪康年后来提及自己和梁启超的矛盾，说得很隐晦，说“学术不同，加以构间，致渐乖异”，说的就是学术观点的分歧。

汪康年是一个有新闻理想的人，一生办了十多份报纸。梁启超认为，报刊是宣传维新主张的工具，而汪康年则认为“报章者，所以监督政府，而谋社会之公益者也”，把报纸看作社会的公器，如果在《时务报》上连篇累牍地介绍某学者的个人主张（尤其在汪康年看来，康有为的理论还是错的），这就不是为社会公益服务，是公器私用。

有人说，汪康年是张之洞的幕僚，肯定是张之洞的代言人，梁启超是康有为大弟子，他俩的矛盾实际上是张之洞和康有为之间的代理人战争。这可是小看了汪康年和梁启超。从人格上看，这两个人绝对称得上光明磊落，虽然此时二人分歧不小，但戊戌变法后梁启超流亡海外时，看到汪康年新办的《中外日报》，大为赞叹，马上寄过去一份自己的《新民丛报》，二人很快又意气相投了。

报馆里的理想主义氛围压倒了派系的主张，汪康年的观点在报馆占据了上风，这一矛盾的结果，就是康有为的势力被逐步排挤，导致康梁在很长一段时间内对《时务报》失去了掌控。

戊戌变法启动，康有为掌握了权力，就把《时务报》强行收归官办，一时间，民间议论纷纷。从表面看来这是康有为的胜利，但实质上已表明，维新派一开始希望沟通朝野内外的办报理想，已经失败了。

当慈禧太后发动政变时，康有为好不容易抢到手中的《时务报》，被慈禧太后以“莠言乱政”的罪名查封停办。

最后的维新声音

在六君子刑场就义后，天津《国闻报》继续坚持鼓吹维新，引起了清廷的注意。

《国闻报》是严复等人创办，在戊戌变法期间不断连载《天演论》，极力支持变法，积极报道康梁维新措施，被人称之为“真康党”的刊物。政变发生后，清廷最初承诺继续推行改革，《国闻报》一时拿捏不准，主动与康梁划清界限，还在报道中尽力维护恢复训政的慈禧太后。然而，随着六君子菜市口人头落地，反攻倒算开始，大量官员遭到打击。同时，清政府停罢维新新政，直至禁开报馆，抑制新学堂。《国闻报》刚反应过来，终于开始为康党辩护，但为时已晚。不久，《国闻报》被彻底卖给了日本人，团队星散。

此前，《国闻报》一再劝告清廷，不要为渊驱鱼、为丛驱雀，不要停止改革，却被清的保守力量视为大逆不道。此时的朝野上下已经无人敢为百日维新说话了。

（文/罗山）

一日发布数条上谕：光绪皇帝的变法节奏

光绪皇帝作为一国之君，希望通过政治改革在短时间内改变大清朝的政治、经济、军事、文化体制。从诏书的发布到政策的实施，从新官的任用到旧臣的黜免，基本出于圣裁。作为一代有志于改变大清命运的皇帝，我们不能怀疑他的发心。“普天之下，莫非王土；率土之滨，莫非王臣”，家国一体，皇帝与王朝的命运关联度最大。换一句话说，皇帝是王朝的象征，芸芸众生是跪拜在皇帝面前的臣民，带领这些臣民和这个王朝走向繁荣富强是皇帝义不容辞的责任。如果大清衰落了，或者分裂了，甚至灭亡了，最有亡国之痛的是皇帝。光绪皇帝正是在这种思维指导下，才开始了全方位的改革。

光绪皇帝无权

光绪皇帝亲政后，仍不能掌握政权，慈禧太后拥有最终的决策权和否决权。从小的阴影，造成了光绪皇帝逢事总是要征询老佛爷的意思。光绪皇帝虽希望改变这种政治格局却无从下手，传统的伦理道德教导皇帝“子要时刻孝敬母”。光绪皇帝有名义上的最高权力，却时刻受制于人。

如果说以前还是主动，因为感念慈禧太后立己为帝、教己成人，也可从年长者的人生阅历中获取政治智慧。那么随着年龄的增长，这种主动变得越来越被动，毕竟自己才是一国之君，哪怕不能像康熙、雍正、乾隆等具有雄才大略的君主一样乾纲独断，至少也得像嘉庆、道光、咸丰几个中才之君，做到凡事自己做主。

皇帝与太后逐渐演变为两个政治中心，大清朝处于双头政治的统治之下，带来了政权的不稳定。朝臣们有的倾向性地选择两宫之一，在表面上对另一方保持基本的尊敬。当大部分朝臣把天平的砝码放到了太后那边，光绪皇帝感觉到了孤单、寂寞和无助。既然现有的老迈官员是太后留下的班底，那么很多政治边缘人就进入光绪皇帝的视野。这部分新锐力量成为其重点提拔的对象，并被指派负责推动改革。

两宫政见的不同，造成了心灵的隔阂。很多有强烈政治企图心的人，则极力扩大这种裂痕。康梁总是把所有的不同意见者划为保守者，似乎帝后之间存在不可调和的矛盾。伴随着光绪皇帝躁动的情绪、不合章法的改革次序，这个裂痕最终演变成一种政变，原本还有一点希望的改革演变成一场仇杀。

维新变法启动，康有为出场

1898年1月，维新的气氛在京师已经很浓，光绪皇帝在16日召见群臣时，表达了系统改革的愿望。光绪以皇帝的名义下了三道谕旨，一是要求改进中央各部门的办事作风，提升效率；二是要求各省督抚切实淘汰冗官冗员，积极举荐人才；三是要求各省督抚根据各自的实际状况，继续筹款开办各类制造局厂。

大清的国家机器好比一个破旧的牛车，因循守旧，在一个坡上慢慢地爬行。一纸诏书所能改变的实在不多，各地臣僚的惯性思维还在发挥作用，无法体察圣意，无法大踏步地前行。光绪皇帝对整个官僚体制越来越不满，感觉到了罢黜旧臣的必要性。

这时，康有为声名鹊起，成为倡导维新思想的精神领袖，有御史上奏建议光绪皇帝接见他。光绪皇帝很早听过此人，此时有意召见垂询，但康有为的级别实在很低，不合大清礼仪。恭亲王奕䜣建议，可由大臣代为询问，再据实转呈。这着实让光绪皇帝不爽，但也无可奈何，年迈叔父的建议有理有据，光绪皇帝只好命令王大臣接见康有为。

康有为按照书面通知，如约来到总理衙门，接受荣禄、李鸿章、翁同龢、廖寿恒、张荫桓等人的问话。这次会面对彼此都不是很愉快的回忆，康有为纵论时事，倡导全方位改革。他直率的性格、极端的言辞和系统的论述给枢臣们留下了深刻的印象。即使是待康有为不薄的翁同龢，都认为其“高谈时局”“狂甚”。

第二天，光绪皇帝召见枢臣，听完所有论述后，更觉得有必要与康有为直接对谈，以便厘清他对大清整体改革和未来发展的思路。奕䜣依然以祖宗之法和礼仪传统为由，委婉地表达了阻止，建议可将康有为个人的书面意见尽早呈报，如果确有价值，以后再考虑用其他方式召见。这让光绪皇帝更加不爽，但面对年长许多的诸位重臣，只好表示如此。

得到鼓励的康有为赶紧整理了一下全盘变法的思路，写就“为外衅危迫，分割洊至，急宜及时发愤，革旧图新，以少存国祚”，史称《应诏统筹全局折》，也被称为《上清帝第六书》。这是一份大清政治体制改革的总设计书，其中设置制度局、提拔新式人才，是这篇奏折的核心观点。

光绪皇帝大喜，从小生于深宫之中，长于妇人之手，没有离开过皇家宫苑，虽然有正规的教育和朝臣的上奏，但所得的新法资讯有限，像这么系统的改革方针，还是第一次见到。设置制度局、另起炉灶、提拔新人，淘汰老迈守旧的满汉臣僚，这些正符合光绪皇帝的思维。

慈禧太后首肯维新变法

1898年5月底，发生了重大的人事变化：首先是恭亲王奕䜣病重；其次是在这位老亲王临终前，极力建议两宫开缺了“误国害权”的翁同龢。光绪皇帝终于摆脱了年长叔父的束缚，抛弃保守、缓慢的改革思路。除与身边的心腹商量外，光绪皇帝还征询了慈禧太后的意见。慈禧太后擅权、在意实质权力和满洲权势，不在意具体什么政策，也表示：“凡所施行之新政，但不违背祖宗大法，无损满洲权势，即不阻止。”“苟可致富强者，儿可自为之，吾不内制也。”应该说，若无慈禧太后的同意，光绪皇帝不可能实施任何改革，也不可能贸然发动全面系统的体制改革。

有了慈禧太后的首肯，光绪皇帝在奕䜣去世后的第十三天，发布《明定国是诏》，向中外宣布大清变法改革的决心，宣布建立京师大学堂。这份诏书成为整个维新变法的总纲领。从6月11日到9月21日，变法持续一百零三天，被称为“百日维新”。整个变法伴随着诏旨的频繁发布、党争的再次兴起、派系的重新组合，时间很短但事情很多。

当天，光绪皇帝又下了一道圣旨，指出当今各国之间交流增多，征选外交人才是当务之急。各省督抚要保荐一批品学端正、通达时务的人才，交总理衙门，以备政府选用。两道圣旨宣誓的意味很浓，真正的实效并不大，与之前要求大小臣工体察朝廷、保举优秀人才、共赴艰困时局一脉相承。

第二天，光绪皇帝披览朝臣上奏的请特设商务大臣及选派宗支游历各国折时，发布一道上谕，命令各省督抚妥善筹备，联络商情，毋得虚应故事；宗人府查看保举的宗室人才，听候其他部门的选派。这份诏书在满洲内部掀起轩然大波，很多人认为是有意改变祖制。此时整个八旗实在太保守，总担心年轻的皇帝无限制地选拔和任用同样年轻的汉人官员，改变“首崇满洲、满汉平等”的统治策略。实际上，选派宗室出洋考察，多少有些模仿日本岩仓使节团的味道，扩展见闻总是很好的事情，但在当年，出国可不是什么肥差。

第三天，光绪皇帝批阅翰林院侍读学士徐致靖“为国是既定，用人宜先，谨密保维新救时之才，请特旨破格委任以行新政而图自强”奏折时，对保举的通达时务人才甚感满意。宣布三天后召见工部主事康有为、刑部主事张元济，同时命令湖南长宝盐法道黄遵宪、江苏候补知府谭嗣同送部引见，广东举人梁启超由总理衙门查看具奏。据康、梁后来记述，这个时候的很多奏折都是康有为及其门生弟子草拟的，包括这个保举自己的奏折。

很快地，光绪皇帝陆续接见了这些变法新锐。令人失望的是，康、梁面对皇帝的垂问，回答得并不好，整个过程存在一定程度的尴尬。大清朝用人一般是取其所长，所以康有为被任命在总理衙门章京上行走，获得专折奏事的特权，梁启超仅获得六品顶戴。这是康、梁文人性格和文人习气的必然结果，他们本来就不是行政体系中的一个必要组成部分，作为政治的边缘人，缺乏行政长才，只适合编书、译书、写书、著书，坐而论道尚可，无法起而行之，渴望得到政治垂青又无法步入决策核心，只能通过活动御史和其他理念相同的官员一起上奏。

“废八股”引发的党争

光绪皇帝似乎没有察觉暗潮汹涌，也没有充分认知内部的反弹。翁同龢开缺回籍，威望不足的王文韶进入军机处，荣禄平调为直隶总督兼北洋大臣。同时，光绪皇帝没有把德高望重、深获两宫信任的张之洞调入京师，与满洲王大臣共同主导改革。或许年轻的光绪皇帝已经受够了长者的规劝、谏言和教诲，极力想摆脱这种暮气沉沉，任用有朝气的年轻人推动改革。但是，这种人员调整打破原有的政治格局，中央缺乏稳重的汉族大臣，满汉矛盾凸显。

整个变法过程中，政治领域的改革争论大、成效小；经济层面的改革有长远影响，一时却无法看出效果；军事领域的改革有连贯性，获得了大部分人的支持；文化领域的改革尤其是关于八股的争论尤为激烈，甚至拉开了新旧党争的序幕。

甲午战争的失败使很多人认识到，中国的主要问题是人才缺乏、西学不盛，传统的科举已经无法适应时代的发展，必须改弦更张。很多人希望通过设置经济特科的方式，弥补科举制度的不足。康、梁等人则是直接建议，下明诏废除八股取士，培养新式人才。早朝讨论时，废除八股遭到协办大学士、兵部尚书刚毅的坚决反对。刚毅认为，兹事体大，科举行之上千年，不可一朝废弃，应从长计议。这大大激怒了光绪皇帝，他厉声斥责："汝欲阻挠我耶。"刚毅连称"不敢"，但退朝时仍不忘提醒，还是应该请示太后再做决策。当时，礼部尚书许应骙与刚毅一样反对废除八股取士。

不久，康有为代宋伯鲁、杨深秀草拟一封弹劾守旧大臣许应骙的奏折，指责许应骙作为教育主管，对新政心怀不满，公开称经济特科无用，阻挠新政实施。许应骙一方面请刚毅疏通，一方面反守为攻，攻击康有为心怀不轨、结党营私、妖言惑众、混淆视听。光绪皇帝一看党争再起，只好把案子搁置，但对许应骙等人的不满与日俱增。

随后，康有为等人又上奏废除八股取士。光绪皇帝全盘接受，宣布：废八股、改科举、兴学堂，乡会试改试策论，经济岁举亦不例外，并为一科，以免分歧，各省学政务必把生童岁科全部改试策论。这种改革措施激起很多人不满，尤其是常年读四书五经的儒家士子。一时间物议汹汹，严厉批评康、梁甚至是光绪皇帝的改革措施。

礼部一次罢免六位部长

8月2日，光绪皇帝又发布一道上谕，鼓励大小臣工倡言改革，提出个人看法。中央各部院的司员有条陈者，可由堂官代奏；一般士民百姓有上书言事者，可赴都察院呈递。同时要求各部院堂官不得碍于旧制，阻挠臣工及士民言论上达天听。此举受到青年知识分子和部院司员的欢迎。

礼部主事王照看到皇帝的诏旨，赶紧写了一封意见书，表达对重大意见的看法。尤其引人注目的是，王照建议皇上奉皇太后巡幸中外，可以从近邻日本开始。另还建议在礼部之外设立教部，专门管理宗教，尤其是儒教方面的事务，这明显来自康有为关于儒学的见解。这些建议在礼部掀起轩然大波，许应骙也明了王照与康有为的关系，与满尚书怀塔布拒绝代为上奏。这激怒了王照，他具折弹劾礼部堂官阻挠新政。许应骙与怀塔布等人本想拒绝，王照说如果再被拒绝，则要上呈都察院。礼部诸堂官权衡利弊之下，只好代奏。

光绪皇帝知情后，大怒不已，重申广开言路的上谕，命吏部就王照事件做出处分。吏部按照谕旨和大清成例，给予礼部六堂官（满汉二尚书、四侍郎）“应奏而不奏降三级使用”的处罚。光绪皇帝认为处分太轻，许应骙、怀塔布等人明知故犯，抗旨不奏，阻挠圣听，罪大恶极，即行革职。并表彰王照不畏强御的精神，赏给三品顶戴，以四品京堂候补。直接罢免一个部门正副所有主官，这在政界影响很大。进退大臣太骤，造成政权的不稳定，也造成保守势力集结，纷纷到慈禧太后那里哭诉。

光绪皇帝成了“孤家寡人”

与此同时，光绪皇帝提拔了军机四章京，即杨锐、林旭、刘光第和谭嗣同。四位新章京所属阵营不同，共同的特点是有新思想、办事效率高、行政能力强。光绪皇帝的本意是在不触动旧体制、保留原有官员的情况下，提拔新人专门办理新政，给暮气沉沉的官场带来新气象，也算是无法开制度局的一种替代措施。可美好的想法并没有获得多少支持，四章京上班伊始，就遭到同僚的百般刁难。

军机大臣和下面的军机章京都把皇帝任用杨锐、林旭、刘光第和谭嗣同四位新人，归结为一点，即准备废除延续百余年的军机处，彻底改变祖制。保守派把矛头纷纷指向康有为，认为康有为误导了皇帝，“康不得去，祸不得息”。

光绪皇帝时常下诏旨，甚至有一天发布几份上谕的情况，部院堂官和各省督抚疲于受命，根本没多少心力施行。很多官员对新政有抵触情绪，阳奉阴违，观察政治的风向。只有湖南巡抚陈宝箴真正实践，短时间的成效又很有限，只是气象略有革新。

在保守的大清，似乎颁布任何一项措施都要经过争论，搬动一个桌子都要有论辩，改革寸步难行。以后又有是否开懋勤殿、聘请伊藤博文为客卿的争论。这些措施明显超出了慈禧太后的接受范围、许可范围、容忍范围，加之刚毅、许应骙、怀塔布等人时常在慈禧太后面前哭诉、诽谤，两宫之间的政治分歧越来越大。光绪皇帝明言，如果自己没有充分权力，不如不做皇帝。奕䜣已死，张之洞远在湖广，荣禄被外放到了天津，奕劻居中调解的效果有限。保守势力在慢慢地集结，光绪皇帝真正成了孤家寡人。

在困难面前，年轻的光绪皇帝一筹莫展。他找杨锐等人商量过，但军机章京实在人微言轻。杨锐明言不愿涉入帝王家事，以免取戾招祸。杨锐自然不愿林旭等人给出什么激进的意见，但林旭完全同康有为、梁启超、谭嗣同站在一起。他们甚至召集绿林人士，策反不可能造反的袁世凯，准备“围园杀后”，这些谋反行为严重违背政治伦理，让日后光绪皇帝百口莫辩。

光绪皇帝再不满，绝无杀害慈禧太后的心思，两宫诚然有政治见解的分歧，却还没有上升到肉体消灭的程度。“围园杀后”的阴谋暴露后，光绪皇帝在八旗亲贵和百官臣僚中的威信降到最低，他无法解释康有为等人为何要采取紧急措施，也无法堵住悠悠众口，满怀热情的新政改革成了一场无言的悲剧。面对自己重用大臣的被杀和新政基本被推翻，光绪皇帝无助又无解，索性撂挑子不干了，不再坚持亲政，既然慈禧太后想全部掌握权力，那就让她随意掌控。

维新变法为何仓促收场

从变法的顺序和过程来看，光绪皇帝毕竟太年轻，政治经验不足，很多政策不得要领，用人存在重大失误，把很多倾向改革的朝臣推向了对立面。当时，大部分朝臣还是希望有限度的改革。改革是个共识，但采取哪种方式、走向哪个方向则各有分歧。比如荣禄，他希望两宫合作，进行渐进式的改革，而不是让康有为这些“政治边缘人”走向前台。在戊戌变法中，光绪皇帝确实有责任心，希望有番作为，领导大清朝走向富强，可是他性格的不沉稳带来了政局的动荡。

政治家在从事政治的时候，有感情因素，但很多具体的政策层面要超脱个人的情绪和情感。单纯以个人好恶来进退朝臣，绝非成熟政治家的行为。作为维新变法的主导者，光绪皇帝热情、躁进、冲动，缺少成熟政治家的深沉与谋略，这作为一个年轻人无可厚非，但作为一个君临万民的皇帝，尤其是要带领国家实现重大变革的皇帝，就十分不合适了。

说起慈禧太后与光绪皇帝的关系。在培养同治皇帝时，慈禧太后或许是过于骄纵了，造成了同治皇帝亲政后披览奏折断句都很吃力，结果皇帝干脆懒得处理朝政，跑到妓院风流。痛定思痛的慈禧太后，在培养光绪皇帝时，则始终以圣明君主的标准要求新君，不但规定繁重的学习任务，还时时疾言厉色，以免重蹈同治皇帝的覆辙。这造成光绪皇帝性格很压抑，甚至见到太后都会哆嗦，听到太后训斥后甚至会抖成一团，极端压抑之下，时时刻刻又需要一个突破口，造成了他情绪的不稳定。慈禧太后在戊戌政变再次训斥光绪皇帝时，是否想到自己是造成光绪皇帝不成熟的因素？

（文/刘大胜）

戊戌政变：慈禧训政进行时

光绪二十四年八月初三（1898年9月18日）的颐和园里京胡悠扬、锣鼓锵锵。这天的内务府升平署为老佛爷安排的演出戏目是《丹桂飘香》《昭代萧韶》《庆安澜》。除了升平署的太监戏，还外请了“义顺和班”演了六出。戏从早上十点开演，一直演到晚上八点半。当天，光绪皇帝也在颐和园，请安、侍早膳、看戏，气氛一片祥和。到了中午，皇帝陪着皇太后吃过午饭后不久，大约下午二时许，便离开颐和园返回宫中。不过，这都是例行安排，据清代礼制，每年春秋仲月上戊日祭社稷坛，八月初七（9月22日）正是戊子，光绪帝须亲祭。又据清代礼制，皇帝亲祭社稷坛，须事先三日，即初四开始斋戒。当然，第二天，他还安排了一场重要的外事活动。

这一切看起来似乎都非常正常，但在表面风平浪静下却暗潮涌动。就在皇帝走后不久，发生了两件事，一是御史杨崇伊托奕劻送来一份奏折；还有荣禄在天津给总理衙门连续发来三份电报，催促正在北京等候太后、皇帝召见及谢恩的袁世凯迅速回天津。现在还不能确定慈禧是在什么时间看到杨的奏折以及荣禄的电报，但看完戏的慈禧在得知上述消息后，临时起意，当晚（七时至九时）就决定第二天回西苑。

西苑位于皇宫西侧，慈禧撤帘后，由储秀宫搬到西苑的仪鸾殿。从光绪二十年（1894年）起，慈禧就常住颐和园，没有特殊理由，基本不回西苑。据学者茅海建考证，在光绪二十四年（1898年）政变前，慈禧离开颐和园回宫总共只有六次。其中有三次是去恭王府看望病危的奕䜣，两次当日返回颐和园，一次回西苑小住数日。另三次回西苑小住，分别为咸丰的生日、光绪的生日和咸丰的忌日。光绪则基本住在宫中。

可见，从这次不一般的行程看，此时的慈禧肯定觉察到了什么。

古寺密谈，谁的记载更靠谱

就在慈禧决定回宫之时，北京城内，一道黑影闪进了位于报房胡同内袁世凯下榻的法华寺内，开始了一场密谈。

到访的正是谭嗣同。他见到袁世凯，也来不及客气，就直奔主题。

谭对袁世凯说，当前形势对皇帝大大不利。荣禄将于今年九月天津阅兵时杀掉皇帝，要袁世凯八月初五到光绪皇帝处要朱谕一道，令其带兵在天津杀掉荣禄。然后带领手下兵马入京，一半围住颐和园，另一半守住宫门。

袁世凯听后顿时一脸懵，忙问围颐和园干什么？

谭：不除掉慈禧那个老朽，国家恐不能保。

袁：太后听政三十多年，深得人心。我对部下，常常教导要忠君爱国。现在你让我作乱造反，必不可行。

谭：去此老朽，你只需要干两件事：杀荣禄，围颐和园。你如果不答应我，我立刻就死在你面前。你的性命在我手，我的性命也在你手。今晚必须决定。决定后，我马上进宫，到皇帝那里请旨办理。

袁：这件事关系重大，不可以草率决定。而且你想今晚去皇帝那里请旨，恐怕皇帝也不会应允的。

谭：我自有说服皇帝的办法，他不会不批准我们的计划的。你等着，后天你到皇帝那里请训时，皇帝一定会给你一道按计划行事的朱谕。

袁：天津是各国聚处之地，如果忽然杀了荣禄，中外官民，必然轰动。而且驻扎在天津的北洋军，还有宋庆、董福祥、聂士成各军。北京城内，还有八旗兵不下万人。而我袁世凯的军队只有七千，如何能办？

谭：你可以动兵后，马上把皇帝的谕旨给各个将领看，同时照会各国，看他们谁还敢动？

袁：本军粮食、器械、子弹，都在天津营内，存的不够。必须先把粮食弹药运足，方可用兵。

谭：那这样，你可以先请皇上把朱谕交给你，等你布置妥当了，一面密告我日期，一面立刻动手。

袁：我个人，死不足惜。只是恐怕一旦泄密，必将连累皇上。你千万别让皇帝给我朱谕。你先回去，容我熟思，布置个十天半个月，再告诉你我准备怎么办。

谭：皇帝早就急了，已经给了我一份朱谕在手，我们今天必须拟定一个办法，我才能到皇帝那里复命。

说完，谭嗣同出示一份皇帝的密诏，但明显不是皇上的手迹。袁看后说：这不是皇帝的朱谕，而且上面没有杀荣禄、围颐和园的说法啊？

谭：对，朱谕在林旭手中，这一份是杨锐抄给我看的。我跟你说，皇上确实有此朱谕，在三天前就发出来了。林旭等极可恶，不立即交给我，差点儿误了大事。谕旨内所说的议良法，就是指杀荣禄和围颐和园。

谭嗣同越说越愤怒，几至声色俱厉，情绪异常：自古非流血不能变法，必须将一群老朽全行杀去，始可办事。

对如此孤注一掷的计划，袁世凯当然不会认同，但见谭嗣同腰间衣襟高起，似有凶器，且“气焰凶狠，类似疯狂……恐激生他变，只好设词推宕”。他告诉谭嗣同：我袁氏三世受国恩深，但能有益于君国，必当死生以之。不过，他还是劝谭嗣同不要操切激变，应设法促使皇上与太后间的协和，然后托词还要赶着写奏折，支应谭嗣同离去。

上述谈话基本是根据袁世凯在其所撰《戊戌日记》里的记录。袁的这份日记，长久被视作其自辩的伪作，多不被采信。20世纪90年代，有学者根据新发现的毕永年《诡谋直纪》，进行深入对照比较，认定袁氏日记“相当可靠”。而在梁启超的笔下，袁世凯并未“设词推宕”，并信誓旦旦地表示：“若皇帝到我营中，则诛杀荣禄如杀一狗耳！”当然，虽然某些细节略有不同，但谭嗣同密访袁世凯并策动其举兵勤王的基本事实是肯定的，在谭嗣同的催促下，袁世凯或许没有那么信誓旦旦，但起码并未坚决拒绝。

移住瀛台，按例行事还是囚禁

光绪二十四年八月初三（1898年9月18日），对于慈禧太后、袁世凯，谭嗣同以及同谋者康有为、梁启超等，想必都度过了一个难以入眠的夜晚，但这却不包括事件旋涡中的另一个当事人——光绪。他或许也在为如何顺利推行新政而发愁，但刚从颐和园回来的皇帝并未感到这一晚有何异样，不过，这也许是他一生中最后一个平静的夜晚了。

八月初四的“申刻”（下午三时至五时），慈禧回到西苑，光绪很晚才得到消息。对于太后的突然到来，他想必也是惶恐不安，慌忙照例来到瀛秀园门外跪接。翰林院侍讲恽毓鼎于清朝最后一年将所见所闻纂成《崇陵传信录》，书中记载，慈禧还宫后直抵光绪帝的寝宫，气愤地诘问他：“我抚养汝二十余年，乃听小人之言谋我乎？”光绪战栗不发一语，良久才嗫嚅着说：“我无此意。”慈禧唾之曰：“痴儿，今日无我，明日安有汝乎？”遂传懿旨，以皇帝不能理万机为辞，临朝训政。而根据《清朝起居注册》，光绪当晚由养心殿移住西苑瀛台涵元殿。自此，光绪被囚禁在瀛台。

虽然恽毓鼎描绘得有声有色，但却禁不起考证。首先，据茅海建《戊戌变法史事考》，光绪移住瀛台，只不过是按例行事，并不能证明是被囚禁。以光绪二十四年（1898年）为例，闰三月中旬，慈禧为探望恭亲王奕䜣，住西苑仪鸾殿，光绪即移住瀛台涵元殿。几日后，慈禧后回颐和园，光绪一路送回，当晚住颐和园玉澜堂。六月慈禧为其夫君咸丰的冥诞回西苑，光绪在瀛秀园门跪接后，移住瀛台涵元殿，次日在顺贞门内跪送后，回宫中养心殿。几日后，慈禧为光绪生日回西苑，光绪在瀛秀园门跪接后移住瀛台涵元殿……由此可见，八月初四（9月19日），光绪在瀛秀园门跪接慈禧后，移住瀛台涵元殿是正常现象。若此时光绪回到宫中养心殿，倒显得不正常了。另外，光绪依旧是单独行使皇帝的权力、处理政务，并未丧失权力。

八月初五（9月20日），光绪告诉军机处其明天的工作日程，其中有“仍是单独见军机”，还有“瀛秀园门跪送”一说（指光绪认为慈禧会照原计划于初六回颐和园），后还有“还宫”（指光绪初六跪送慈禧之后仍将移住宫中养心殿）。

这天，光绪还有两场重要活动。其一是在勤政殿接见袁世凯。前面已经提到，袁世凯奉旨定于这一天请训。所谓的“请训”，即新官上任前请皇帝予以训示。袁世凯初三收到荣禄派人送来的要求其尽快归队的急件，但因事先已安排初五请训，不便立即离开，他请幕僚给荣禄起草了一个申请延期的呈文。袁世凯的《戊戌日记》中，称这一天被光绪单独召见，而不是慈禧与光绪同见。这说明慈禧尚未走到前台。日记里还提到君臣二人的谈话内容。据记载，谈话中光绪并没有给谭嗣同所谓的“按计划行事的朱谕”，袁世凯则劝谏光绪帝变法不要过急，强调“尤在得人”，还特别推荐由张之洞辈赞襄主持，说恐新进诸臣“累及皇上，关系极重”。当然，这只是袁世凯的记载。在康有为《康南海自编年谱》、梁启超《戊戌政变记》、苏继祖《清廷戊戌朝变记》、费行简《慈禧传信录》等文献中则说，这次召见，光绪有密诏付袁，有的没有说明密诏内容，有的则明确说其内容就是令“锢后杀禄”的。但房德邻、茅海建、马勇等学者都认为，这些记载并不靠谱，所谓的光绪的密诏，不过是子虚乌有。其二是光绪还在勤政殿接见了伊藤博文。双方之间的谈话前后大约一刻钟。伊藤准备借机谈谈日本政治变革的经验和体会，然而皇上似乎对这些谈话兴致不是很大，在交代将会有总理衙门王大臣向伊藤专门请教后，转而问伊藤能够在中国盘桓多久，前一次到中国是在何时，这一次还准备游历哪些地方等无关痛痒的对话。从谈话记录看，丝毫感觉不到发生了什么意外。

然而，事情真的这么简单吗？

会见伊藤，背后有无玄机

再回头看看，慈禧回宫的原因到底是什么，御史杨崇伊的那份奏折又提供了那些“黑材料”，揭露了哪些重磅消息呢？

杨这份奏折的矛头，先是指向维新派的积极分子、翰林院侍读学士兼日讲起居注官文廷式，说他妖言乱政，受到革职处分后不思悔过，继续勾结孙文、康有为，专以诽谤朝廷为能事；然后再参劾康有为变更成法，斥责老臣，借广开言路之名，安插党羽；奏折最后又报，日本前首相伊藤博文已经到京，光绪将于八月初五会见其。会见的后果，很可能重用伊藤以推进变法。这样一来，祖宗所传天下，恐会拱手让人了。奏折最后吁请太后“即日训政，以遏乱萌”。

许多学者都认为，就是这份奏折引发了慈禧的回宫。若如此，又是其中的哪一条触动了太后敏感的神经呢？首先，我们先认识一下这位搅起风浪的杨崇伊是何方神圣。

杨崇伊，字莘伯，光绪六年（1880年）进士，与李鸿章有着非同一般的关系。李鸿章长子李经方的大女儿也就是李鸿章的孙女，嫁给了杨崇伊的儿子杨圻，李经方与杨崇伊也就成了儿女亲家。李鸿章的孙子李国杰的继配夫人，就是杨崇伊的女儿。

1898年9月4日，怀塔布等礼部六堂官免职；7日，李鸿章、敬信被免除总理衙门大臣职务。那些天，杨崇伊多次往返京津两地，传递信息，协调步骤，疲于奔命，主要就是将庆亲王、荣禄及李鸿章等人的政治立场和主张协调起来。据《崇陵传信录》中记载，杨崇伊揣摩得知皇太后有重新出山的意思。杨崇伊在与庆亲王协商差不多的时候又潜往天津，与直隶总督兼北洋大臣荣禄进行商量并得到荣禄的支持。

茅海建分析，奏折中关于请慈禧立即训政的主要理由涉及四人：第一个是革员文廷式，其罪名是甲午倡言用兵，以致割地偿款，并与康有为、孙文相勾结；第二个是康有为，其罪名是组织强学会、大同学会，在京讲学，变更成法，并与文廷式、孙文相勾结；第三个是孙文，其罪名是与文廷式、康有为相勾结；第四个是伊藤博文。其中文廷式已是革员，掀不起大的风浪；康有为据八月初二（9月17日）的谕旨，应已被逐往上海；孙文早被清朝通缉，亦已逃往海外。既然前面几位都能排除，那就剩下这位日本前首相伊藤博文了。

伊藤博文这时访华有何目的呢？其本人向中国公使说明他只是“自行游历”，只想与“王爷”“中堂”（大学士）进行非官方性质谈话。日本学者升味准之辅也认为，伊藤博文组阁由于权力分配无法平衡，政争不断，难以调停，于是组建新党，仍是失败，最后决定辞职。不再当国的伊藤决定到朝鲜与中国游历，这一决定于伊藤而言，并无特别深意。

伊藤博文是领导日本走向强盛的重要人物，在戊戌变法的敏感时期来华更是颇为激荡中国官员的想象力。支持变法的人们对于伊藤的来访抱有很大期望。多名官员上奏，恳请皇上变法应咨询伊藤，有人则明确主张留用伊藤博文。

所以，主张用伊藤博文作为顾问来主持清朝变法，可谓一时之论。1898年9月17日的《国闻报》登载：“近日京朝大小官奏请皇上留伊藤在北京用为顾问官，优以礼貌，厚其饩廪，持此议者甚多。”反对变法的人们则对伊藤的来访充满警惕，他们担心皇帝真的把伊藤留在中国，到那时，中国变法阵营中势必多一个领军人物，势力大增，朝廷或许会和日本联合起来，中国会变成什么样，那些守旧的老臣会有什么样的命运，实在难以预料。

慈禧极具政治敏锐性，她担心的是，光绪会否因其不在而如罢免礼部六堂官、任命军机四章京那样，做出一些她无法接受又无权否决的“荒唐事”？一旦伊藤被皇上任用，后果不堪设想，因为他的后面有一个强悍的日本国。于是，慈禧马上传旨：初四回宫，初六回颐和园。

七月廿九（9月14日），伊藤博文抵京，奕劻、廖寿恒、张荫桓等分别接见。八月初三，康有为没有按照光绪的谕旨迅速离开京城。下午，也前往日本公使馆拜见了伊藤。康有为希望借助伊藤的威望和其身后日本的力量，取得对守旧派斗争的胜利。在交谈中，康有为向伊藤表述了全面变法的主张，抨击慈禧太后专权，任用毫无见识之人，希望伊藤拜谒太后的时候，能够劝说她支持光绪实施激进的变法。伊藤博文此次行程中没有觐见慈禧的安排，他当然也无法劝说慈禧支持变法。康有为的拜会没有打动伊藤，甚至给伊藤留下了不佳的印象。1898年12月10日，回到日本的伊藤在一次宴会上发表演讲，谈到对戊戌变法及当时中国政治形势的看法时，这样说道：

> 我观察康有为等人的所作所为，认为其举措是失当的，预料他们的事业难以成功。任何事物来得急，去得也就快，这是自然之理。中国有着数千年历史的文物制度、土风民俗，如果进行社会变革，哪能在短时间内完成？必须等到有杰出才能的皇帝出现了，而辅佐他的大臣也具有超卓的才识，然后才能完成变革大业。今日之中国，军事虚弱，政治腐朽，国家安全难以保证，（在这种形势下怎么能进行激进的变革呢？）这是一般人都知道的事情。

八月初五（9月20日），光绪召见伊藤博文的场面，在平平淡淡的背后，实则暗藏玄机。光绪帝在会谈中不接受伊藤面谈对中国变法的想法，反而要求他写出书面的意见并转呈，更没有出现慈禧太后等人最担心的重用伊藤以为“客卿”的言辞。有学者据此分析，这种舍近求远的举措，应该属于光绪帝问话多有不便，或者百般无奈。因为当时他已经处于被监控的状态。据其时在场的张荫桓记述说：“时太后在帘内。”但此种说法也被质疑，一是勤政殿内一时无法设帘；二是当时已有慈禧的亲信庆亲王奕劻在场，慈禧似无出现在现场的必要。

八月初三（9月18日）得到消息，然后决定初四回宫，虽说稍显仓促，但也说明慈禧感到并无燃眉之急。若真有关系其权力和命运的大事，她也会打破一切常规，当晚回西苑的。如果慈禧此行若仅为伊藤博文的觐见，那这次在她掌控下的觐见完成后，她正好可以按计划于初六放心地回到颐和园。况且，她离开时，还在颐和园为其准备了三天的中秋节大戏。但事实是，慈禧一再改变计划，直到初十才与光绪一起回颐和园。那么，这期间又发生了什么？

两道奏折，慈禧决定训政

八月初四（9月19日）晚，就在光绪召见伊藤前一天，康有为拟写奏折以杨深秀的名义上呈。康在奏折中提出“合邦”之策，认为中国“非联合英、美、日本别无图存之策”，同时向朝廷推荐英国传教士李提摩太和日本原首相伊藤博文，认为他们是杰出的人才，恳请朝廷邀请他们参与变法的谋划，“未为借才之举，先为借箸之筹”。康有为还拟写了一件附片，在片中说了这样一件事：乾隆皇帝修建圆明园的时候，曾经在园中存了黄金、纹银各一窖，位置在已经坍塌的滈化殿基下面，恳请朝廷招募人工，进行挖掘。

杨深秀呈交的这件附片，其实是别有用意：他们希望光绪以挖掘宝藏为名，调袁世凯的部分人马进入圆明园一带，从而实施兵围颐和园的计划。

光绪在早朝时收到奏折，对该折仅下旨“存”，并于当日呈送慈禧。这一天，日讲起居注官陈秉和还上了一道奏折，弹劾总理衙门大臣张荫桓，奏折中提到“无怪乎康有为奉命已久，迟延不行，实堪诧异者矣”。光绪看完这道奏折后，命令上呈太后，慈禧应该在这天中午之前能够看到这道奏折。而这两道奏折极有可能就是导致慈禧继续留在宫内并决定亲自训政的原因。

初五一晚，慈禧应该彻夜未眠，自新政变法以来皇帝“任性妄为”的行为一幕幕在她脑海中闪过，屡次提出重开懋勤殿、罢免礼部六堂官、擢升谭嗣同等军机四章京，现在又要请洋人做顾问，还要与日、英、美搞“合邦”。最可气的是，明明皇帝告诉她康有为已经不在北京了，但事实是康有为仍然在京城逍遥，至于圆明园宝藏的密语，即围园计划，她能不能读懂尚未可知，但对康有为留在京城意欲何为，而光绪为何又对驱离康有为消极执行，慈禧即使没有听到风声，也会浮想联翩。

初六凌晨五时多，光绪在中和殿阅看祝版，即礼部拟写的用于社稷坛秋祭的祭文。阅览完毕，他刚刚走出大殿，一些侍卫、太监走过来，称奉太后命，要他到太后的寝宫仪鸾殿。据黄鸿寿《清史纪事本末》记载，慈禧太后见到皇帝，责备他说：

> 汝之变法维新，本予所许，但不料汝昏昧糊涂，胆大妄为，一至于此。……汝无福承受大业，听人播弄，如木偶然。朝中亲贵重臣，无一爱戴汝者，皆请予训政。汉大臣中虽一二阿顺汝者，予自有法治之。

丁韪良回忆说：“皇帝的九五之尊得自太后，此次犯错，便扑倒在母后脚下，承认错误，恳请母后‘示儿如何治国’。”慈禧当即传旨说皇帝有病不能理事：

> 因念宗社为重，再三吁恳慈恩训政，仰蒙俯如所请，此乃天下臣民之福，由今日始，在便殿办理。(《清实录》)

初七在勤政殿行礼，这就是“戊戌政变”。

慈禧训政后的第一道命令，就是以“结党营私，莠言乱政”的罪名缉拿康有为与他的弟弟康广仁。这道命令直接下给步兵统领崇礼。不过，清兵赶到南海会馆，并没有捕到康有为，只是抓到了康广仁，还有康有为的门人程式谷、钱维骥以及家丁王升、王贵、田叔五人。

听闻康有为已经逃出北京，慈禧气急败坏，立即发表通缉电，命各有关地方严加查拿，一旦拿获，就地正法。而离开北京的康有为显然还未察觉形势有变，离京前，他起草了一道“请速简重臣，结连与国，以安社稷而救危亡”折，由宋伯鲁递到了东华门内奏事处。此道奏折仍然恳请朝廷实行“合邦”之策，联合英、美、日本等国，重用伊藤博文、李提摩太、康有为等人。只是，次日上午，奏折呈送上去的时候，慈禧已经训政。看到这份奏折，慈禧大怒，随即以皇上的名义发下谕旨：

> 御史宋伯鲁滥保匪人，平素声名恶劣，着即行革职，永不叙用。

宋伯鲁正好撞上了枪口，不过，初六这一天，除了逮捕康氏兄弟、将宋伯鲁革职的谕旨，清廷并没有下发其他停止维新举措的谕旨。当日收到奏折中，有一些是关于新政的，慈禧和光绪做了正常处置，没有停止新政的气象。重要的是，光绪帝的朱批权没有被取消。

卷入密谋，袁世凯静观其变

直到现在，还没有提到以往叙述中戊戌政变的关键人物——袁世凯，如果对照前述杨崇伊奏折进呈慈禧的时间及慈禧下令回宫的时间，至少可以证明一点，慈禧决定回西苑一事与其并没有关系。那么戊戌政变中，袁世凯到底扮演了怎样的角色呢？

我们再回到前面，看看谭嗣同为什么夜访袁世凯。

七月廿九（9月14日），光绪赴颐和园请示慈禧，提出开懋勤殿。这在对权术十分敏感的慈禧看来，懋勤殿人员不受品秩限制，直接对皇帝负责，表面上是政治咨询机构，实际上是政治决策机构，这是对现有体制和慈禧权力的挑战。因此，太后否决并严斥了光绪，遭此打击的皇帝一时郁闷无助，于是在第二天写了一份密诏由杨锐带出，在密诏中他陈述变法受阻的事实，说自己权力不足，一旦降旨将旧法尽变，"则朕位且不能保"。因此，他要杨锐与林旭、谭嗣同等人筹商良策，使"旧法可以全变"，"而又不致有拂圣意"。八月初二（9月17日），光绪又发出第二道密诏，督促康有为尽快离京，"不可延迟"，"将来更效驰驱，共建大业，朕有厚望焉"。

综观光绪这两道密诏，当然是指望维新党人能想出"旧法可以全变而又不致有拂圣意"这样两全其美的良策，但也有权力受到掣肘，唯有向维新党人吐槽的无奈。谁知康有为、谭嗣同等人接诏后，却脑路清奇地构造了误以为光绪帝已有危险，借助天津阅兵之际被废的故事。他们连夜开会，却始终想不出一个好的计策，唯有捧诏大哭。维新党人大多是文弱书生，手无寸兵寸铁，唯一可以指望的军政强人就是袁世凯。袁世凯素来倾向维新，与维新党人颇有来往。于是便将赌注全部押在他身上，想出了"围园劫后"的所谓"保皇上，救中国"的方案，并派谭嗣同到袁世凯寓居的法华寺摊牌。

袁世凯就是这样被“绑架”卷入了密谋。然而，他们错认了袁世凯，误以为其是同路人。袁世凯虽然认同维新，但他是稳健的改革派，并不认同维新党人激进的改革理念。这从他接受请训时与光绪的对话可以看出来。另外，与维新派像赌徒一样孤注一掷不同，袁世凯从出使朝鲜到编练新军，能力举国共睹，前程一片大好。他也颇有政治头脑，谭嗣同既无法向袁世凯出示任何天津兵变的证据，也无法出示光绪皇帝危在旦夕的其他证据，而袁在没有看到皇帝亲笔信的情况下，根本就不相信谭。如果慈禧确实准备将光绪废掉或杀掉，在北京办理就可以了，何必远到天津，劳师动众？所谓的戊戌政变，慈禧只是起驾回宫，动动嘴皮子，就完成了训政这波操作。

对此，身处其中的袁世凯对于清朝当时的这种权力结构不会不知道。况且，他不知道皇帝是否介入，介入多深。八月初四，他可能对此事进行了试探，但没能做出确切的判断，于是，采取沉默、静观其变的态度，并于第二天回天津，这在当时是最为稳妥的办法。

据袁世凯在《戊戌日记》里自述，初五傍晚抵达天津后，他就去直隶总督署找荣禄报告情况。刚透露一点内情，不巧有人来访，他便和荣禄约好次日早晨再详谈。第二天一早，荣禄亲自上门找他问详情。因这件事牵涉光绪，他们不敢轻举妄动，筹商良久却无良策。荣禄先回直隶总督署，晚上又请袁世凯去面谈，袁便将此事和盘托出。袁世凯在描述过程中不时向荣禄重申这只是谭嗣同、康有为等“群小结党煽惑”，袁世凯向荣禄明确表示：

所谓杀荣禄，围谋颐和园的计划与皇上毫无干涉，“如累及上位，我袁某惟有仰药而死”。

《戊戌日记》虽有掩饰和粉饰的痕迹，但经考证，内容大体是真实的。按照谭嗣同的说法，他们之所以执意要杀荣禄，是因为荣禄参与了废立阴谋。对于这些指控，荣禄大呼冤枉：“荣某若有丝毫犯上心，天必诛我。近来屡有人来津通告内情，但不及今谈之详。”正当荣禄、袁世凯商议如何处置此事之时，便从北京传来慈禧重新训政，以及缉拿康有为、康广仁兄弟的电报。

政变升级，六君子不审而诛

很显然，直到八月初六（9月21日），慈禧还不知道康有为等人“围园劫后”的密谋，给康有为定下的罪名也只是“结党营私，莠言乱政”。抓捕康广仁，也只是因为他是康有为的弟弟，受其牵连而已。直到八月初九（9月24日），才谕令谭嗣同等军机四卿“先行革职，交步军统领衙门拏解刑部治罪”。这也说明，如果“训政”的直接来源是袁世凯“告密”，那决不会在三四天后再将谭嗣同同等“军机四卿”革职拿办。

八月初八（9月23日），除逮问谭嗣同等人外，慈禧太后还采取了一系列对策——初九，将原定初十与光绪同回颐和园，改为十四日，时间又推迟四天。初十，发下谕旨：

> 朕躬自四月以来，屡有不适，调治日久，尚无大效。京外如有精通医理之人，即着内外臣工切实保荐

候旨。其现在外省者，即日驰送来京，毋稍延缓。

诏告天下，光绪帝从四月起即处于病中，有关政策皆是在病中决定的。同日，她电令荣禄来京，决心重组中枢，用其亲信来控制军机处。八月十三（9月28日），未加审讯就将谭嗣同、康广仁、杨深秀、杨锐、林旭、刘光第共六人残杀于菜市口，史称“戊戌六君子”。其他维新派和参与新政的官员，如张荫桓、陈宝箴、江标等，有的被罢官，有的被放逐。政变之后，除京师大学堂被保留下来之外，其余各种新政措施全部被取消。

显然，慈禧是在初八之后，了解到了更多背后的密谋。其中，八月十四（9月29日）“内阁奉朱谕”中有：

前日竟有纠约乱党，谋围颐和园，劫制皇太后，陷害朕躬之事。幸经觉察，立破奸谋。

说明在诛杀六君子时，慈禧已经知道了“围园劫后”的密谋。事情的性质已经升级，并为此大开杀戒。那么，她是通过什么渠道获得的消息呢？

黄彰健在《戊戌变法史研究》中认为是袁世凯告密的内容通过荣禄在初八传到太后那里。这个推测在时间上说得通。虽然，茅海建先生也认同此观点，但他查阅军机处《早事档》《随手登记档》等，皆无荣禄或杨崇伊的奏折。但也并不能证明荣、杨没有密折，因为该折也有可能未经内奏事处而到达慈禧太后手中，或者根本没有奏折，而是用书信、口信的方式转达于慈禧。而马勇则认为，事件的升级是因为抓捕康广仁以及康有为门人、家丁后的审讯结果（后文有交代）。通过他们交代的内容，一个惊天大案逐渐暴露，太后深为震惊，并采取了断然措施。总之，正是康有为等拟定的所谓“保皇上，救中国”的方案让政变升了级，不仅害死了六君子，也让光绪帝稀里糊涂地被裹挟进了一场宫廷政变。按马忠文在《荣禄与晚清政局》一书中的时间表，荣禄初十奉到电旨，十一日乘火车回京，十二日被召见，次日被任命为军机大臣，同一天清廷就做出将杨锐等六君子“不审而诛”的决定。荣禄入京伊始，便以调和两宫为责任，因为此前英日公使已对张荫桓一案有过干预，难免再有外人干涉之事。更关键的是，一旦审讯过程中牵涉到皇帝，“不能为尊者讳”，后果不堪设想。荣禄的门人贻谷在十三日清晨上奏，请速定案，当属荣禄示意。不审而杀六君子，是荣禄入枢后与慈禧共同商议采取的断然措施。据此，至迟在十二日被召见时，荣禄已经将袁所述告知太后，并于康广仁等供述相互印证。所以，即使袁世凯告密不是戊戌政变的发动原因，其扮演的也是“补刀”的角色。

（文/黄金生）

殊途同归六君子

1898年夏秋的那场变法，不仅开展百余日便遭扼杀，更由“戊戌六君子”的颈血画上了句号，越发染上悲怆的色彩。谭嗣同、杨锐、刘光第、康广仁、林旭、杨深秀的名字，从此在诸多历史书写中融为一体，成为一个为改革而牺牲的经典象征。

“戊戌六君子”的合称，让六人的个性差异在大众眼中显得模糊不清，似乎是一个志同道合的小团体。事实上，在经历、性格乃至政见上，他们之间颇有不同之处，并不能一概视之。六君子同在北京菜市口罹难，可以说是冥冥中的命运把六条不同的人生轨迹牵到了同一个终点。

谭嗣同：“死得其所”的猛士

六君子中性格最为鲜明的一人，自然非谭嗣同莫属。梁启超曾将他称作晚清思想界的“一彗星”。彗星，光芒四射，一闪即逝，极为传神地概括了谭嗣同的人生。

谭嗣同在六人之中家境最为优越，父亲谭继洵官至湖北巡抚。但他的早年生活并不幸福：自从十岁那年母亲去世之后，饱受父亲宠妾的虐待，和谭继洵的关系也因此变得很差，他的老师甚至说这位学生“受厄家庭，毫无生人之趣”。恐怕很大程度上出于这一原因，谭嗣同的性格中萌生出了强烈的反叛精神。这样的精神，集中体现在他的遗著《仁学》的自序中：

> 初当冲决利禄之网罗，次冲决俗学若考据、若词章之网罗，次冲决全球群学之网罗，次冲决君主之网罗，次冲决伦常之网罗，次冲决天之网罗，次冲决全球群教之网罗，终将冲决佛法之网罗。

一连串的“冲决”，犹如排炮一般，字里行间，作者不羁的灵魂呼之欲出。《仁学》的主旨，按梁启超的概括，是将科学、哲学、宗教“冶为一炉”，为人生所用。不要说在19世纪末，即使是在今天，这也是相当超前的想法。比较起来，书中反君主专制、反伦理纲常的思想，反而不算什么了。也正因为如此，在众多守旧乃至不那么守旧的士大夫眼中，谭嗣同的形象完全是个激进的怪胎。

另外，谭嗣同也是坐言起行的人，丝毫没有大少爷的纨绔脾气。他早年随父亲在甘肃居住时，便喜欢在荒野驰马射猎，甚至曾在隆冬时节纵马七昼夜，奔驰一千六百余里，大腿磨得血肉模糊，自己却浑不在意。他景仰“摩顶放踵”的墨子，多年来走南闯北，四方游历，行程八万余里，堪绕地球一周。所到之处，他常结交江湖豪杰，最有名的一位朋友便是人称“大刀王五”的北京源顺镖局掌柜王正谊。

以这样不羁的性格，在讲究中规中矩的科举考场上自然会碰壁。谭嗣同先后五次参加乡试，统统名落孙山。最后，还是谭继洵怕儿子无事生非，为他捐了一个候补知府，分发江苏。当然，谭嗣同也做不到耐下性子在官场熬资格。他在南京待了一年多等着补官，感觉“如仙人降谪”，苦不堪言。幸好到了1898年初，湖南巡抚陈宝箴听闻这位年轻人才气纵横，邀他来湘办理新政。

在长沙，谭嗣同筹建学会，登台演讲，创办报纸，还被张之洞委任开办焙茶公司，忙得不亦乐乎，名气也越来越大。6月13日，御史徐致靖上奏保举五名人才，谭嗣同名列第三。当天有旨，让谭嗣同准备进京觐见。9月5日，他受光绪皇帝召见之后，与前几天被召见的杨锐、刘光第、林旭三人一同被授予四品卿衔，担任军机章京，“参预新政”。

军机章京职位不高，但身处权力中心，身份相当重要。“参预新政”四字，更让许多时人与后人认定他们是中枢内部推动变法的先锋，但事实并非如此。这样的任命，是因为在维新思潮的带动下，当年7月光绪帝史无前例地下旨，允许大小官员、士子、民众可以不受资格限制地向皇帝上书。这个口子一开，形形色色的上书立即涌入宫中，让人手不多的军机处有些招架不住。四名新晋章京的工作，就是处理这些上书。

这样的案头工作没有持续多久，感到自己权力受到挑战的慈禧太后就坐不住了，开始采取一系列反制手段。于是，光绪帝与康有为一派也感到危机重重。此时，谭嗣同做出了“百日维新”中最富传奇色彩的一举。9月18日晚，他独自拜访当时住在法华寺（今天北京报房胡同）的候补侍郎袁世凯。彼时袁世凯率领的七千名新建陆军驻在天津，是清朝最新式、最有战斗力的部队。他劝说这位未来的民国大总统与“中华帝国皇帝”，先回天津诛杀慈禧的宠臣、直隶总督荣禄，再带兵进京包围颐和园，除掉慈禧。事后看来，这实在是一着错棋，就连谭嗣同的同志林旭当时也看穿了这一点并写下一句诗送给谭嗣同：“愿为公歌千里草，本初健者莫轻言。”

“本初”，是袁绍的字，指袁世凯。“千里草”，合起来是“董”字，指领兵驻防近畿的甘肃提督董福祥。他劝谭嗣同游说董福祥起兵，不要指望心机深沉的袁世凯。

谭嗣同深夜方才离开法华寺。第二天早上，他告诉同住的密友毕永年，自己已把计划和盘托出，而袁世凯的态度是没有同意，也没有拒绝。毕永年大惊，马上搬家，并劝告谭嗣同不要坐以待毙，但谭嗣同没有走。当天上午，谭打了个电报给正准备从海路进京觐见的谭继洵，说英、俄两国已经开战，北洋沿海都是外国军舰，最好先别动身。显然，他已经做了最坏的打算，不想连累父亲。9月23日清晨，步军统领衙门的士兵包围了谭的住处。

狱中的六君子未必都会想到血溅刑场的结局，但谭嗣同一定想到了。围园杀后的计划，足以令任何人的头颅落地。他早已将生死置之度外。十几年后，汪精卫因谋刺摄政王载沣入狱，一名老狱卒向他描述了谭嗣同被捕后的举止：谭在狱中，意气自若，终日绕行室中，拾取地上煤屑，就粉墙作书，问何为？笑曰作诗耳。

谭嗣同未必真像梁启超说的那样有心求死，但绝不怕死。正如他的绝命辞所言：

有心杀贼，无力回天，死得其所，快哉快哉！

谭嗣同，字复生，湖南浏阳人，1865年生，1898年9月28日被杀。

林旭：陨落的年少英才

在六君子之中，林旭是最年轻的。他的英气或许不如谭嗣同，但才气犹有过之。梁启超说他：

天才特达，如竹箭标举，干云而上。

同乡沈瑜庆有位才貌双全的女儿，沈一直想找一位配得上的女婿。沈瑜庆既是名臣沈葆桢之子，又是被《光宣诗坛点将录》评为“九纹龙史进”的闽派诗家，眼光自然不低。林旭十八岁那年，沈瑜庆偶然从塾师那里见到他的文字，大加赞赏，于是招为乘龙快婿。第二年，林旭又接连夺得童试头名与福建乡试解元，洞房花烛，金榜题名，真是少年得意。

不过，张之洞对这位少年解元的评价是“平日功夫甚浅”。科举考试毕竟规矩谨严，年轻进士并不多见。1894年、1895年、1898年的三次会试，林旭都是铩羽而归。其间发生甲午战事，他也开始留心西学，参与创办保国会、闽学会，还在上海学习英文。1898年春，他拜入康有为门下。不久后，荣禄又将他招揽为幕僚。

在天津，林旭结识了当时应召进京的谭嗣同。谭嗣同的湖南同乡谭延闿传神地记录了两人订交的一幕：当时他与林旭在酒楼喝酒，忽然听到隔间有人叹息“有君无臣”。一看是熟人谭嗣同，他便叫来介绍给林旭认识。两人一见如故，高谈阔论，尽兴而别。这样的相会，犹如《三国演义》中刘备初遇张飞的情节。但是，此时距政变发生只有一个月了。

林旭随即步这位新朋友的后尘进京。8月29日，詹事府少詹事王锡蕃保举四人，其中评价林旭“才具实属超群”。9月4日，他与刘光第一同被光绪帝召见。青云得意，不免忘形。军机章京任命一下，林旭曾邀朋友赴宴，酒酣耳热之际，说起曾有算命先生说自己“年不过三十，及三十当为军机大臣”，如果年过三十，这一预言看来真会实现。他的同乡郑孝胥也说，林旭太招摇了些。就连他的前幕主荣禄，也很客气地写信规劝，遇到新政事宜应当仔细斟酌，不要“遇事纷更”。荣禄虽是重臣，但毕竟不在北京，对四章京的工作并不清楚，实在是把林旭的地位瞧得太高了。可以想象，他的背后会有多少嫉恨的目光。在北京的官场圈子里，不少关于林旭的流言蜚语传播开来，甚至有人说他剪掉了辫子，在家身穿洋人衣帽，出门才换上袍褂。

9月23日，四章京中的杨、刘、谭三人一起被捕。第二天，有官员来到林宅，声称首席军机大臣礼亲王找他问话，于是一去不回。那名老狱卒说“林旭秀美如处子，在狱中时时作微笑”。目睹六君子身赴刑场的刑部主事唐烜也写到，林旭听到处刑的上谕时仍然面色含笑。《中外日报》则报道，他临刑时“先号咷而后笑”。大概没有人知道，他究竟在笑些什么。

林旭擅诗，有诗集《晚翠轩集》，妻子沈鹊应也会作诗。如果读到这首《读夫君〈晚翠轩诗〉》，或许他会含笑九泉：

> 人生谁氏免无常，离合悲欢梦一场。何事为荣何事辱？只求到死得留芳。

林旭，字暾谷，福建侯官人，1875年生，1898年9月28日被杀。

康广仁：终被兄长光环笼罩

无论是作为独树一帜的学者、变法期间的政治新星，还是后来的大清头号通缉犯，康有为都是那个时代的风云人物。相形之下，比他小九岁的弟弟康广仁远没有那样光彩夺目的形象，在大众视野中完全被湮没在兄长的光环之下。

康广仁出生七个月后，父亲康达初便因肺病去世。他自己也是幼年多病，康有为在一首悼诗中形容为“如幼多疾疹”，“居然幸长成”。康广仁十八岁那年，康有为又得了一场重病，最后服了西药才得以痊愈。康广仁曾到广州，在美国医生嘉约翰（John Glasgow Kerr）开办的博济医学堂学习西医。这与其的家庭经历大概不无关系。

康广仁父亲早亡，长兄如父，成长自须康有为扶持。康广仁一向厌恶科举，考取功名自然是指望不上的。在他二十二岁时，当时在外游历的康有为给他写了一封信，提出两条道路任他选择：一是由康有为帮助，为其捐个小官来做；二是按他自己以往的想法，“专走香港洋务”——这指的大约是洋行大班一类的职业，康广仁学过一些英文。最后，他选择了前一条路，捐了个从九品的巡检，在杭州当差，但只做了一年就弃官而去。

之后，康广仁随兄长参与了一系列维新事业：创办广州的粤中不裹足会、上海的不缠足会、大同译书局和中国女学堂，还担任了澳门《知新报》的总经理。1898年春，他从广东远道进京，起因是为了陪护病中的梁启超。梁启超痊愈之后，变法已渐渐展开，康有为这位大红大紫的名士，也是忙得不可开交，白天讲学见客，门庭若市，夜晚则起草奏稿，发动舆论。于是，康广仁留在北京为兄长当起了秘书。其实，对康有为当时的活动，他是很有些看法的，觉得“规模太广，志气太锐，包揽太多，同志太孤，举行太大”，因此树敌过多。知兄莫若弟，这五个“太”字，确实戳中了康有为的软肋。康广仁力劝康有为抽身而退，但根本无法说服兄长；想让康有为出使日本以便避祸，也是无果而终。最后，康有为在慈禧下逮捕令的前一天出京南下，康广仁却没有走。他居住的南海会馆（在米市胡同），出了巷口便是菜市口。

六君子殉难之后，由于康广仁在北京已无亲友，他的尸首一时无人收殓，直到天黑才由南海会馆的长班带走安葬。康有为编造了一个故事哄骗母亲，说康广仁逃到蒙古，出家避难，还不时伪造一封家书。1900年，康有为的门徒梁尔煦秘密进京迁走遗骸。又过了十六年，康广仁方才在江苏茅山入土为安。

康广仁，名有溥，广东南海人，1867年生，1898年9月28日被杀。

刘光第：新旧之间难善终

六君子中有两名进士，其中之一是刘光第。他的祖上几代都以务农为生，没有出过官宦，有时还揭不开锅。“光第”二字，自然寄寓了光耀门第的期望。父母向他灌输的价值观，是典型的“万般皆下品，惟有读书高”。父亲曾说，人生何必多财，只要有勤读书的孩子，就是宝贝了。自然，读书的目的是做官。“家无读书子，官从何处来”的民间箴言，也挂在父亲嘴边。母亲识字不多，但最喜欢儿子读书。刘光第五岁学习识字，母亲不时煮鸡蛋犒赏他。父亲过世之后，母亲更回绝了亲戚劝刘光第学做买卖的建议，甚至卖屋买书。

在这样的家庭环境熏陶下，刘光第读书非常发愤，功名之路开始得也很顺利，二十三岁便考中举人，第二年又中二甲第八十八名进士，分发刑部。不过，清代基层京官收入极其菲薄，京师生活开销又大，刘光第起初不想上任。一位做盐商的族叔提出每年资助二百两银子，他这才带着家眷进京。

科举所考的四书五经，在公堂之上全归无用。所以，新进衙门的进士，常常被熟悉业务的小吏牵着鼻子走，成为“橡皮、图章”。刘光第却不属于这种情况。在最是讲求律例的刑部，他埋头学习，很快成为专家。曾有一名盗墓惯犯私下告诉别人：“司中诸位老爷我都不怕，只刘老爷一人，他的主意多，案情难躲，不由我不招承。”但在官场，刘光第却显得落落寡合。他不喜欢拜客应酬，不喜欢巴结上司，甚至不愿拿地方官送的红包，因此被同事觉得太过孤僻。他在北京十几年，一直是个没有补上实缺的刑部候补主事，也确实是“理所当然”。

1898年8月5日，湖南巡抚陈宝箴上奏保举杨锐、刘光第两人，他们由此被任命为军机章京。这看似是仕途一大转机，但刘光第心头另有一番苦处。他当时曾写信给亲戚，大吐苦水：在军机处当差，每隔几天便要去颐和园住班，路程太远，需要买马代步；北京冬天苦寒，不能没有皮衣，何况按惯例军机章京都穿貂褂。这样一来，每年的开支又得多出四五百两银子。更让他忧心的，还是卷入政治旋涡之中。他自认并没有新旧之见，觉得“新者、旧者均须用好人，天下方可久存”。然而“参预新政”的名目，让他必然躲不开那场祸事。

据老狱卒说，六君子被提出监牢时，刘光第曾说这不过是提审而已。没想到，接下来他们被押出了西角门。按刑部不成文的规矩，这是上刑场的路。他大惊，随即大骂：没有提审、没有定罪，难道就要杀头吗？！作为一名称职的刑部官员，刘光第此时脑中还想着“程序正义”。可是，六君子遇难就是清朝司法史上一次罕见的不审而诛！

刘光第，字裴村，四川富顺人，1859年生，1898年9月28日被杀。

杨深秀：不怨缧绁的御史

杨深秀是六君子中年岁最长的一位，也是唯二的进士之一。他与刘光第同样从刑部起家，由主事、员外郎、郎中一路升迁，1897年12月转任御史。御史专司进谏，但在当时的官场风气下，他们的作用往往变调走味。不少人堕落为政治斗争中毫无原则的打手，也就是俗话说的“都老爷卖折子参人”。所以晚清谴责小说《官场现形记》中讥讽地写道：“穷京官做都老爷，原是皇上挑他赚两个的。”事实上，康有为等人为了维新事业，也不惜花钱买通御史。1896年底，梁启超曾经筹备一个后来未能实施的大计划：众筹三千两银子，雇十位御史上奏，发动一场改革科举的舆论战！

不过，杨深秀不会是那种御史。他虽然直到1897年底才结识康有为，但很快被这位比自己还小几岁的名士打动，成为维新派的重要成员之一。当时正值德国强占胶州湾，在他被任命为御史的第三天，便上奏了一篇康有为起草的奏折，请求联合英、俄两国对抗德国。之后，杨深秀频频为康有为代上奏折，甚至弹劾被认为阻挠新政的礼部尚书许应骙。

当然，这样做自然会招来攻击，最厉害的便是御史文悌的一次上奏。文悌本来也是康有为刻意结交的御史，但因为不满其的“孔子改制”的理论，两人很快翻脸绝交。1898年7月8日，文悌递上一篇四千余字的长篇奏折攻击康有为，其中提到杨深秀受康蛊惑，“竟告奴才以万不敢出口之言”。“万不敢出口之言”，自然是大逆不道的话了，这是一个极其险恶的指控。对这篇奏折，光绪帝采取了强势的态度，下谕斥责文悌受人唆使，不能胜任御史，打回原先任职的单位户部。但在光绪帝失去权力之后，杨深秀必然无法幸免。

在入狱的短短几天里，杨深秀用香火头在墙上写过三首七律。从这首诗中可以知道，他没有后悔：

> 久拼生死一毛轻，罪臣偏由积毁成。
> 自晓龙逢非俊物，何尝虎会敢徒行。
> 圣人岂有胸中气，下士空思身后名。
> 缧绁到头真不怨，未知谁复请长缨？

杨深秀，字漪邨，山西闻喜人，1849年生，1898年9月28日被杀。

杨锐：阴差阳错而殉难

在当时人看来，六君子中死得最冤的非杨锐莫属。他不似谭嗣同那样思想激进，不像林旭那样意气张扬，更不如杨深秀、康广仁那样被公认是“康党”，相反，他站在康有为的对立阵营。他的遇难，完全是阴差阳错的结果。

陈寅恪曾说，戊戌变法在思想上有两种不同的来源，一种是康有为从经学中提出的“孔子改制”学说，另一种则是若干官员在实践中体会出的变法需要。张之洞是后一派的领军人物，而杨锐是他最心爱的弟子和最器重的幕僚之一。张之洞担任四川学政时，曾游眉州三苏祠，记游诗中有“蜀才尽是读书人”一句。当时随行的，便有张之洞开办的尊经书院高才生杨锐。

1884年，张之洞调任两广总督，召这位得意门生入幕。杨锐最重要的工作，是从1895年开始长期住在北京，为张之洞打探情报并处理各种事务，用当时的术语叫作“坐京”，职责犹如今天的驻京办。虽然他的身份一直只是个闲散的内阁候补中书，不过每月有张之洞提供的一百两津贴，生活比起同乡刘光第要潇洒多了。

进入戊戌年后，京中风云多变，杨锐的工作对张之洞来说也越来越重要。7月23日，杨锐的大哥杨聪在四川病逝。这时变法正在高潮，张之洞闻讯，连忙打电报要杨锐暂时不要奔丧。但他归心似箭，准备8月31日动身。不过，由于此前陈宝箴的保荐，29日有旨令杨锐预备召见。张之洞大约松了一口气，甚至心中暗喜——杨锐由此不得不留在北京，又进入了政治中枢军机处，这对自己是莫大的帮助。然而六君子殉难之后，张之洞必然悔恨万分：这真是我不杀伯仁，伯仁因我而死！

军机章京的工作，让杨锐感到相当头痛。在他看来，当时的上书，大多是揣摩上意、投机取巧的货色，没什么可行性。但如果加以驳斥，又恐怕和同事闹意见。四章京分成两班工作：谭嗣同与刘光第一班，杨锐与林旭一班。他觉得，谭嗣同虽然“最党康有为”，但还算安分，而林旭“随事都欲取巧”，让他很难共事。紧接着，越来越有危机感的光绪帝单独召见他，发下一道密诏，让他和同事们商议，怎样能罢免顽固昏庸的大臣，全面推进变法，又不至于惹怒慈禧？

自然，这是完全无法办到的。五天后，政变发生。这道密诏，被杨锐的门生黄尚毅缝在衣领里，连同老师的灵柩一同带回了四川。1909年，慈禧死去，与政变关系莫大的袁世凯也被罢斥。杨锐的儿子杨庆昶带着密诏进京，想为父亲平反，但被政府压了下去。不过，再过两年，也轮不到大清朝为杨锐平反了。

杨锐，字叔峤，四川绵竹人，1855年生，1898年9月28日被杀。

（文/吉辰）

慈禧为何没有另立新主

戊戌政变是突发事件，并非如过去所说是戊戌维新运动激进措施引起的反动，而是因各种政治势力误读误判而导致的结果。康有为一再说他们的目标是“保皇上，救中国”，而其结果却是害了皇上，也害了中国。

跳到黄河也洗不清

严复曾经是梁启超的朋友，与康有为也属于维新同志，在戊戌政治变革中，他们南北相互呼应，推动变法，但在进入民国反省过去时，严复却对康梁在戊戌年间的活动给出极为负面的评价：

> 吾国自甲午、戊戌以来，变故为不少矣。而海内所奉为导师，以为趋向标准者，首屈康、梁师弟。顾众人视之，则以为福首，而自仆视之，则以为祸魁。何则？政治变革之事，蕃变至多，往往见其是矣，而其效或非；群谓善矣，而收果转恶，是故深识远览之士，愀然恒以为难，不敢轻心掉之，而无予智之

> 习，而彼康、梁则何如？于道徒见其一偏，而由言甚易。……今夫亡有清二百六十年社稷者，非他，康、梁也。何以言之？德宗固有意向之人君，向使无康、梁，其母子固未必生衅，西太后天年易尽，俟其百年，政权独揽，徐起更张，此不独其祖宗之所凭式，而亦四百兆人民之洪福。而康乃踵商君故智，卒然得君，不察其所处之地位为何如，所当之沮力为何等，卤莽灭裂，轻易猖狂，驯至于幽其君而杀其友，已则逍遥海外，立名目以敛人财，恬然不以为耻。夫曰保皇，试问其所报者今安在耶？必谓其有意误君，故为太过，而狂谬妄发，自许太过，祸人家国而不自知非，则虽百仪、秦不能为南海作辩护也。(《与熊纯如书之三十》)

严复的意思是，假如不是康、梁推动，政治变革不会这样快发生，光绪帝也不会因此与慈禧太后冲突，母子未必生衅。慈禧太后天年易尽，待其百年后，光绪帝政权独揽，徐起更张，中国的变革大致可以平稳进行。

然而，慈禧获悉有一个谋围颐和园劫制她的政变图谋后，愤怒情形不可言表，可想而知。

> 八月初六日，下诏训政，懿旨拿康有为。是日太后御便殿，召庆王、端王，军机、御前大臣跪于案右，皇上跪于案左，设竹杖于座前，疾声厉色，询问皇上，

曰："天下者，祖宗之天下也，汝何敢任意妄为！诸臣者，皆我多年历选，留以辅汝，汝何敢任意不用！乃竟敢听信叛逆蛊惑，变乱典刑。何物康有为，能胜于我选用之人？康有为之法，能胜于祖宗所立之法？汝何昏聩，不肖乃尔！"(《清廷戊戌朝变记》)

在训斥了光绪之后，慈禧也没有忘记训斥诸王大臣：

皇帝无知，汝等何不力谏？以为我真不管，听他亡国败家乎？我早已知他不足以承大业，不过时事多艰，不易轻举妄动，只得留心稽查管束；我虽人在颐和园，而心时时在朝中也。我惟恐有奸人蛊惑，所以常嘱汝等不可因他不肖，便不肯尽心国事；现幸我还康健，必不负汝等也。今春奕劻再四说，皇上既肯励精图治，谓我亦可省心，我因想外臣不知其详，并有不学无术之人，反以为我把持，不许他放手办事，今日可知其不行矣。他是我拥立者，他若亡国，其罪在我，我能不问乎？汝等不力诤，是汝等罪也。

或许是慈禧的指责太过明显，刚毅马上出来辩解，称：屡次苦谏，每加谴斥，其余众臣，亦有言谏过者，亦有不语者。

愤怒的慈禧此时无心于刚毅的辩解，她继续指责光绪：

> 变乱祖法，臣下犯者，汝知何罪？试问汝祖宗重，康有为重？背祖宗而行康法，何昏聩至此？

听了太后的指责，光绪战栗对曰：

> 是固自己糊涂，洋人逼迫太急，欲保存国脉，通融试用西法，并不敢听信康有为之法也。

太后闻言厉声怒斥：

> 难道祖宗不如西法，鬼子反重于祖宗乎？康有为叛逆，图谋于我，汝不知乎？尚敢回护也！

光绪早已吓得魂飞齿震，面对太后的愤怒，根本不知如何应对。太后复厉声问道“汝知之乎，抑同谋乎”，皇帝战栗对曰知道。太后曰：“既知道还不正法，反要放走？”皇上即云拿杀。（“中国近代史资料丛刊”《戊戌变法》卷一，第347页）

这段记载虽有不少“小说家言”，时间上似乎也比实际发生的时间提前了一天，但大体上反映了慈禧获知康有为“谋围颐和园”情报后的心态，由此也注定了政变后两宫之间的基本关系。

很多研究者认为，政变发生后，光绪被囚禁于瀛台，有所谓“瀛台泣血”栩栩如生的描写；也有史学家精细的考订。但这个说法可能并不是真实的历史，慈禧在没有弄清全部真相时，对光绪确实无比愤怒，毕竟二十多年养育之恩，从小到大，拉扯一个孩子谈何容易，就算不图回报，也不能恩将仇报，置太后于死地。这是太后获悉“围园劫后”消息的逻辑反应，属人之常情。

不过，一百多年的研究也充分表明，“围园劫后”只是一个不曾执行的计划，甚至是一个并没有完成规划的计划。真正参与、知道这一计划的，大约有康有为、梁启超、谭嗣同、毕永年、康广仁，以及康有为身边极个别随从，属于康有为最紧密的朋友圈，大致在师友间。外人知道的只有一个袁世凯，所以康、梁后来坚定认为清廷知道政变阴谋，就是因为袁世凯告密。其实康、梁不知道的，是被捕后的康广仁和那几位门人、仆人说了什么。

光绪在“围园劫后”计划中，应该是一个极为被动的角色，他根本不知道康有为的计划，甚至也不知道袁世凯知道了什么，所以在慈禧连夜审讯时，他的惶惑、不解，也就极为自然。

光绪的身体状况

政变发生后，光绪无法解释清楚与康有为等人的关系，无法让慈禧在内心深处重新认同他。因此，光绪不得不请求太后再度垂帘听政：

> 谕。现在国事艰难，庶务待理。朕勤劳宵旰，日综万机，兢业之余，时遇丛脞。恭溯同治年间以来，慈禧端佑康颐昭豫庄诚寿恭钦献崇熙皇太后两次垂帘

听政，办理朝政，宏济时艰，无不尽美尽善。因念宗社为重，再三吁恳慈恩训政。仰蒙俯如所请，此乃天下臣民之福。由今日始，在便殿办事。本月初八日，朕率诸王大臣在勤政殿行礼仪，著各该衙门敬谨预备。（《光绪朝东华录》）

光绪二十四年八月初八（1898年9月23日）一大早，慈禧在勤政殿举行重新出山训政的正式典礼，接受光绪及百官的恭贺。典礼毕，慈禧复于便殿召集群臣继续质询光绪，并将所抄皇上书房中及康有为寓中奏章说帖等件，逐条审讯，以诸臣质之。内有杨锐、林旭述上意催康有为迅速出京之函，慈禧大怒，问皇上，皇上不敢认，推托为杨锐的意思。其实，慈禧此时已从荣禄那里获知袁世凯的报告，对康有为、谭嗣同的密谋已有大概了解，但她似乎还不知道此事与光绪是否真的有牵连，所以她问皇上康有为的这一计划究竟是什么意思。康有为谋围颐和园劫制皇太后的计划其实根本就没有明白告诉过光绪，因此光绪也就很难说出康计划的真实企图，只得将此计划的责任推到康有为一人头上。

紧接着，清廷下令逮捕张荫桓及军机四章京，各种信息持续汇集，态势似乎越来越严重。在这种情况下，光绪也已经无法正常工作。传统中国政治体制是国不可一日无君，在没有确凿证据证明光绪领导或指使康有为等人谋反弑后的情况下，慈禧即便权威再大、光绪的反对者势力再强，也无法从根本上动摇皇上的地位，无法很快找到一个能够替代光绪的皇权中心。在这种情况下，光绪既不能引咎辞职，也无法在皇位上坚持工作、处理朝政，于是一个变通办法应运而出：

> 八月初十（9月25日），皇帝诏曰："朕躬自四月以来，屡有不适，调治日久，尚无大效。京外如有精通医理之人，即著内外臣工切实保荐候旨。其现在外省者，即日驰送来京，勿稍延缓。"(《光绪朝东华录》)

在光绪这份诏书发布前后，关于其身体状况的传言弥漫在国内外。一个最极端的看法是，"目前的中国，据我们所知道的，已经是没有皇帝了。谣言众多而且散布极广，说皇帝已遭毒害。不过，根据他的手诏来看，他仅是被废黜了。"理由就是慈禧重新回到了前台，"重行掌握政府的大权，而皇帝亲率文武百官"向她祝贺。(《光绪帝之被废黜》，"中国近代史资料丛刊"《戊戌变法》卷三）

其实这样的传言是没有根据的，光绪在事情没有完全弄清楚之前固然无法像政治变革期间那样乾纲独断、发号施令，但也并没有像一些人所传言的那样被幽禁在瀛台、向隅而泣。真实情形可能是，光绪确实病了，而且还不算轻。

光绪身体不好，在当时实际上也是一个公开秘密，至少在相当层次的大臣那里，这一点并不刻意保密。张荫桓后来在流放途中曾回答押送者如此提问：

“闻皇上圣躬欠安，所服何药？大人日在上侧，当知详细。”

“（皇上）病势渐成虚损，已入膏肓，服药无效，惟贴庆邸所进膏药稍可，庆邸已将呈进情节奏知太后。”（《驿舍探幽录》，“中国近代史资料丛刊”《戊戌变法》卷一）

显然光绪的病情并不完全保密，不过在这政治急剧变化的敏感关头，光绪公开声称自己自四月以来实际上就是自新政开始以来屡有不适，调治日久，尚无大效，其政治含义显然也大于真实病情。因此这道谕旨自然引起各方面的猜测，一个比较一致的看法可能是慈禧有意于废黜光绪、另立新帝。

情势最严重的时候，慈禧确实有废黜光绪、另立新主的想法，但是随着时间的推移，真相渐渐浮出水面，慈禧太后也渐渐明白，尽管光绪与康有为等人过于亲近不太对头，但光绪的一片苦心也未可完全否定，特别是光绪并没有介入政变阴谋，虽然康有为围园劫后的谋划可能让光绪获得实际利益，但这个计划本身毕竟与光绪帝没有关系。所以，清廷后来以上谕方式宣布康有为罪状时，指责康有为“乘变法之际，隐行其乱法之谋，包藏祸心，潜图不轨，前日竟有纠约乱党，谋围颐和园，劫制皇太后，陷害朕躬之事”。所谓“陷害朕躬”，就是强调光绪帝对这一谋划并不知情，但给外界的感觉却符合皇上的利益，实际陷皇上于不仁不义之境地。这一判断应该是清廷最高决策层的共识。

光绪获得了暂时解脱，但由他主导的新政显然不能继续进行下去了，慈禧从幕后走到前台，再作冯妇，三度出山训政。清帝国政治走向从此开始一个“维新变法的反动时期”。所谓“反动”当然是指反新政，凡是新政中所提出或实行的举措，似乎都值得拿出来重新讨论其价值。而新政基本价值取向是向西方学习，所以这一政治上的反动时期在基本价值取向上无疑鼓励、纵容了盲目的排外主义，启发了国内莫名其妙的民族主义情绪。中国政治走向因戊戌政变而发生逆转。

帝后关系调适

假如没有后来一些特殊的原因，光绪帝或许将在太后三度垂帘的阴影中继续当他的儿皇帝，慈禧、清廷并没有立马换人的意思。九月初一（10月15日）庆亲王奕劻等总署大臣主动告诉英国驻华公使窦纳乐，声称中方清楚知道到处流传关于皇上身体状况以及所谓废黜传言。庆亲王对窦纳乐表示他可以负责任地证实这些传言是不真实的。真实的情况是，皇上贵体微恙，经过调理，皇上的健康大为增进，且常和太后一同听政，处理国事。庆亲王并期望通过窦氏向整个西方世界解释，其实慈禧并不是完全反对中国进行改革，只是太后以为准备条件不够，不适宜于进行像皇上之前那种操之过急而又规模过大的改革。

谈话中，庆亲王诚恳询问窦氏有什么办法能够尽快使动乱的中国恢复平静。窦纳乐对症下药，他的建议是：

> 一个保证有效的使不安状况归于平静的办法，便是找一位外国医生为光绪看病，并签署一份光绪的健康证明书。(窦纳乐致英国外交大臣信，“中国近代史资料丛刊”《戊戌变法》卷三)

窦纳乐预料，庆亲王、清政府如果真的存在一个废黜阴谋的话，就不会接受这样的建议。

窦纳乐的建议代表了西方世界对中国未来的普遍担心，他们觉得光绪主持的变法运动尽管有许多问题，但在大的思路上合乎西方世界的普遍价值观念，中国如果沿着这条道路持续走下去，必将成为国际社会上比较负责任的大国。而慈禧出园训政，不管有多少国内政治的足够理由，但太后的政治选择肯定要比光绪落后得多。所以，列强通过多种手段干涉中国内政，普遍不希望由太后取代光绪，更不希望太后采取废立等非常手段处置光绪，他们尽量向中方施压，迫使太后同意光绪继续留在皇帝的位置上。

中方包括慈禧在内确实不希望西方国家对中国政治权力的调适产生怀疑，他们清楚知道当时的中国正在融入国际社会，外国资本在中国经济中已占有相当分量，如果西方国家对中国国内政治稳定持有强烈怀疑态度，势必影响西方资本在中国的投资，进而影响中国经济发展与社会稳定。不过，庆亲王的诚恳态度并不意味着他告诉窦纳乐的那些都是事实。事实上，当时光绪不仅健康状况并没有大为增进，反而更加恶化。在庆亲王信誓旦旦地告诉窦纳乐皇上“健康大为增进”的两天后，即九月初三(10月

17日），清廷御医率各省推荐来的名医对光绪帝进行了全面会诊，其结论是皇上浑身上下都是病。第二天，慈禧异乎寻常将会诊报告批转六部九卿各大臣阅看。

名医的诊断应该是正确的，而太后将此批转各位大臣的用意很值得分析。从善意角度去理解，清廷最高统治层肯定受到了某种压力，以为清廷真的有什么见不得人的阴谋，或故意迫害光绪，所以太后将皇上病情及时向六部九卿各大臣通报，以便皇上万一有什么不测，也好使各位大臣心中有数；从恶的角度去分析，太后依然不能原谅光绪在新政后期的作为尤其是其所谓“不忠”，她之所以向各位大臣公布皇上病情，似乎是为有一天进行废立做准备。不过，后一种可能性应该极小，因为就在向六部九卿各大臣公布病情同一天，清廷异乎寻常接受窦纳乐的建议，请法国驻华公使馆医生多德福入宫为皇上诊病。九月初六（10月20日），多德福向总理衙门出具了皇上患有肾炎或慢性肾炎的病情报告。根据多德福的诊断，光绪的病情并不太严重，只要在饮食方面善加调理，辅以必要的药物治疗，一旦排尿正常，气闷消失，病情就会明显好转。言下之意，光绪的病情并不影响他继续履行皇帝职责。

过去的研究多以为多德福的诊断既是西方国家向中国政府施加压力的结果，也是迫使太后无法废黜光绪的原因。其实这一说法并没有多少道理，只要想想几天前庆亲王奕劻与窦纳乐的交谈，就可以很容易判断出多德福的诊断只不过证实了庆亲王的说法，即皇上健康大为增进，并与太后一同处理政务，中外所传皇上在太后的所谓迫害下健康日趋恶化以及阴谋杀害他的谣言都是没有根据的。这对于平息西方国家对中国政局的普遍担心应该说起到了积极作用。

多德福的诊断报告公开后在一定程度上平息了西方国家对中国政局稳定的怀疑，西方国家逐步接受了太后重出训政的政治现实。过去的经验也使西方国家普遍相信，即便太后出于国内政局稳定的需要可能会使中国政治一时倒退，但太后绝没有理由与西方人敌视到底。在过去几十年间，正是慈禧的主持，使中国有了一定程度的开放与发展，所以他们普遍相信太后在本质上并不是一个十足的守旧顽固派，她一旦有效控制住局势，中国与西方国家的关系还会很快走向正常。九月廿二（11月5日），太后与光绪一起在仪銮殿接见日本使臣矢野文雄；十一月初一（12月13日），太后又与光绪一起在宫中召见英、美、德、法、俄、奥、荷、日等国驻京使臣夫人，光绪还与各位夫人一一握手还礼。这一系列姿态向中外表明光绪帝健康已大为增进，两宫和睦，共同治理着这个国家，并不像外界尤其是康、梁等流亡人士所宣传的那样帝后之间势同水火。

（文/马勇）

慈禧治下的光绪王朝

上文说到，戊戌政变后，愤怒的慈禧确曾想过废掉光绪，再立新君。但事实上，政变之后差不多一年，慈禧就为光绪挑选了一个“大阿哥”，以为预备，但在中外、朝野压力下最终放弃，只是中国乃至慈禧本人都为此付出巨大代价。

次优方案

慈禧是清帝国实际掌门人，她继承的这份遗产来自其亡夫咸丰帝。咸丰为道光帝第四子，也是清帝国第九位皇帝。道光二十六年（1846年）被立为储君，道光三十年（1850年）接替乃父继位。

被史家称为“苦命天子”的咸丰生不逢时。清帝国刚刚度过中英交涉的困难期，不久即迎来席卷东南半壁的太平天国起义，动荡经久不息。而且英国等西方国家不满足于1842年开放五口，反因开放五口看到中国巨大的市场潜力，希望清帝国进一步开放市场，能够与西方国家建构平等的外交关系。但此时的清帝国知识精英、政治精英还没有充分意识到西方工业革命的意义，还在固守农业文明的宁静、悠闲与老死不相往来，于是清帝国与英法在咸丰十年（1860年）因换约等矛盾爆发冲突，英法联军攻进北京，咸丰仓皇出逃，并最终病逝于承德避暑山庄，年仅三十一岁。

咸丰病逝，只留下一个年仅六岁的独苗和慈禧、慈安两位太后。按照咸丰的安排，这棵独苗不仅由两宫太后照料，而且有“顾命八大臣”辅佐，襄赞政务，直至小皇帝亲政。但是，咸丰去世不久，六皇叔恭亲王奕䜣联合两宫太后发动政变，顾命八大臣载垣、端华、肃顺等，或被杀，或充军，恭亲王与两宫太后联合执政，因而小皇帝的年号也更名为“同治”，即共同治理的意思。

同治是慈禧的亲生子，也是慈禧的全部希望。两宫太后在小皇帝幼年时代勉为其难垂帘听政，支撑一个大帝国的运行。作为母亲，慈禧理所当然希望他的儿子亲政后让她有机会歇肩，颐养天年。

然而对于慈禧来说，人生的大不幸，还不仅在于青年丧夫，更在于中年丧子。她的独生子同治生于深宫帝王之家，自幼就表现极不寻常，任性、固执，远君子近小人，染上了君主不应该有的恶习，从来不是一个省油的灯。同治十二年（1873年）正月，十八岁的小皇帝亲政。不到两年，同治十三年（1875年）十二月初五，小皇帝驾崩。

同治去世是对慈禧重大的打击，“哭不能词”，但因清帝国的整体利益，她迅速从个人悲伤中走出，建议为咸丰——而不是同治，选择一个新的接班人。她的理由是，天下毕竟是咸丰的天下，咸丰传给了他的儿子同治。同治没有儿子，现在所要选择的皇帝，只能是继承咸丰的祖业。

对于慈禧太后的建议，与会皇亲国戚就其总体而言无法反对。毕竟同治没有儿子，现在必须从与咸丰血缘关系最紧密的后人中选择，有大臣鉴于同治的教训，“有言以宗社为重，请择贤而立，然后恳乞垂帘”。这个建议的潜台词是，从幼童培养太没有把握了，大行皇帝就是一个例子。为大清江山社稷前途计，既然没有办法让皇子们顺位继承，既然只能从宗室成员中选择，为什么不优先考虑选择一个稍微成年的“贤者”为继承人呢？这与两宫太后垂帘听政并不矛盾。

对于这个建议，慈禧是这样回答：

> 文宗（咸丰）无次子，今遭此变，若承嗣年长者实不愿，须幼者乃可教育，现在一语即定，永无更易，我二人（慈禧、慈安）同一心，汝等敬听。（《翁同龢日记》）

太后这段话很好理解，天下是咸丰的，咸丰没有第二个儿子，现在如果选一个成年的继承人，她们姐妹俩作为咸丰未亡人实在不愿意接受，只有选择一个幼童，才有从头教育的可能。慈禧言下之意，即便同治的教育是失败的，也可以在新皇帝成长过程中予以矫正。

针对慈禧的方案，皇亲国戚、各位大臣该讨论的也讨论了，但在权衡利弊后，大家还是接受了慈禧的动议，决定由两宫太后作主从与皇室血缘关系最亲近的血亲中选择皇位接班人，于是找到了醇亲王奕譞的儿子载湉。

> 钦奉懿旨，立醇亲王奕譞之子承继文宗显皇帝为子，入承大统为嗣皇帝。(《光绪朝东华录》)

选择载湉是此时最合适的举措，尽管当时和后来有各种各样的解释，以夸张慈禧的政治野心，但当确定为咸丰选择接班人的思路确定后，载湉也就呼之欲出了。

载湉这一辈是清宗室中此时最旺的一辈。贝勒载治是道光长子奕纬的儿子，最有资格，但可惜载治不是奕纬亲生，而是由旁支过继，基本上可以不考虑。值得考虑的只有恭亲王奕䜣的两个儿子载澂载滢，醇亲王奕譞儿子载湉，他们三个人都是合适的候选人，都是咸丰的亲侄子。理论上载澂最合适，年龄比刚刚去世的同治小两岁，也是同治的玩伴，但是唯一不好的也是因为他是同治的玩伴，同治帝后来微服出宫寻花问柳，差不多都与载澂脱不了干系，而且微服出游走漏风声，让恭亲王这些长辈知道并惹出后来一系列问题，也发端于载澂口风不严，因此，只要慈禧做主，载澂肯定没戏。而次子载滢由于早早过继给钟郡王，也无缘问鼎。

在载字辈还有一个载澍也被传为接班人：

> 帝自十月不豫，寻大瘳。一夕宿慧妃宫，翌晨疾

> 大渐。军机大臣李鸿藻入见，口授遗诏，令鸿藻书之，谓国赖长君，令贝勒载澍入承大统，凡千余言。鸿藻奉诏，驰赴储秀宫中，请急对，出袖中诏以进。西太后大怒，碎其诏，叱鸿藻出宫。移时帝驾崩，时十二月初五酉时也。(《清鉴纲目》卷十二)

说得有时间、有地点，很像真的。其实，这个传说最经不起推敲，因为载澍尽管属于皇统，流着爱新觉罗家的血，但其此时已属于远支宗室，远离皇权中心，根本不存在被考虑的可能性。

剩下的也就只有载湉了。载湉生于同治十年六月廿八（1871年8月14日），此时满打满算四岁。他的父亲醇亲王是道光第七子，是咸丰的亲弟弟，也就是慈禧婆家弟弟；载湉就是慈禧的亲侄子。从与皇室血缘关系而论，已经没有自己孩子的慈禧，不可能还有比这更亲近的侄子。

而且，从慈禧的娘家关系说，载湉的母亲为慈禧的亲妹妹，载湉也就是她的亲外甥。双层血缘近亲是载湉被慈禧看中的主要原因。还有一个不好证实的传闻：“载湉之母为慈禧嫡妹，辛酉政变前，居间传语，厥功甚伟。以此双重血统关系，实最合慈禧之私心矣。”这也是这个动议能够很快获得高层认可的原因。据翁同龢记录，大致思路确定：

> 诸臣承懿旨后，即下至军机处拟旨。潘伯寅意必宣明书为文宗嗣，余意必应书为嗣皇帝，庶不负大行

付托，遂参用两人说定议。核正请见，面递旨意（黄面红里），太后哭而应之，遂退。(《翁同龢日记》)

中兴小阳春

从大历史视角观察，清廷选择载湉接续同治帝绍继咸丰帝是对的。第一，这确实最大限度地保证了接班人在血缘上与咸丰最近；第二，有助于咸丰的未亡人慈禧、慈安两位太后继续把握政权，在某种程度上保证了皇权中心不会发生太大偏移；第三，慈禧、慈安两位太后继续垂帘，有助于政治稳定，将先前已经进行十余年的自强新政继续下去。

我们知道，同治十二年中有十多个年头都是慈禧、慈安两位太后共同秉政，同治只是在最后不到两年的时间里独立处理政务（其实还是半独立）。或许从中国传统政治伦理上说，垂帘听政是牝鸡司晨，属于名不正言不顺。其实，在家天下这一背景下，皇子年幼，由太后出而主持政务，实在是不得已的变通办法。假如此时不是载湉即位，而是选择一个成年皇帝，而且与两宫太后同样没有血缘关系，那么完全可以相信一朝天子一朝臣，清帝国中枢系统一定会在权力移交后重新洗牌。

没有了慈禧之后的清帝国，肯定还会继续发展，但是也可以肯定不会像已经走过的路那样继续发展，同治亲政之后就曾试图改变既往路线，准备大兴土木，重建颐和园，只是被恭亲王等重臣及时制止。因此，从清帝国政策稳定性角度而言，同治、光绪连续两个小皇帝名义上执政，慈禧实际控权，尽管不得已又不合适，但就总体而言，自咸丰末年开始的自强新政总算勉强持续了三十多年，至光绪亲政实际掌握权力为止，也就是我们通常所说的一个完整的“同光中兴”时期。这个时期的下限，大致可以定在甲午战争爆发前。

“同光中兴”在很大程度上将沉沦至谷底的中国经济、社会拉回到一个上升通道。正面、直接回应了西方工业文明对中国农业文明的挑战，中国的工业化从无到有，在同光中兴晚期，确实建构了一个工业化起步的架子，与同样后发的日本相比，毫不逊色。中国的城市化运动，也因为工业化的带动，加上清帝国对西方资本、贸易的接纳而获得发展。上海、天津、汉口、广州，以及整个长江沿岸经济带、长江以南广大地区，都在这个时间段获得了较大发展。

军事更是“同光中兴”小阳春中最值得称道的地方，中国终于在这三十年中慢慢与冷兵器时代挥别，一支拥有新技术手段、新装备的现代化海军，第一次在中国历史上出现，成为维护清帝国持续发展最重要的威慑力量。

当然，慈禧治下的“同光中兴”虽成绩不少，但问题也是多多。略举大端，诸如：新教育没有随着工业化发生而推行；社会没有随着城市化而改造；国家更没有随着经济发展、近代化发展而获得政治上的改造；中国没有像日本明治维新开始后那样废藩置县、重建中央集权体制、重建统一的国内市场、优化资源配置，而是沿袭旧制；在经济发展、城市化发展到了一定阶段之后，沉溺于“后发优势”获得的成绩，弄不清经济发展、实力提升是改革的结果，还是旧制不变的结果……这些最终使中国错失良机，也由此注定了甲午战争的结局，甚至预设了戊戌维新的难度。

谁的天下

慈禧治下的同治朝，应该是慈禧的完全治理，恭亲王尽管拥有极大权力，但最终的决策权，尤其是否决权毕竟在两宫。因而对慈禧的功过对错很容易区分。

至光绪朝，前半场类似于同治朝。光绪十四年（1888年），慈禧归政后，权力格局有所调整，但是由于各种原因，慈禧并没有完全退出决策层，致使所谓帝党、后党相继产生。这两个政治集团尽管与帝后两人并无直接关联，但其权力二元格局显然不合乎两千年来中国的帝制原则，天无二日，国无二主。围绕在新主周边的一派不能不想着如何让新主建功立业，甚至御驾亲征、重建威权；而围绕着老太后的一派，大多年高德劭、功绩显赫，人生已经到了晚期，辉煌只是往事，因而他们大多得过且过、不愿折腾，只愿随着太后的离场而离场。如果从这个意义上反省甲午年的政治决断，甚至包括战与和的犹豫不决、内与外的复杂交织，都可以获得不一样的感受。

甲午战争及其失败，使帝后之间的权力移交又拖了下去。战争期间、战争善后，都需要太后的决断。维新时代开始，更需要太后的默许、支持，如果不带偏见去理解戊戌政变前的慈禧与光绪，应该承认他们母子之间的真实关系，可能并不那样紧张、糟糕，太后信任光绪，光绪尊重太后。阅读《清实录》，不难体会在那时那种交通条件下，光绪帝时常风尘仆仆往来于宫中、颐和园，看望太后，陪伴太后吃顿饭，看场戏，聊聊家常，聊聊国事。母慈子孝，两宫和睦，这并不是一般的官样文章，而是历史事实。

但是，戊戌政变后一段时间，情况确实不一样了。特别是与“围园劫后”政变阴谋相关联的谭嗣同、康广仁、林旭、杨锐被迅即处死，而流亡在外的康有为、梁启超等人又不停地渲染为了救皇上，而反对慈禧太后。这个说法不管是否有依据、有道理，都势必将光绪逼上一个无比尴尬的地位。光绪要想洗刷自己、要想重建太后的信任，光靠自己的解释显然是不行的。

由此，重新理解光绪在政变之后的病，笔者的看法是：既有生理上的，更有心理上的。光绪幼年时代身体就不好是事实，肾功能有问题也是显而易见的，大婚十年依然没有儿子，可能就和其身体状况有关。至于心理上，既然说不清楚与康、梁“保皇”运动的关系，那剩下的路只有一条——以离开换取太后的认同、信任。所以我们看1898年来的几个月和1899年全年，光绪帝的病时好时坏，法国公使馆医生公开给出的诊断也说明光绪有病，但不至于影响其履行皇帝职务，没有换人的必要。但是到了1899年底，清廷政治还是出了问题，“己亥建储”，慈禧为光绪过继了一个接班人大阿哥。

大阿哥事件是晚清政治发展的一个转折，一方面引发了稍后的民族主义排外运动，让清帝国为此付出了巨大的代价；另一方面，两宫关系通过这一巨大的历史转折重建了互信，当然主要是慈禧对光绪的信任。这方面的效果是明显的，据与两宫关系密切的瞿鸿禨说：

> 丁酉戊戌间，传闻误会，似涉嫌疑，实已涣然冰释。圣慈圣孝，欢颜愉色，融洽太和。臣鸿禨初入枢廷，钦圣谕臣，曰："外间疑我母子不如初乎？试思皇帝入承大统，本我亲侄。以外家言，又我亲妹妹之子，我岂有不爱怜者？皇帝抱入宫时，才四岁，气体不充实，脐间常流湿不干，我每日亲以涤拭，昼间常卧我寝榻上，时其寒暖，加减衣衿，节其饮食。皇帝自在邸时，即胆怯畏闻声震，我皆亲护持之。我日书方纸课皇帝识字，口授读四书诗经，我爱怜惟恐不至，尚安有他？"

按照瞿鸿禨的记录，即便两宫在戊戌秋因"围园劫后"传闻一度失和、误会，但在稍后就获得了解决，两宫和睦才是主基调。

慈禧治下的光绪王朝就是太后的时代，光绪独立主持政治的时间非常短暂，满打满算不过就是1888年至1898年。这十年，太后也没有完全不管不问，事实真相或许就如上文开头提到的慈禧在政变后训斥大臣所说的那样："他（光绪）是我拥立者，他若亡国，其罪在我，我能不问乎？汝等不力诤，是汝等罪也。"

两宫关系是理解光绪朝政治走势的关键，“慈禧治下的光绪王朝”这一定位应是比较准确的。

（文/马勇）

晚清新政

阻挡帝国主义与阻挡革命双重压力下新政启航

美国已故著名政治学家萨缪尔·P·亨廷顿（Samuel Phillips Huntington）曾这样解析传统君主制国家开启现代化变革的动因："19世纪的君主实行现代化是为了阻挡帝国主义，20世纪的君主实行现代化是为了阻挡革命。"对于恰恰在庚子年（1900年）经历京师陷落、仓皇西狩之巨变的清政府而言，实际上它面临着缓解西方列强威胁与镇压革命运动的双重压力。故当慈禧拖着清廷这艘残舰踉踉跄跄地驶进20世纪时，于特殊的内外情势中，改革已是她不得已的唯一选择。正如时人所言：

> 及乎"拳祸"猝起，两宫蒙尘，既内恐舆情之反侧，又外惧强邻之责言，乃举戊、己两年初举之而复废之政，陆续施行，以表明国家实有维新之意。(《论中国必革政治始能维新》)

奈何此时改革的难度，较之庚申年（1860年）甚或戊戌年（1898年），已不知高出几个数量级。

改革诚意无须质疑

或许有人还会质疑清廷改革的诚意，其实大可不必。庚子事变对于慈禧的沉重刺激，以及八国联军留下的残局，迫使清政府清醒地认识道："欲救中国残局，惟有变西法一策。"

首先，为了缓解内外多种压力，清廷必须要改变自戊戌政变以来顽固保守的立场，重新塑造国家形象。"戊戌六君子"事件后，清政府立场急剧右倾，保守官僚短时间内占据朝堂关键位置，一度左右了对外政策。载漪、刚毅、徐桐之流因在戊戌政变中得罪了光绪，于是策划"己亥建储"，同时又慊于列强对己之密谋的干涉，操纵利用义和团运动，悍然对外宣战。"综观其前后因缘，非拳匪之力果神于他邪教之为也，则以二三权贵目为义民故。此二三权贵非真以拳匪为义民也，亦非谓拳匪之力真足以扶清而灭洋也，则以戊戌政变得罪皇上故。"究其根源，实乃内部政治斗争引发外来侵略。与此同时，守旧势力的倒行逆施也招致国内外维新力量的严重不满。作为直接受害者，康梁诸人虽流亡海外，但矢志不渝，成立保皇会，继续拥戴光绪。国内的趋新力量如唐才常等，在庚子年间组织自立军，打出了勤王旗帜。虽终被镇压，然而这种民间军事武装已渐有与革命党合流的倾向。因此，作为实际的最高统治者，慈禧当初公然与"整个西方"对抗，那么她就必须为这份"冲动的惩罚"买单，承受恶果。而表达歉意最有效的方式便是推行新政。当时列强与清廷议和，提出了两个至关重要的前提条件：一是"惩凶"，即处理曾经把持朝政的那一拨保守官吏；二是“两宫回銮”，即慈禧与光绪必须从西安返京，从而摆脱守旧力量的控制。为了彻底清理顽固派，列强甚至还酝酿了“B计划”，打算另组政府——中国须将旧政府大臣更换，另选大臣，立一新政府，各国方能议和。正是基于列强对保守势力的极端不满，慈禧只得丢车保帅，严惩载漪、刚毅等守旧派王公大臣，同时颁布上谕，特意强调“懿训以为，取外国之长，乃可补中国之短”，光绪要“恭承慈命，一意振兴，严禁新旧之名，浑融中外之迹”，从而以开明革新的面貌示人。

其次，清政府内部也颇具改革的意愿与动力。慈禧本人并不反对改革，当年发动戊戌政变，目的实为揽权，绝非抵制革新，所以在以光绪名义发布的总结政变性质的谕旨中，她宣布康梁之罪在于结党谋逆，而不是推行改革。慈禧甚至声明不是不主张变法，而是“康逆之谈新法，乃乱法也，非变法也”：

> 所有一切自强新政，胥关国计民生，不特已行者亟应实力举行，即尚未兴办者亦当次第推广。(《光绪朝东华录》)

待到西逃避难之际，慈禧一面指责刚毅诸人误国误民，死有余辜，但也不得不承认自己有不可推卸之责：我总是当家负责的人，现在闹到如此，总是我的错头；上对不起祖宗，下对不起人民，满腔心事，更向何处诉说呢？故其终日所思所念，无非“自强雪耻”四字而已。据随扈西安的岑春煊回忆：太后虽在蒙尘，困苦中尚刻意以兴复为念。一日诸人于召对之际，太后忽顾问："此耻如何可雪？"众未有应者。余独进曰："欲雪此耻，要在自强。两宫卧薪尝胆亟求自强雪耻之志，此时亦为最切矣。"战争所烙下的深深心灵创伤，令慈禧最终下定了改革的决心。

与此同时，朝野间的官绅势力也企盼改革早日起锚。枢桓之内，时任军机大臣的荣禄与户部尚书鹿传霖积极运作，说服慈禧及王公大臣赞成变法；地方督抚更为踊跃，李鸿章"于十一月间有疏陈请革政"，张之洞则与刘坤一、袁世凯、盛宣怀等人联衔会奏吁请：

> 于和局大定之后，即行宣示整顿内政切实办法，使各国咸知我有发愤自强之望，立除积弊之心。

驻外使臣亦希望革新早日促成，如驻日公使李盛铎致电张之洞：

> 如能请降懿旨，采用西政西律；诏求通达中外人才，以待破格录用；酌改学校教育章程，人心内靖，则强敌外屈，为益尤大。

广大地方士绅亦积极通过各种渠道，向朝廷建言，"意行新政"。

当然，庚子前后革命党的日渐兴起，也成为清廷越发忌惮的力量。1900年初，孙中山命陈少白在香港创办《中国日报》与《中国旬报》，作为反清革命的舆论机关。随后孙又在当年10月发动惠州起义，虽以失败告终，但其对政局的震动不可低估。

> 经此失败而后，回顾中国之人心，已觉与前有别矣。当初次之失败也，举国舆论莫不目予辈为乱臣贼子、大逆不道，诅咒谩骂之声，不绝于耳。……惟庚子失败之后，则鲜闻一般人之恶声相加，而有识之士且多为吾人扼腕叹息，恨其事之不成矣。前后相较，差若天渊。吾人睹此情形，中心快慰，不可言状，知国人之迷梦已有渐醒之兆。(《孙中山选集》)

孙中山被时人目为“革命者之北辰”，这对于力求政局稳定的清廷而言，绝不是好事。

纾外患，顺众意，靖内乱，诸多因素皆迫使清廷亟须改弦更张，启动革新。作为掌舵者，慈禧一声令下，大清这艘残舰艰难地向政治现代化转型的方向航行。

划底线，定调子，指路径

光绪二十六年十二月初十（1901年1月29日），尚在西安的慈禧以光绪的名义发布一道改革上谕，正式宣布启动新政变法，其意义不同寻常。上谕首先强调“世有万古不易之常经”，但“无一成不变之常法”，穷则变，变则通，是故对于改革，就应当首要明确“不易者三纲五常，昭然如日星之照世；而可变者令甲令乙，不妨如琴瑟之改弦”。况且历朝历代，制度各有兴废，法令难免更替，“大抵法积则敝，法敝则更，惟归于强国利民而已”。这实际上规定了新政改革的根本宗旨，即除作为传统文化核心内容的纲常伦理外，其他涉及制度层面的项目，都可以因时因地进行调整革新。

关于改革的深度与广度，清廷认为当突破洋务运动之藩篱，学习西方制度的精华。对于既往的改革，上谕特意做了一番检讨：

> 晚近之学西法者，语言文字制造器械而已，此西艺之皮毛，而非西政之本源也……舍其本源而不学，学其皮毛而又不精，天下安得富强耶？

因此，改革必须更加全面、深入：

> 著军机大臣、大学士、六部九卿、出使各国大臣、各省督抚，各就现在情形，参酌中西政要，举凡朝章国故，吏治民生，学校科举，军政财政，当因当革，当省当并，或取诸人，或求诸己，如何而国势始兴，如何而人才始出，如何度支始裕，如何而武备始修，各举所知，各抒所见，通限两个月，详悉条议以闻，再由朕上禀慈谟，斟酌尽善，切实施行。

如此一来，改革的基调也大致敲定。对于改革的具体推进策略，上谕指出应力求稳健：

> 新进讲富强，往往自迷本始；迂儒谈正学，又往往不达事情。尔中外臣工当鉴斯二者，酌中发论，通变达权，务极精详，以备甄择。（《义和团档案史料》）

总体而言，该上谕画了底线、定了调子、指了路径，可谓改革的纲领性文件。自此，新政具备了相应的顶层设计。

政治权力与资源的再分配

蓝图已绘，并不意味着改变便可以稳步推进下去。上谕颁布后将近三月，居然没有一位地方督抚复奏发表建议，可见鉴于两年前的政变阴影，众人在未确认朝廷变革诚意前，皆持观望态度。

倘僵局迟迟不能被打破，那新政恐如清风拂柳、转瞬即逝。故清廷要出面破冰。4月21日，朝廷再度发布谕旨，催促各省督抚“迅速条议具奏，勿再延逾观望”。同时，清廷下令设立督办政务处，作为统筹办理各项新政的“统汇之区”，并派庆亲王奕劻，大学士李鸿章、昆冈、荣禄、王文韶，户部尚书鹿传霖为督办政务大臣，刘坤一、张之洞“遥为参预”。

那么督办政务处的组织结构、职权范围及革新方针为何？清廷皆有规定。组织结构方面，督办大臣以下，设立提调两名，章京八到十名。选才无论京官，还是寻常布衣，皆可入围，“首论心术，兼取才望，不拘成格，破除情面”。职权范围方面，督办政务处的具体工作是审阅各官奏章，先将所有奏折分为可行与不可行两种：对于不可行者，列出理由，呈堂官审核；对于可行者，区别轻重缓急，量为增删，说明其可行之处，然后将初选的奏章分为官制、学校、科举、吏治、财政、军政、邦交、商务、工艺、刑律十个门类，由提调复核商订参议，进呈堂官审定，最后恭请圣裁。至于革新方针方面，一是整顿旧法，二是中法所无，宜参用西法，择善而从，广购西书，作为变法参考。

对于督办政务处的定位，清廷明确提出“乃天下政治之管辖”机构，“破除陋习，先自政务处始”，其为管理新政改革的指挥部。而且仔细剖析政务大臣名单，不难发现其构成人员要么是向来治事稳重的军机大臣，要么是一直倡导改革的地方疆吏。通过督办政务处这个组织，清廷巧妙地将这两股趋新的势力捏合于一起，把至关重要的权力与任务授予诸位重臣，从而肃清了守旧势力的影响，实现了政治权力与资源的再分配。于是，先前督抚们的疑虑也由此烟消云散。

好饭不怕晚，好话不嫌慢

4月25日，督办政务处设立不足一周，山东巡抚袁世凯率先上折，提出自己的改革建议。随后，闽浙总督许应骙、浙江巡抚余联沅、两广总督陶模、云贵总督丁振铎、安徽巡抚王之春、江西巡抚李兴锐、湖南巡抚俞廉三等人纷纷上奏，对于新政各抒己见，讨论颇为热烈。

众多奏折中，最具分量的要数两江总督刘坤一与湖广总督张之洞联衔会奏的《江楚会奏变法三折》(其实应是三折一片，即《遵旨筹议变通政治人才为先折》《遵旨筹议变法谨拟整顿中法十二条折》《遵旨筹议变法谨拟采用西法十一条折》及《请筹巨款举行要政片》)。起初张之洞与刘商议，各自先拟一稿，再互相参照商讨。刘之草稿由士绅张謇、沈曾植、汤寿潜操刀，张之初稿则参考了幕僚郑孝胥、梁鼎芬、黄绍箕的意见。二稿初定，双方便交换密商。其实在此过程中，张之洞从始至终处于主导角色。出身湘军的刘坤一自知见识学养皆不如张之洞，于是将修改完善奏稿之权拱手相让。虽权归于一，且朝廷反复催促，张氏却并不急于落笔，而是四处活动，与各地督抚互通声气，保持论调一致；借耳目坐探打听西安虚实，窥测圣意，从而保证获取最多的信息，最准的内情，最新的情报，力求奏稿字字切合时需，句句正中圣怀。最终，张"荟萃众说，断以己意，日撰一条，月余始就"。当张氏的变法方案送到刘坤一面前时，其深感无须再改，称赞"公文章经济，广大精微，凡古今之得失，与中外之异同，互证参稽，折衷至当"。

7月12日、19日、30日，张、刘联合上呈三折，此时距离清廷之复奏号召，已过去了半年之久。

有道是"好饭不怕晚，好话不嫌慢"，张、刘二人最后一个上奏，却最合乎两宫心意。看罢折子，慈禧于10月2日发布懿旨：

> 刘坤一、张之洞会奏整顿中法、仿行西法各条，事多可行。即当按照所陈，随时设法择要举办。各省疆吏亦应一律通筹，切实举行。

如此深受“中央一号首长”认可的方案，究竟讲了些什么内容？大致来说，包括三个领域。

首当其冲的是教育改革。张、刘认为，“兴学育才”为改革政治的先决条件。具体举措，第一当参仿西方尤其是日本的办法，建立近代学校教育体制；从州县到京师，设立小学至大学的新式学制。第二应拿科举制度开刀，在文科考试方面通过逐年减少名额的方法渐进式取消八股，对于武科考试则应该立即停罢，改由近代军事学校培育人才；第三建议清廷奖励士子出国游学，毕竟眼下师资有限，欲图培育更多新人，“惟有赴外国游学一法”。并且在张、刘看来，教育改革三方面是互为关联的整体：

> 盖非育才不能图存，非兴学不能育才，非变通文武两科不能兴学，非游学不能助兴学之所不足。

奏稿的重头戏自然是政治改革领域。张、刘关于政改的原则是以整顿中法为“治之具”，通过统治手段的调整来为新政提供一个稳定有序的环境。所谓整顿中法，主要涵盖五方面：其一，改善用人政策，不计人才出身，唯才是用。同时提高行政效率，去虚文，省题本，宽例处，“如此则臣下之于朝廷，僚属之于上官，可以进实言办实事矣”。其二，澄清吏治，杜绝腐败，具体措施则是旧调重弹，无非停捐纳、汰胥吏、渐差役、高薪养廉等。其三，参考西方司法制度，改良本土司法体系。奏折提炼出九条措施：禁讼累、省文法、省刑责、重众证、修监羁、教工艺、恤相验、改罚锾及派专官。其四，革除弊端明显的政策，如裁撤屯田、卫官与绿营。其五，主张调整满汉关系，提出“筹八旗生计”的建议，允许旗人自谋生路，从而试图消除满汉民族界限、化解矛盾。

最后一个领域涉及军事与经济。对于这两方面，张、刘二人主张积极向西方取经，以期达到国家富强之目标。军事上，二人建议设立武备学堂培养近代军事人才，同时应设立统管全国军队的衙门，推选一位“深于外国兵制、操法者”作为管理大臣。经济上，二人主张设立农政衙门专门发展近代农业、设立工艺学堂发展近代工业、制定经济法规以保护民族经济利权。

此外就举办新政所需巨额款项，张、刘二人也专附一片：

> 既须筹赔偿之款，尤宜筹办事自强之款。赔偿之款所以纾目前之祸难，自强之款所以救他日之沦胥。……庶几各国刮目相待，而中国之生机不至于遽绝矣。

所以朝廷应该敕令朝臣、督抚们除筹措赔款外，更要极力储备改革巨款。谁都明白，新政是个烧钱的事业，只要财源不竭，改革便蒸蒸日上。

《江楚会奏变法三折》涵盖教育、政治、军事、经济等多方面，是一个较为全面持中的改革方案，其对清末新政的推动作用甚大。时人认为：

> 惟是中朝宗旨，实以江鄂为南针。江鄂之言不必尽行，而江鄂奏入之后，大局未必不从兹而定。

针对长达八月之久的变法如何开展之大讨论，《江楚会奏变法三折》堪称做了相当给力到位的总结陈词。至此，理论层面的争辩暂告一段落，清末新政进入了具体实施时期。直至日俄战争爆发前，第一阶段的新政都沿着行政体制改革的轨迹逐步前行，传统衙门纷纷裁撤，新式机构次第建立。

不过佳期总如梦，无论是慈禧、光绪，抑或张之洞、袁世凯，他们都深知脚下所驾驶的新政之舰，已是如此的残破不堪。这是一次不可预知的航行，这是一场没有退路的改革，不容有失但难保无失，不能犯错然焉能无错？一旦海上涌起波涛，改革残舰便有摇摆甚至倾覆之虞，从而偏离成功的彼岸。

不幸的是，风浪终究还是来了！

（文/王学斌）

“立宪国无不胜，专制国无不败”：日俄战争催生立宪风潮

1910年至1913年，少年周恩来正在奉天省官立东关模范两等小学校读高小。其间，他曾到奉天附近日俄战争旧址参观。当少年周恩来看到矗立在魏家楼子沙河岸上的纪念碑和纪念塔时非常愤怒，说：张家和王家打架，打到我们李家，杀了我们李家无辜的人不算，还要在我们李家竖碑立塔纪念，真是欺人太甚了！1955年，苏联和中国商谈从旅顺撤军时，苏联曾提出建立日俄战争时在那里战死的俄军马卡洛夫中将纪念碑和其他阵亡者的方尖碑，被周恩来当场拒绝了。可见，当年日俄战争给中国人带来的耻辱对少年周恩来的影响。

1904年至1905年，已经雄踞东北的沙俄和觊觎东北的日本为争夺东亚霸权大打出手。他们把中国东北作为战场，大批无辜的中国百姓成为炮灰，而清政府却宣布局外中立，声称“彼此均系友邦”。

日俄战争让中国付出了惨重的代价，其影响也至深至巨。除了周恩来，我们熟悉的鲁迅弃医从文、秋瑾“拚将十万头颅血，须把乾坤力挽回”的誓言等，都是在日俄战争的刺激下发生的。

而日俄战争除了唤起当年这些热血青年的爱国热情，还推动了清廷的“预备立宪”。

不由于“种”而由于“制”

根据日本和西方的史料可以判断，在日俄战争中清政府的局外中立是“被迫”的。1903年12月30日，日本内阁会议上，内阁就做出“必须确保中国中立地位”的决定。这并不是说日本害怕中、俄联手抗击日本，恰恰相反，当时中国朝野上下一片“联日拒俄”的呼声。日本人害怕的是，中日联手抗俄会引发西方的“黄祸”论。日俄战争之前，日本为避免刺激欧洲列强的敌意，就在外宣上一再明确，日本作战目的只是遏制俄国的扩张，绝不是针对西方。

与我们今天看待这场战争不同，尽管日本竭力淡化这场战争的种族色彩，但在许多人看来，这场战争仍然是一场“黄、白”大战。自近代以来，世界历史上都是白种人打败黄种人，白种人对非白种人进行殖民统治。所以当时的国人，对于日、俄军队在中国土地上厮杀，在感到耻辱与愤怒之外，也有希望日胜并以此来打破黄种人不如白种人这一谬论的复杂心情。

但在日俄战争之前刚兴起不久的立宪派看来，这场战争还有另外一个观察角度，那就是立宪与专制之争。就在日、俄宣战后三天，立宪派就发文表示，过去说黄种人不如白种人的言论已经深入人心，但是“国家强弱之分，不由于种而由于制”。日本人虽然是黄种人、日本虽是小国，但有先进的君主立宪制度，而俄国人虽然是白人、俄国是大国，但却是腐朽的专制制度。日俄战争就是在立宪的小国与专制的大国沙俄之间进行的，所以日本必定会胜利。与之相反，守旧派却认为俄大日小，而且作为专制国家，更能调动国内资源，所以，日本必败。

就这样，在战争刚刚开始，立宪派与保守派双方就已预先设定了立场，出发点均“不由于种而由于制”，双方不再关注皮肤的肤色，而是上升到制度之争。清廷和保守派推断俄国会获胜，他们制定了亲俄的外交方针，认为日本实行君主立宪是“以权与民”，这样士兵必然会“各顾其命”，难打胜仗；而俄国是君掌大权，令出必行。对此，立宪派反驳说，国家的强弱不在大小，而在精神。日本虽小，但经君主立宪后精神蓬勃；“俄国虽大，而腐败之气象与我国等”。另外，民权乃天赋之权，“故立宪国民每至战阵之场，各以保守天权为务，生死不计也”，而这岂是“专制之国以军令示威者所可同日语耶”？

立宪派当然知道日本觊觎中国的野心，但是如果通过此役能够使清政府警醒，证明“立宪”的强国之用，也算“把坏事变成好事”。立宪派预测日俄战争必然会对中国未来的政治走向起到重要影响：

> 盖专制、立宪，中国之一大问题也。若俄胜日败，则我政府之意，必以为中国所以贫弱者，非宪政之不立，乃专制之未工。……我国国人必以为白兴黄蹶，天之定理，即发愤爱国之日本亦不足与天演之公理相抗，

而何论于中国。此意一决，则远大之图，一切灭绝，而敬畏白人之意将更甚于今日，而天下之心死矣。(《论中国所受俄国之影响》,《中外日报》, 1904年4月4日)

“立宪”成为中国士大夫之口头禅

日俄战争的进展证实了立宪派的判断。1904年2月至8月，日俄舰队在旅顺口附近发生多次海战，俄舰遭受重大损失。同时，日本陆军从新义州渡过鸭绿江，突破俄军防线。1905年1月，旅顺口俄国守军投降。日本的优势逐渐显现，这使立宪派更加确定了先前的观点，他们进一步指出，全球富强之国不是立宪，就是共和，而没有专制者。可是由于俄国的缘故，又有人发生怀疑。“于是政府遂以俄为口实以拒绝民权”，现在俄国败局已定，“此疑释矣”。(《论日胜为宪政之兆》,《中外日报》, 1905年5月21日)

清廷避谈“立宪”，还有君权旁落的担心，立宪派则以日俄为例说明立宪不但不会威胁到君权，还能进一步巩固君权，他们劝谏清廷发文说：

中国民权一兴，岂不是眼里没了朝廷，唉，不然呕，民人有权，正是尊敬朝廷的意思？？日本国，变法三十年，民权最发达，日本人民，尊敬明治天皇，如天如地，日本第一条宪法，就是天皇神圣不可犯。不信再看俄罗斯国，不重民权，最重压制，不许民间开议院，由俄皇亚历山大、尼古拉，父子双双被人行

> 刺身死，至今也没有消停。请问明白人，民人有了权，是与朝廷有利呀，还是有害呢？（《爱国再续》，《京话日报》第538号）

5月27日至28日，日俄双方在朝鲜半岛和日本本州之间的对马海峡展开激战。战役中，东乡平八郎指挥的日本联合舰队摧毁了罗热斯特文斯基指挥的俄国第二太平洋舰队三分之二的舰只，而自己仅损失三艘鱼雷艇，取得了近乎完美的胜利。这场战役也使俄国被迫走上谈判桌，接受失败的现实。日俄战争结果一出，立宪派借此大做文章：

> 小国能胜大国的原故，并不在土地有多大，海陆军有多少，全在乎立宪与专制的分别。（《立宪不损君权》，《京话日报》第680号）

日本的胜利强烈地震撼了中国士民，刺激了晚清中国的立宪思潮进一步蓬勃发展，很多人开始认同立宪派的观点，认为这场战争“非军队之竞争，乃政治之竞争。卒之日胜而俄败，专制立宪，得失皎然”（沈其昌：《议员要览》），“以小克大，以亚挫欧，赫然违历史之公例，非以立宪不立宪之义解释之，殆为无因之果。于是天下之人，皆为专制之政不足复存于天下”。而素有北方清议之名的《大公报》在日俄战争结束后也立刻刊载文章称：

> 此战诚为创举，不知日立宪国也，俄专制国也，专制国与立宪国战，立宪国无不胜，专制国无不败。

因为中国没有经历过西方启蒙运动思想的洗礼，当时的国人并不关心限制皇帝权力的“立宪”以及公民“权利”等，面对列强的“瓜分豆剖”，萦绕心头的是救亡图存。此次日本在打败君主专制的中国后竟又打败公认强大的君主专制的俄国，似乎以具体直观的事例告诉国人立宪就可以强国、救亡。一些守旧派人士思想也为之一变，开始相信“立宪”是强国之策了。这样，在日俄战争后，原本影响不大、只是少数人的立宪活动因此影响大增，“立宪”基本上成为中国官绅民众的共识。

> 昔者维新二字，为中国士夫之口头禅，今者立宪二字，又为中国士大夫之口头禅。……上至勋戚大臣，下逮校舍学子，靡不曰立宪立宪，一唱百和，异口同声。（《中国未立宪以前当以法律遍教国民论》，《东方杂志》1905年第11期）

推动五大臣出洋考察

日俄战争结束还不到两个月，“预备立宪”的启动仪式就开始了。1905年7月16日，清廷特遣载泽、戴鸿慈、徐世昌、端方出洋考察政治，不久又加派绍英。这标志着清政府基本确立了立宪改革的决策，并且迈出了关键一步。后因革命党人吴樾谋炸事件，徐世昌、绍英留京，改以李盛铎、尚其亨代之，组成五人的出洋考察团。

清政府能有如此的“高效率”，正是受到日俄战争的刺激。赴外考察一事筹划很久，但其最终以考察各国宪法的名义成行，正体现了日俄战争前后国内舆论风向的变化。

日俄战争刚一爆发，立宪派不仅大力宣传立宪的好处，还开始了积极的奔走。他们认识到，实施立宪离不开政坛上有话语权的官员，开始积极运作，走“上层路线”，拉拢一些“大咖”以寻求支持。

江浙的立宪派人士张元济、张美翊、赵凤昌和奉天提学使张鹤龄等最早提出遣使分赴各国“声明东三省主权所在”。他们先说动上海的会办商约大臣盛宣怀。盛宣怀作为清末最炙手可热的官商，中国近代工业的最重要操盘者之一，在政治上也有相当的话语权。他同湖北巡抚端方和办理商约大臣吕海寰商议，草拟了一篇奏稿。盛宣怀考虑到仅凭他们三人的地位身份还难以引起朝廷足够的重视，又拉上两江总督魏光焘和两广总督岑春煊一起联衔上奏，称“惟有乘其胜败未分之际，及早图维”。为此，盛宣怀等提出，应迅速特简亲重大臣，以考求新政为名，申明东三省的主权，这样，将来召开国际会议，中国必能“预占一席”，不然“将来各国开会之日,(中国)恐被屏居局外”。

可见，此次出使的名义为考求新政，实际任务是保卫主权，尚未触及立宪问题。而且，后来的发展证明，盛宣怀并不支持立宪。或许这与他的官商身份有关，只有在权力不受限制的情境中，才能攫得更大利益。事实上，他的官商生涯也确实声名欠佳。

盛宣怀等人的建议并未被清政府采纳，清廷认为时机未到，等到战事有了眉目之后再定不迟。立宪派得知后，又致函岑春煊的幕僚说战争预计秋冬之际即看出结果，宜“趁此机会，先定国是”，加入“立宪”的主张并鼓动一干满汉大员上奏，不过在上次碰了钉子后，这些大员们也没有热情，此事也就沉寂了下去。

1903年，清末状元、弃仕经商的立宪派代表人物张謇赴日考察归来。他与社会上层人士和官场均有密切交往，他游说魏光焘、张之洞等奏请立宪并为之代拟立宪奏稿。他提出日俄战争后，中国必有极大危险，欲加预防，只有实行立宪。谨小慎微的张之洞没有立即出奏，而是要张謇去探询直隶总督袁世凯的态度，以决进止。

张謇与袁世凯曾有一段师生之谊，1881年4月，袁世凯投入吴长庆军中，吴命袁世凯在营中跟随张謇读书（此年张謇二十九岁，袁世凯二十三岁），张謇认为袁世凯这个人“好权术”，在道德文章、科举仕途上难成大器。其后两人也有一些恩怨，以致二十多年没有通过信，但此时袁世凯已经青云直上，成为直隶总督兼北洋大臣，而且在清末新政中表现积极。张謇遂抛开个人恩怨，于1904年6月投书袁世凯：

日俄之胜负，立宪、专制之胜负也。今全球完全专制之国谁乎？一专制当众立宪，尚可幸乎？日本伊藤、板垣诸人共成宪法，巍然成尊主庇民之大绩，特命好耳。论公之才，岂必在彼诸人之下。

惯于政治投机的袁世凯认为时机还不成熟，所以婉转地回绝了。而张之洞、魏光焘等人在审时度势下，亦未敢将奏折上呈。

在与袁世凯联系的同时，张謇还通过张美翊上书其师军机大臣兼外务部尚书瞿鸿禨，请其倡导立宪。瞿鸿禨长相与同治皇帝有几分相似，据说，他因这样的相貌而获得中年丧子的慈禧之好感，因此受到重用。立宪派鼓励瞿鸿禨站出来勇敢地倡导立宪，向他提出所谓的“一笔两用之策”，即出国考察团要把保卫主权和考求宪法结合起来，因为“凡立宪各国，侈然以文明自负”，以考察宪法可拉近与各国的关系，有利于解决“俄日之局”。此外，张謇还与赵凤昌刻印《日本宪法义解》和《日本议会史》等资料分送给首席军机大臣奕劻等官员让他们了解立宪。

随着对立宪了解的加深，瞿鸿禨对立宪派的主张越发认同，他认为中国若在日俄战争后的外交上若有所为，就要选择立宪，他曾对户部主事陈黻宸说：“以一不立宪国居群立宪国间，不待远识之士，而知其不可为矣。”“故以今日而言外交，言内治，惟立宪二字，强于百万之师。”颇受慈禧信赖的瞿鸿禨态度的转变，对最终慈禧的决策无疑会起到重要作用。

日俄战争胜负已分后，1905年6月初，美国向日俄双方提出议和建议。清政府这才急向美国政府提出中国将派专使参与日俄议和会议，但遭到拒绝。6月26日，清政府就如何因应日俄议和以及接收东三省的善后事宜电告各省督抚。因为日俄战争的结果使得“立宪”成为流行语和社会共识，各督抚大员纷纷奏请立宪（八位总督中有五位：云贵总督丁振铎、两广总督岑春煊、两江总督周馥、湖广总督张之洞、直隶总督袁世凯）。而作为军机大臣的瞿鸿禨更是向慈禧“造膝密陈”，面奏派员出洋，“自请亲赴欧美考察政治”。清政府迫于“时局危艰，百端待理”，亦决定锐意振兴，“起衰弱而救颠危”。

就这样，在日俄战争后的一片“立宪”声中，拉开“预备立宪”序幕的“五大臣出洋考察”就这样确定下来了。

（文/黄金生）

从“走马观花”到“下马栽花”：五大臣出洋考察记

1905年9月24日，天未破晓，京城前门火车站已是一片喧嚣。据时人康继祖描述：现场“金鼓喧天、欢声匝地，则军界排队来也；继则乐声、唱歌声，声调悠扬，亦向车站而去，询之则学界也”。随后各国公使也纷纷赶来，“中外人携器具拍照者、各报馆访事员，一时称盛”，因人数甚巨，车站无法戒严，“入站台者不禁，上车者人亦甚多”。如此众多国内外各界人士齐聚车站，所欢送者究系何人？原来今日乃以清廷宗室载泽为首的五位大臣（另四位分别是徐世昌、戴鸿慈、端方、绍英）出国访问起程之期。

五名国之重臣出访海外，又所为何事？其实他们肩负大任：

> 分赴东西洋各国，考求一切政治，以期择善而从，嗣后再行选派，分班前往。其各随事派询，悉心体察，用备甄采，毋负委任。(《光绪朝东华录》)

一言以蔽之，他们借考察政治之名，行学习海外立宪经验之实，为正在进行中的清末新政采择他山之石。

五大臣位高任重，此番出行怎不引来万众瞩目。

世界大势使然，国运人心使然

九时左右，五大臣陆续来到。十一时，诸人开始登车。载泽、徐世昌、绍英坐前车，戴鸿慈、端方坐后车。就在与送行者道别之际，忽然前车一声巨响，有人引爆炸弹，惊天动地，石破城摇。车站瞬间乱作一团，纷纷焉、攘攘焉，齐向站外而逃者，若似顾命之不遑，人喊马嘶，拥成一片，当争先恐后之际，亦不辨孰为钦使，孰为参随，孰为学界、军界、绅商界也。慌乱之中，五大臣也受到不同程度的炸伤与惊吓。灼伤皮肤的徐世昌匆匆返回家中，于第一时间记下了身为亲历者的观感：泽公、绍越千各受微伤，仆人王顺受伤较重。车外弊踣三人，送行者受微伤甚多。随员萨荫国一家数人受伤，有死者。车内轰碎一人，系施放炸弹者。朝廷维新百度之始，忽有此暴动之事，良可怪也。

不久，爆炸案水落石出，乃革命党人吴樾所为。悬疑虽解，然人心已乱。京师周围，俱是惶惶不安之态势，“几疑庚子之变又见，甚有举全家而徙避者”。诚可用杯弓蛇影来形容官民之心境。

一颗炸弹、一条革命者的性命，能否令大臣考察立宪的计划止步？

答案自然是否定的。毕竟这是世界大势所趋，非清廷一时起意之举。早在戊戌维新期间，张之洞便在上呈两宫的《劝学篇》

中指出“游学之益，幼童不如通人，庶僚不如亲贵”，委婉地表达了派遣大臣出国考察之意。庚子国变后，张氏更是径直在《江楚会奏变法三折》里提议“游历之员，浅学不如通才之有益，庶僚又不如亲贵之更有益”，并当“分赴各国游历”。故张之洞可谓开五大臣考察立宪方案之源头。

几乎同时，民间士绅对此亦有呼应。如张謇在1901年所撰《变法平议》中建议“每年春秋，朝廷更迭选派一二人，随带有文学、知时务之卿贰出洋游历，考察各事”。而尚流亡日本的梁启超更拿出了一套具体的出行方案：

> 宜派重臣三人游历欧洲各国及美国、日本，考其宪法之同异得失，何者宜于中国、何者当增、何者当弃。带领通晓英、法、德、日语言文字之随员十余人同往，其人必须有学识、不徒解方言者，并许随时向各国聘请通人以为参赞，以一年差满回国。又此次所派考察宪法之重臣、随员，宜并各种法律如行政法、民法、商法、刑法之类皆悉心考究。(《饮冰室文集》)

当然，众人于耳际呼喊千句，实不如他者在面前棒喝一声。1905年，日俄战争结束，实行君主立宪的日本全胜，固守君主专制的沙俄完败。如此高下立判的鲜明对比，引来国内舆论热烈讨论。《大公报》认为日俄之战决定着“亚洲之荣落、黄白种之兴亡、专制立宪之强弱”，从制度上审视，“非俄之败于日本，乃专制败于立宪耳”，遂断言今日中国“非立宪实不足以救之”。明显持有立宪倾向的《南方报》则通过日俄对比，认定此“天意所示其趋向，引导中国宪政”。

彼时中国，舆情之向背，亦时时被朝臣督抚们所关注，成为其建言献策的参考。既然战局如此，民意这般，直隶总督袁世凯首先奏请“欲图自强，宜考求各国宪法，变通施行”。两江总督周馥很快跟进，请求“仿欧美设立法、执法、行政三项官之意”，“预立地方自治之基”。即使向以立场保守示人的瞿鸿禨也认识到须“博采中西诸国之所长，而详考中外异同之故”，自请出国考察。

一时间，“外之使臣、疆吏，内之枢府、部臣，下之民间舆论，咸以立宪为请”，这势必影响到决策者慈禧对立宪的态度。据说在宗亲权臣的反复劝说下，“慈禧深为感慨，一似有动于中”，“意颇觉悟”，最终决定派大臣出洋考察。

简而言之，五大臣出国方案的实施，可谓外战、内忧、舆情诸因素交相融合所促成的结果。理想与现实叠加，危机与机遇共存，呼吁与倡导并举，改革与革命赛跑。归根结底，大势所趋也。恰如柳亚子所言：

> 十九世纪欧洲民政之风潮，越二十世纪而入于亚洲。震雷一声天地昭苏，阳春一转万绿齐茁……于是遍四万万人中，所谓开通志士者，莫不喘且走以呼号于海内外，曰：立宪！立宪！立宪！（《中国立宪问题》）

“立宪！立宪！立宪！”于是乎，在浓厚的立宪呼号声潮中，是年底，考察团经过重组，兵分两路，悄然踏上了探寻立宪之途。

走马观花，各赏各景

所谓两路，实则将考察团一分为二，各自行动。

一路由载泽、尚其亨、李盛铎（绍英受伤、徐世昌兼任巡警部尚书未能出使）带队，于1905年12月11日乘车离京。次年1月22日，考察团抵达日本，颇受当地民众关注，数百人前来拜见，“实极一时之盛”。载泽一行在日本共待二十八天，主要通过与著名政治家座谈的形式来考察日本的政治制度。考察团先后听取法学家穗积八束关于宪法的讲座、伊藤博文有关日本君宪原理的演讲，了解到日本“大权者，君主所独裁，不委任于他种权限之内，非如立法、司法之权必经议会裁判也”。

1906年2月28日，考察团来到美国。美国总统及国务卿皆宴请载泽诸人，国务卿并言及“近时中美两国互生异议者，坐彼我不详悉两国实情耳”。因美国非正式考察国别，故在美半月期间，载、尚、李等人仅仅象征性地出席一些活动，浮光掠影，流于形式。

3月22日，考察团又驶抵英国，开始对欧洲的访问。载泽等人特意邀请法政学者埃希莱就英国君主立宪政体问题做了为期六天的系列演讲。埃希莱教授围绕英国的风俗习惯、宪法精神、议院运行、君主权力、责任内阁、司法独立等内容进行了详细深入的介绍。考察团也颇感此三权分立体制的优越性：

故一事之兴，必经众人之讨论，无虑耳目之不周，一事之行，必由君主之决成，无虑事权之不一。

事以分而易举，权以合而易行。

百官承流于下，而有集思广益之休；君主垂拱于上，而有暇豫优游之乐。

不过他们仍认定此君宪模式“自非中国政体所宜，弃短用长，尚须抉择”。

既然英国的制度不适于中国，那么法国的总统制更非上选。4月18日，考察团来到法国，经接近两个月（其中有十三天在比利时）的参观，考察团认为：法兰西为欧洲民主之国，其建国规模非徒与东亚各国宜有异同，即比之英、德诸邦，亦不无差别。

6月9日，载泽等人结束欧洲的考察，返程回国，其在海外共计一百四十五天。

另一路由端方、戴鸿慈率领。1906年1月5日，考察团抵达美国檀香山，正式揭开了寻访宪制的序幕。下车伊始，端、戴诸人便告知美方“但求随时导观，藉资考镜，他事概不与闻”，表达了一心考察政治的意图。在美四十一天时间，参赞、随员、翻译奔忙异常，日则赴各处调查考究政治，以及游览学堂工厂等事，夜则分门翻译章程、各种书籍。

3月7日，考察团来到第二个重点考察目标——德国。在考察团看来，德国“一切政治颇资采择，须详细调查”，故把军政制度作为考察核心内容。端、戴诸人在德国前后停留四十八天，对政界、学界、商团都进行了非常细致的访察，将德国体制视为清廷应效仿的典范，最后断言：

> 日本维新以来，事事取资于德，行之三十载，遂至勃兴。中国近多散美日本之强，而不知溯始穷原，正当以德为借镜。

除却美、德两国，考察团还走访或途经北欧三国、俄、英、法、荷、意等国，大多蜻蜓点水、未得深入。6月20日，端、戴诸人由罗马起程归国，共计考察一百七十八天。

待到两路人马重回国土之际，翘首以待的各界人士多报以殷切期望甚或不吝溢美之词：

> （五大臣）历聘欧洲各国，考察其政治、风土，举凡政法、教育、整军、理财、工艺、实业诸大端，无不了然心目。归辅两宫，颁行新政，斟酌损益，以定我国立宪之制度，开民人自治之幸福，行见百度维新，富强立致。

当然，亦有冷眼旁观之人，如张謇在五大臣刚出发时，便写下这么一段话：

> 宪政之果行与否，非我所敢知而为中国计，则稍

有人心者不可一日忘。此事将于明年秋冬之际卜之。

这实则代表了部分立宪人士的忧虑：五大臣漂洋过海带回的所谓君宪制度，是真经吗？

下马须栽花，知难行更难

在众人或赞美、或质疑的关注下，两路人马各自提交了立宪改革的主张。

载泽递上《吁请立宪折》与《奏请宣布立宪密折》两道奏折。在第一折中，载泽强调推行君宪的急迫性。他认为既然此次奉使考察政治，“中外议论咸谓为实行立宪而设”，那么如果再徘徊迟疑，“非特海内失望，且益启外人轻量之心，恐非长久治安之策”。在第二折里，载泽意在说明推行君宪的必要性。他结合中外情势，归纳出立宪制度的“三大利”：其一，可保“皇位永固”。立宪之国君主，权力神圣不可侵犯，同时由大臣负责行政。一旦行政失宜，或议会提出反对，或议院弹劾，“不过政府各大臣辞职，别立一新政府而已。故相位旦夕可迁，君位万世不改”。其二，可使“外患渐轻”。今日清廷备受列强欺侮，关键在于国家政体与他国迥异，故其“不以同等之国相待”。只要改行君宪，“则鄙我者，转而敬我，将变其侵略政策，为平和之邦交”。其三，又令“内乱可弭”。如今革命党蛊惑人心之理由，无非说清廷政体专制、悖于时代，那推行君宪后“则世界所称公平之正理，文明之极轨，彼虽欲造言，而无词可藉，欲倡乱，而人不肯从，无事缉捕搜拿，自然水消瓦解”。应该说，载泽凭借这“三大利”，以一种看似不可置喙的逻辑说服最高层推行立宪。其效果颇佳，两宫览奏，大为感动。

如果说载泽建言之重点在于消除两宫对立宪之疑虑的话，那么端方、戴鸿慈等人的方案侧重点在于对立宪理论的详细阐释、改革步骤的具体规划。他们先后呈上《请定国是以安大计折》等八道奏折，从君宪体制、官制改革、满汉关系、移风易俗、教育革新、军事改良等多方面详细阐述立宪之优越性，呼吁“专制政体不改，立宪政体不成，则富强之效将永无所望”。另外，端、戴二人还特意编纂长达二十余万字的《欧美政治要义》一部，供慈禧与光绪参考。

短短半载的考察，端、戴等人怎会有如此丰富详赡的研究心得？诀窍在于他们私下雇了枪手。据陶菊隐先生揭秘，端、戴自认出洋考察政治，事件如此局促，不易收集到东西各国的政情资料。即使有所得，一时也难以整理就绪。不如寻条捷径：物色一位平日对宪政颇有研究的专家，叫他先打个底稿，我们回国后加以整理、补充，以之上报朝廷，似乎方便得多。而这位专家，便是尚被清廷通缉的政治犯——梁启超，这着实是个黑色幽默。正因为曾为考察团捉刀，梁启超深知五大臣之底细。在他看来：流俗人之言立宪，见夫朝廷派大臣出洋考察政治，则欣然色喜，谓中国立宪将在此役。吾之言立宪，则认此等举动与立宪前途殆无关系。

五大臣考察归来后的建言献策，的确直接促成了清廷“仿行宪政”上谕的颁布，推动了新政改革的进程。然而，他们对君宪的理解不仅浅薄片面，甚至多有谬误，如载泽的立宪“三大利”说，若依此充满实用主义色彩的思路推进立宪，那改革必定陷入迷途歧路之中。是故五大臣走马观立宪，已被乱花迷了眼；等到下马栽花时，清廷改革的未来，越发未卜了。

（文/王学斌）

官僚机器难“升级”

推行立宪的切入口在哪里？1906年的大清国，做出了自己的选择——官制。官制改革，既包括组织人事改革，又包括政府职能的转化；入手处是政府机构的调整，而着眼点则是政府职能的转换。

1906年9月1日，在宣布“预备立宪”的中央文件中，帝国政府明确宣布：

> 时处今日，惟有及时详晰甄核，仿行宪政，大权统于朝廷，庶政公诸舆论，以立国家万年有道之基。但目前规制未备，民智未开，若操切从事，徒饰空文，何以对国民而昭大信，故廓清积弊，明定责成，必从官制入手，亟应先将官制分别议定，次第更张，并将各项法律，详慎厘订，而又广兴教育，清厘财务，整顿武备，普设巡警，使绅民明悉国政，以预备立宪基础。(《光绪朝东华录》)

在大清国政改的顶层设计中，积弊重重的官僚机器，已经被当作第一障碍。官僚机器先天设计上的缺陷，直接导致了其运行机能的日益下降：政令不畅通，以及包括贪腐在内的各种问题的频繁发生。对于这台机器，历代都在不时对其进行检修，但遵循的无非是两种路径：要么是更换零件，要么是砸烂重造，都没有涉及对机器本身结构的改革。1906年的政改，大清国开始认真地思考将这台机器彻底升级，尽管只能在旧部件上进行创新。

值得注意的是，大清的这台被后世子孙痛斥着却又不自觉地效仿着的“官僚机器”，在很长一段时间内，因官僚制大大优于贵族制而成为欧洲人羡慕的对象——尽管马克斯·韦伯认为这种“政治早熟”对资本主义发展造成了压制。

大清帝国——确切地说，是绵延千年的中华帝国，已经具备的完整的官僚机构，这令其在向现代官僚制度转变时具备了远超欧洲老式贵族制的优势——对机器进行修正，总比重建一台更为便利。只是，这台“早熟”机器的惯性也十分强大，它能按照新思路进行调整吗？

“任人”与“任法”

在宣布预备立宪的第二天，中央发布了政改的第二份文件，其主题就是“官制改革”。

文件宣布，官制改革的顺序，先中央、后地方。同时，组建“官制编制馆”，成员囊括了当时的主要高层官员，以奕劻、孙家鼐、瞿鸿禨三人总司核定，命载泽、世续、那桐、荣庆、载振、奎俊、铁良、张百熙、戴鸿慈、葛宝华、徐世昌、陆润庠、寿耆、袁世凯等为"官制编撰大臣"，并要求端方、张之洞、升允、锡良、周馥、岑春煊等地方大员"选派司道大员，来京随同参议"。

"官制编制馆"的办公地点设在恭王府朗润园，以孙宝琦、杨士琦为提调，总司馆务。孙宝琦是袁世凯的姻亲，而杨士琦则是袁世凯的故交。"官制编制馆"之下，设立了"起草""评议""考定""审定"四课，共四十名工作人员，多为袁世凯亲信。因此，袁世凯实际上主导了这次官制改革。

从官制下手，推行政改，是戴鸿慈、端方等前往欧美各国考察后所得出的一个重要结论。戴、端二人在给中央提交的报告《请改定官制以为立宪预备折》中，对此做了相当详尽的阐述。在他们看来，官制改革，直接关系到政权是人治还是法治的大问题。对照日本，他们指出：宪法之推行有效，实由官制之预备得宜。诚以未改官制之前，任人而不任法；既改官制以后，任法而不任人。任人而不任法者，法既敝，虽圣智犹不足以图功；任法而不任人者，法有常，虽中材而足以自效。其中所谓的"任人""任法"，就是如今的"人治""法治"。

中央之病

戴鸿慈和端方认为，中国要实行政改，最好的榜样就是日本。对于中国现有官制的问题，他们尖锐地指出：各部相离毫无联络，彼此政策平时既未尝与闻，遇事或转相矛盾，且所掌者不过簿书期会，所争者不过意见参差。其稍有实权者，或遇应办之事、应筹之款，必须相助为理，通力合筹，又因素不相谋，以致各不相顾，机关阻遏，名实乖离。

中央各部主任官与辅佐官，有着权责不清的弊端：中国现行官制，中央各部尚书似为主任官，而侍郎则为辅佐官也。惟是尚、侍职处平等，既不能受其指挥，亦不可命为辅佐。而一部之中有二尚书、四侍郎，又加以管部之亲王、大学士，则以一部而有七主任官矣，绝无分劳赴功之效，惟有推诿牵掣之能。主任官既已事权不一，又无属官为之承乏指挥，一切部务不得不付诸胥吏。

此后，戴、端与庆亲王奕劻等联合上奏的《厘定中央各衙门官制缮单进呈折》，对中央机关的设置问题做了进一步的厘清，认为存在着三大问题。

一是“权限之不分”，主要体现在行政、立法和司法权的混淆，尤其是行政权的一权独大。

> 以行政官而兼有立法权，则必有藉行政之名义，创为不平之法律，而未协舆情。以行政官而兼有司法权，则必有徇平时之爱憎，变更一定之法律，以意为出入。以司法官而兼有立法权，则必有谋听断之便利，制为严峻之法律，以肆行武健。

二是“职任之不明”。

> 政以分职而理，谋以专任而成，今则一堂而有六官，是数人共一职也，其半为冗员可知，一人而历官

各部，是一人更数职也，其必无专长可见。

三是“名实之不副”。

> 名为吏部，但司签掣之事，并无铨衡之权。名为户部，但司出纳之事，并无统计之权。名为礼部，但司典礼之事，并无礼教之权。名为兵部，但司绿营兵籍，武职升转之事，并无统御之权。(《光绪朝东华录》)

地方之病

中央官制所存在的问题，在地方官制中也存在；而与中央相比，地方还存在更多的问题。戴鸿慈、端方还提出：“中国行省与各国迥不相同，设使官制不良，则中央之运掉虽灵，外省之推行仍阻于情势，可谓之隔绝于政俗，可谓之悬殊各自为谋。”而地方官制的主要问题，也有三个方面。

一是“官署之阶级太多”。中国的行政层级，不够扁平化。“州县之上有府及直隶州，府州以上有守道及两司，司道以上有督抚，凡经五级”，与国际普遍的二、三级相比，层级过多。扁平化的行政层级，“直接中央，而一无隔阂”，而“我乃展转五级，而莫识从违”。

二是“辅佐之分职不备”。中国地方政府，历来缺乏辅佐官员，而只有办事的吏役。“自督抚以至州县署中只存胥吏，非士夫所屑为，辅助无人，事多丛脞”，这造成了地方主官眉毛胡子一把抓的工作困境。

三是“地方之自治不修”。中国的州县“不独以一人举欧美数百吏之职，其受治之人民亦复群焉倚赖，未尝自结团体，自开智识，以谋一方之公益”。政府的大包大揽，不仅无法提高行政效率，而且大大影响了民众的参与。这与各国情况区别甚大：“各国之强莫不原于地方自治，夫设官本以为民，而有时官为代谋转不若民之自谋为得者，是以必区官治、自治相辅而行，然后治化日进。”

在分别论述了中央、地方官制的问题之后，戴、端也提出，中央与地方权限不明，也是中国官僚机器的一大弊病。在此种格局下，中央部委与地方督抚往往“两失其权”：“有时督抚以寻常奏报遇部驳而格不能行，有时各部以管辖事宜不奏咨而遂难过问，相互侵越、推诿时有发生。”

中央改制三原则

对于中央官制存在的问题，戴、端建议，应该推行“责任内阁之制以求中央行政之统一”。至于中央各部主任官与辅佐官之间的权责不清，则定为一大臣，一次官，大臣负阁臣之责成，次官综一部之庶务。其次则如商、学、警三部成例，设一尚书、两侍郎，不置管部，以尚书为主任官，而侍郎为之辅佐，受其指挥。更设压参各官，划定职权。

戴、端还同时建议，在内阁之外，增设“会计检查院”（审计）、“行政裁判院”（受理行政诉讼）、“集议院”（议会的雏形）、“都裁判厅”（最高法院）等独立机构。甚至，他们还考虑到了原有之大学士及各部裁缺之大员的去除，可组建“枢密院”，作为中央顾问委员会，安置老干部，以换取他们对改革的支持。

戴鸿慈与端方的方案，得到高层的广泛关注和认可。作为大清国政改领导小组的秘书处，以庆亲王为首、袁世凯为主的“官制编制馆”，在《厘定中央各衙门官制缮单进呈折》中，基本吸纳了戴、端的意见，针对中央机构改革，提出了三条原则。

一是“分权以定限”。立法、行政、司法三权中，除立法因议会尚未成立，拟暂设资政院以为预备外，行政与司法均可立即改革。

> 行政之事则专属之内阁各部大臣。内阁有总理大臣，各部尚书亦为内阁政务大臣，故分之为各部，合之皆为政府，而情无隔阂，入则同参阁议，出则各治部务，而事可贯通。如是，则中央集权之势成，政策统一之效著。
>
> 司法之权则专属之法部，以大理院任审判，而法部监督之，均与行政官相对峙，而不为所节制。此三权分立之梗概也。此外有资政院以持公论，有都察院以任纠弹，有审计院以查滥费，亦皆独立，不为内阁所节制，而转能监督阁臣。

二是“分职以专任”。调整中央机构的设置，取消原先的六部九卿制度，改设十一部。按顺序，分别是外务部、吏部、民政部、度支部、礼部、学部、陆军部、法部、农工商部、邮传部、理藩部。各部尚书只设一人，侍郎只设二人。对于各部的职能司局的主管领导（丞参），因“事权不明，尚多窒碍，故特设承政厅，使左右丞任一部总汇之事”；另在各部“设参议厅，使左右参议一部谋议之事”。这一思路，目的是“要使责有专归，官无滥设”。

三是“正名以核实”。中央各部委重新命名。在参考了戴、端方案之后，“官制编制馆”提出：

> 巡警为民政之一端，拟正名为民政部。户部综天下财赋，拟正名为度支部，以财政处、税务处并入。兵部徒拥虚名，拟正名为陆军部，以练兵处、太仆寺并入，而海军部暂隶焉。既设陆军部，则练兵处之军令司，拟正名为军谘府，以握全国军政之要枢。刑部为司法之行政衙门，徒名曰刑，义有未尽，拟正名为法部。商部本兼掌农工，拟正名为农工商部。理藩院拟正名为理藩部。太常、光禄、鸿胪三寺，同为执礼之官，拟并入礼部。工部所掌半已分隶他部，而以轮、路、邮电并入，拟改为邮传部。(《光绪朝东华录》)

认可责任内阁，不同意取消军机处

在中央机构改革中，无论是戴鸿慈与端方的初始方案，还是庆亲王、袁世凯以“官制编制馆”提交的正式方案，都将实行内阁制、裁撤军机处作为重点。

在戴、端的方案中，提出裁撤军机处，归并到内阁中，设立总理大臣一人，兼充大学士，为其首长，“以平章内外政事，任国政；置左右副大臣各一人，兼充协办大学士，为其辅佐，以协同平章政事，共任国政，各部尚书皆列于阁臣，原有之大学士仍带各殿阁之名衔，简为枢密院顾问大臣，以示优崇之意”。

军机处的设立，本是一种超常规的做法，这个“三无”（无编制、无定员、无预算）机构，名义上仅仅是皇帝的临时秘书机构，实际上却褫夺了内阁的权力，形成了中国特色的机构名实不符的现象。

戴、端的思路得到了“官制编制馆”的接受，其正式方案就是：一方面加强内阁的行政集权，另一方面分割了数千年来一权独大的行政权，将其中的司法权剥离，并将在今后进一步地剥离立法权。同时，“官制编制馆”也明确提出，将“军机大臣”都改为“办理政务大臣”，各部尚书均为“参预政务大臣”。显然，这是主张废除军机处的。

1906 年 11 月 7 日，中央正式公布了《内阁官制及办事章程》，基本认可了“官制编制馆”提交的方案。吊诡的是，中央虽然认可了责任内阁制，却并未同意取消军机处，而是认为：

军机处为行政总汇，雍正年间，本由内阁分设，取其近接内廷，每日入值承旨，办事较为密速，相承

> 至今，尚无流弊，自毋庸编改内阁……其各部尚书，均著充参预政务大臣，轮班值日，听候召对。(《光绪朝东华录》)

对此，时人和后人多作为晚清假立宪的证据。当时的媒体却有如此认知："说者谓此次厘定官制，原以预备立宪，而立宪国之内阁，实为行政之总机关。……故其中央政府，即会合各部行政长官而成，名曰内阁，其制本甚善也。今乃仍设军机处，而罢设立内阁之议，得毋于预备立宪之道相背驰乎？虽然，是无妨也，有其名而无其实，何如求其实而异其名。"

有其名而无其实，何如求其实而异其名，这正是体制内改革者所追求的。但是在一个政治大跃进的年代，如此务实做法能被多少人接受呢？

减少"管官之官"，强化"管民之官"

对于地方官制，最高层十分关注，甚至高于对中央官制改革的关注，因为，中央官制改革，涉及的是"管官之官"，而地方官制改革，涉及的是"管民之官"，直接关系到官民关系，甚至政权的稳定。

光绪皇帝对于地方吏治的败坏，切齿之情溢于言表，在下发地方官制改革讨论稿的谕旨中指出：

> 州县本亲民之官，乃往往隔阂，诸事废弛，闾阎

利病，漠不关心，甚至官亲幕友，肆为侵欺，门丁书差，敢于鱼肉，吏治安得不坏？民气何由而伸？言念及此，深堪痛恨。

显然，在最高层眼中，地方官制改革的主要目标，在于整顿吏治、疏导民气。相比此前每次运动式的整顿吏治，这次强调的是“增改佐治员缺、审定办事权限”等技术细节，无疑更为理性和现实。

针对地方官制存在的三大问题，作为官制改革主导者的戴鸿慈、端方提出的建议如下。

第一，实行扁平化的行政层级，提高行政效率。除盐、粮、关、河等各有专责的道以外，其他“守道及知府、直隶州两级悉行裁去，而以州县直隶于督抚”，形成三级制：省为第一级，州县为第二级，乡为第三级，取消类似于如今的“地级市”这个层级，州县直属于省。同时，提高州县品秩，大县进为府，长官称知府，秩正四品；中县进为州，长官称知州，秩正五品；小县称县，长官称知县，秩从五品。

第二，在省县两级增加辅佐官，便于地方行政长官抓大放小，避免胥吏专权，同时，推行司法独立。省一级设民政、执法、财务、提学、巡警、军政、外交、邮递八司，除执法司为司法官、军政司应直隶中央，不入行政范围外，其余六司皆为“督抚之最高辅佐官”，司下设局。州县一级，可设立内务、警务、收税、监狱四部，部下设课。这样的思路，基本延续至今。

第三，推行民意代表参与立法。立法机构在县、乡两级成立“议事会”，各县议员中再选出省议会议员，“使立法机关草创成立”。这实际上是要通过农村基层民主，自下而上推行立宪。

这些建议，基本被中央所接受，下发给各省讨论。编制馆发给各省的电文中，阐述了地方官制改革的思路，明确指出，减少“管官之官”、强化“管民之官”，是这一改革的原则。地方官制的改革就是要：

> 明权限，去隔阂，通朝野之情谊，专官吏之责成，期有合于立宪国行政机关之制。(《立宪纪闻》)

省级改革，“欲裁抑督抚之权限”

对于省级机关的具体改革，中央提供了两种方案供督抚们讨论。第一种方案，是设立“行省衙门”，要求督、抚、藩（藩司，主管财政）、臬（臬司，主管司法）等合署办公，每天会议，集体决策，以提高行政效率。州县归于省级直管。同时，司法审判与行政剥离，各省设“高等审判厅”，置审判官，受理上诉案件。第二种方案的改革力度要小得多。这个方案基本保持了既有的官制，只是在对于不同岗位的职责更予以明确，“以专责成而清权限”：

> 以督抚经管外务、军政，兼监督一切行政、司法；以布政使专管民政，兼管农工商；以按察使专管司法上之行政，监督高等审判厅；另设财政司，专管财政，

兼管交通事务，秩视运司；均设属官，佐理一切。此外学、盐、粮、关、河、司道，仍旧制。以上司道，均按主管事务，禀承督抚办理，并监督各该局所。(《立宪纪闻》)

这两种方案，表面上的区别，在于省级班子是否“合署办公”，以及是否推行司法独立。第一种方案，“行政司法，各有专职，文牍简一，机关灵通，于立宪国官制，最为相近”。但是，督抚之权会被大大分解。第二种方案，改动较小，但要求对不同岗位“专责成而清权限”，实际上也会削弱督抚此前几可一手遮天的权力。自太平天国动乱以来，地方坐大，强枝弱干，正是中央的心腹之患，改革地方官制，“朝廷之意，欲裁抑督抚之权限”。

虽然在原则上各省督抚并不反对改革，但是一旦改革牵涉到中央与地方的关系，尤其是要压缩地方权力、加强中央集权，他们就变得谨慎，甚至相当的保守。在戴鸿慈和端方的最初提议中，对于中央与地方权限不分的问题，曾提出解决之道在于综合日本式集权体制与美国式分权体制之长，“明定职权，划分限制，以某项属之各部，虽疆吏亦必奉行；以某项属之疆吏，虽部臣不能搀越。如此则部臣、疆吏于其权限内应行之事，无所用其推诿；于其权限外侵轶之事，无所施其阻挠。庶政策不致纷歧，而精神自能统一”。二人并不刻意赞同中央集权。这一建议，得到大多数地方大员的认可，赞同应该先解决中央与地方权限不明、责任不清的问题，以免中央继续对地方的不当干预与掣肘。也因此，在中央与地方关系解决之前，对于地方官制改革，他们所表现的热情，远不及针对中央官制的改革。

讨论稿下发之后，各省的表态并不一致。对于改革的必要性，各省并不反对，但大多数都反对立即推行司法独立，理由基本是一无司法人才、二无足够经费；大多数人也反对立即推行地方自治、建立地方议会，理由则集中于民智未开，一旦推行，反而被地方乡绅把持。

对于行政机构调整的两个选项，统计下来：大抵主第二层办法者，多于第一层；主第二层办法而请缓行者，多于速行；以编制局两层办法为是，而以财力不足程度未及为言者，尤居多数。

有意思的是，表态的速度与其对方案的赞同程度成正比：

> 电复速者，必赞成之意多而反对之意少；电复愈迟者，必反对之意多而赞成之意少；电复之词愈长者，则其反对也愈力；平日不得志于政府，而欲乘此得政府之欢心者，其反对也亦愈力；前此不得与闻立宪之事而素负开通之名者，则其反对也亦愈力。(《立宪纪闻》)

吊诡的是，地方诸侯中，最有实力的袁世凯对这个方案没有表态，而张之洞则几乎全盘否定了这个方案。对于戴鸿慈、端方方案中的几乎各条，如裁撤知府（地级市）、增加佐治、推行司法独立及地方自治等，张之洞都予以坚决反对，明确提出“旧制暂勿多改”。他担心，如果督抚无权过问案件，地方议会被劣绅把持，可能导致“乱党布满天下，羽翼已成，大局倾危，无从补救”。

改革先驱反对地方政改方案

谁都没想到，对于中央提出的地方行政改革方案，最大的反对意见来自一贯以来的改革先驱张之洞。而张之洞最为反对的就是裁撤府（即如今地级市的这个层级）。清代地方行政区划，大体上是省、府（包括直隶州）、县三级。但在官阶设置上，省、府之间，还有“道”，实际上是省、道、府、县四级，也即戴鸿慈、端方所说的“督抚、司道、府州、州县”四级，再加上中央，就是所谓的“展转五级”。

数千年来，县一直是最为基层的行政单位。至于乡村的一应事务，基本由乡绅负责、以乡规民约为约束。但是，自晚清洋务运动之后，因为各种经济动员和政治动员的需要，政权迅速渗透到了乡村基层，逐渐形成了实际上的担负行政功能的乡，也即戴、端所说的“乡市”。

在“官制编制馆”发给各省讨论的方案中，非常重要的一条，就是“令现设知府解所属州县专治”，取消了知府这一级“地级市”建制，及直隶州、直隶厅对所属县的管辖，将所有的县级行政区域一律归省直属。如此一来，省以下形成了省、县、乡的三级体系，县的地位和功能都大大提升。所有州县被分为三等，“甲等曰府，乙等曰州，丙等曰县”。“府”一级的州县，其长官虽然还是称为知府，品秩也高于州、县的行政长官知州、知县，但他们之间并无隶属关系，都是县级单位，府无非是规模大一些的“县级市”而已。

对于这样的扁平化改革，张之洞坚决反对。他的第一个理由是：

> 各省幅员辽阔，轮船罕通，每一府所辖少则四五县，多者至十县。各县距省遥远，极远者至二三千里，赖有知府，犹可分寄耳目，民冤可伸理，灾荒可复勘，盗匪可觉察饬缉。若尽归省城考察，岂能遍及？待该县禀报至省，祸乱已成；控告到院司，民命已毙矣。故裁去知府一说，万分窒碍，势有难行。

当时，全国总共有县级行政区划（州、县、厅）一千六百余个，十八行省平均每省约九十个。根据当时的交通、通信条件，如果这八十多个县，全部直属于省，的确会出现张之洞所说的管理难题。张之洞说的第二个理由，是关于名词应用上的：

> 称府而无属县，名义亦难解。似不必蹈袭日本之故套，以东京、西京、大阪三处专名府也。既有属县，则事繁体尊，附郭之首县不宜裁矣。

这就是说，他认为将一些大县称为“府”并不合适，如果要称为“府”，那就应该至少府所在地的县不该裁撤。

张之洞的第三个理由，与其反对司法独立相关。对于中央方案中提出的审判机构独立，“督抚但司检察、不司裁判”，张表示“不胜骇异”。他担心，“以后州县不亲狱讼，疆臣不问刑名”，则“爱民治民之实政，皆无所施，以此求治，未见其可”。在他看来，行政机构掌管司法，正是“孔圣知本”之道，也是“爱民治民之实政”。

在对司法独立于行政的根本质疑之下，张之洞担心，裁撤知府一级将造成巨大的司法灾难：

> 外州县距省或数百里，以至二三千里，若裁去知府，则冤狱偏断何处申理，小民寻常讼案亦必将卖产为资赴省上控，即使省控，而督抚臬司亦不能审判，仍须取决于法部、理院。夫老弱穷嫠，安能奔驰数千里而京控乎？京师部院能日讯全国数千万起之讼案乎？假如文武官吏有犯，而督抚不能审判，何以号令属官乎？

按照张的说法，如果立即推行司法独立，首先是民众的司法成本将大大增加，所有的“上访”将只能到省里，甚至中央；其次是司法效率大大降低，中央司法机构根本不可能处置全国的诸多案件；最后是督抚失去司法权之后，难以约束下属官吏。这些顾虑，有相当程度是对司法独立的误解，也有相当程度的确是符合现实的。

张之洞的结论是：

> 知府一官，鄙见必须留之，不宜裁撤，因其去民较近，辖属较小，可为院司分任考察。(《蕉廊脞录》)

不应“一刀切”

不仅“府”一级不可撤，在张之洞看来，“道”一级也不可撤。清代道制，沿袭自明代。明制中，将全省划分若干道，由主管经济的布政司、主管司法的按察司派出“道员”驻守或巡视。属于布政司的，称为“分守道”；属于按察司的，称为“分巡道”，实施对省内政务的督察。这个层级，并非常设专任，更非一级行政长官。但到了清代中叶之后，随着各省中“道”的划分日趋固定，“道员”也日渐成为一级行政长官。除了按照地域之“块”来划分的“道”，各省还有一些按照职能之“条”来划分的“道”，分别主管漕、盐、粮、茶、马、河、关、驿、海防、兵备等，以及改革中增加的洋务、海关、路矿、电信等。这些“条”上之“道”，则没有地方之责。条块结合，形成了比较复杂的道制。

在政改方案的拟定者戴鸿慈、端方看来，“道”这一级是多余的：“本为道员者，则曰管某府，某州，某县事。本为知府者，则曰知某府事，管某州、某县事。本为州县者，则曰署某府事。职权既无隔阂，仕路亦得疏通，如此则阶级太多。”但是，张之洞认为：“各省设巡道之本意，大率以兵备为主。前三十年军务、近二十年教案等事，则道员之责较重，取其官阶较崇，调遣武营较易。故地理学家之要诀，须先将一省各道之疆域分清，则一省之形势脉络了然于胸，此可知前人建设巡道之有深意、有关系矣。”显然，他们争论的焦点不同：戴端关注的是作为行政长官的那些“块”上之“道”，而张之洞更为关注的是作为行事专业管理职能的“条”上之“道”。

针对有人担心，“府之上添一道员，徒多层折重复”，张之洞讥讽说，这是“未知外官例章职守，道府各有取义”，是典型的官僚主义。张之洞举例说：

> 至如湖北之襄阳道，则有关三省边防教案；湖北新设之施鹤道，亦专为教案边防，均甚有关系，似不应在裁撤之列。此外，即如湖南镇筸、江南徐州、河南南汝光、四川建昌、甘肃宁夏、安徽庐凤颍，此数处皆非粮、盐、关、河，然岂可无道台镇守？(《蕉廊脞录》)

因此，他认为，“各省道员，似以不裁为尤妥”。

不过，张之洞赞同对“道”与“府”的权限进行明确分割。对于在“每州县各设佐治官，分掌财赋、巡警、教育、监狱、农工商及庶务”，张之洞倒并不反对，而且认为“甚为有益”。张之洞对此虽然赞同，但也指出一个具体经费的制约问题：“惟员少不足济用，禄少不足养廉。员多俸厚，经费太巨。”因此，他认为这事的推行，不应“一刀切”，“宜听州县量力延访委员，较为可行”。

作为最有威望和实力的地方大员，张之洞对州县改革，实际上几乎全盘否定：既不赞同裁撤“府”“道”两级，又认为增设佐治官因涉及经费问题，难以立即全面推开。从各省对中央下发的地方官制讨论稿的反馈来看，张之洞的意见，具有相当的代表性。这往往被后世学界当作其反对政改的证据之一。

其实，从张之洞此前及此后的各种表现看，他绝非政改的反对者。在张之洞这份洋洋四千多字的长篇奏折中，并不反对立宪政改，甚至还力推议会制度。他提出的反对意见，与其说是否定，不如说是通过提供第一线的实际情况，协助方案的完善。

1906年的官制改革，在艰难中推进。后世不少人将这种缓慢的变革，作为当时改革者不愿意改革，甚至假改革的证据，这实在是小看了体制内改革的难度。所谓“站着说话不腰疼”，当改革由口号落实到具体行动，触碰到具体利益，调整到国家机器的具体零部件，这就已经与意识形态无关，而成为一项需要细心、耐心、恒心的“技术”。只是，早已习惯了不耐烦、不愿意在“技术”上下功夫的天朝朝野各色人等，会静心等待、埋头工作吗？

（文/雪珥）

《钦定宪法大纲》的“合法性危机”

社会政治观念、思潮与社会政治运动总是在彼此互动。正因如此，“契约论”国家观随着鸦片战争后的社会变迁一点点传入了中国，最终取代了传统的“伦理型”国家观，并反过来又深刻地影响了社会变迁。这种观念被引入中国的一个后果就是清廷虽在1908年公布了中国几千年来从未有过的“宪法大纲”，却依然遭遇了严重的宪法危机。

美国学者路易斯·亨金（Louis Henkin）曾指出，以个人权利为基础的契约论国家观只能“通过立宪性契约，人们同意受统治”这一政治形式才能被采用。依此理论，“宪法与政府共存，如果要有政府，毫无疑问就需要宪法”。

“工具性”与“价值性”的对决

以现代契约论国家观取代传统身份论国家观，对彼时中国的冲击、震撼是巨大的。即便是君主立宪论者如梁启超，亦公开承认“君主”也是契约的产物而非神授，“君主”也只是一种工具性价值，剥去其“君权神授”的神圣性。

这么一来，究竟是君主立宪还是共和立宪，都只是一种工具性选择。选此或选彼，都只有势所必至，而无理所当然。换言之，改革派与革命派的分歧、争论虽然激烈，但只是“工具性”而非“价值性”。清廷晚期的预备立宪及最后覆亡，与立宪派、革命派都对契约论国家观的认同和坚持大有关系。

1908年8月，清廷在巨大压力下公布了《钦定宪法大纲》，并明令以1916年为立宪预备期限。但《钦定宪法大纲》不仅受到决心推翻清王朝的革命派的猛烈抨击，也使相当一部分立宪派人士对其大为不满，持严厉批判态度。因为这部《钦定宪法大纲》以日本明治宪法为蓝本，但又做了重要修改，皇权比日本天皇的权力大，反之臣民的权利却比日本臣民的权利小。有关“君上大权”共十四条，基本抄袭了皇权至上的日本明治宪法。但是，日本明治宪法规定，议会召开时，君主所发布的紧急敕令可代替法律，但下次会期在议会提出时若得不到议会的追认，则政府应公布敕令失效。清政府的《钦定宪法大纲》则径直改为“惟至次年会期，须交议院协议”。日本议会对君权本就不强的事后否决权在此变成了更弱的“协议”权。日本明治宪法还规定：“天皇宣告戒严。戒严要件及效力，由法律规定之。”而《钦定宪法大纲》则明确改为皇上有“宣告戒严之权，当紧急时，得以诏令限制臣民之自由”。对于“臣民权利义务”，明治宪法共列有十五条，清廷的《钦定宪法大纲》将其减为九条，删去了“日本明治宪法”中“臣民”有“居住及迁徙之自由”“书信秘密不受侵犯”“信教之自由”“遵守相当之礼貌并遵照所定规程，得实行请愿”等条款。在这种“君权”比日本明治宪法扩大、“民权”比其缩小的宪法框架下，再加清政府的立宪实际步骤一拖再拖，以至于以温和士绅为主的立宪派都一再指其为假立宪、伪立宪。

对此宪法大纲，梁启超当然批评多多。他也认为日本其实是“半专制的立宪国”，如果连日本都不如，则根本不能称之为立宪。他在《立宪国诏旨之种类及其在国法上之地位》中写道：

> 宪政精神之不完，宪政程度之劣下，至日本而极矣。苟更下于此，则殊不能复谓之宪政。

不过梁启超承认，如果大清立宪能真学日本，“则宪政之根本精神，固尚不谬焉”。可惜，清政府连“半立宪”的日本都不愿完全师从，以致梁启超嘲笑他们是：“徒取其便于己者而效之，其不便者则隐而不言。”就是说，大清立宪口口声声以日为师，实际情况则是，如果日本政治制度中某些条款有利于清政府，就大张旗鼓地学习、效法；如果日本政治制度中有限制清政府的、让清政府别扭的，就祭出“我大清自有国情在此”的把戏。

当反对革命、维护现体制的立宪派也认为日本只是“半立宪”时，那么，连日本明治宪法都不如的大清王朝“钦定宪法”，就更难被认为是真“立宪”、更难得到广泛支持了。更重要的是，立宪派都认为《钦定宪法大纲》不仅不合格，而且根本不合法。梁启超明确提出了“制宪权”问题，其重大意义也正在于此。

国会制宪，还是皇家制宪再开国会

在现代国家，宪法是一种根本契约，保障国民不可让与的固有权利，宪法为一切国家权力之源泉。制宪权概念也是现代的产物，其从根本上摧毁了“神权、君权产生国家”的神话。法国大革命时期的思想家西耶斯（Sieyes）首先将制宪权理论化、体系化。在《论特权第三等级是什么？》一书中，西耶斯说：

> 在所有自由国家中——所有的国家均应当自由，结束有关宪法有着种种分歧的方法只有一种，那就是要求助于国民自己，而不是求助于那些显贵。如果我们没有宪法，那就必须制定一部：惟有国民拥有制宪权。

也正是在这种理论基础下，契约论国家观不承认君主单方面决定并宣布具有最高权力的契约，而只有在各个阶层的互相博弈中签订的契约才有效，而国会就是各个阶层合法博弈的平台。

是先开国会制定宪法还是皇室独家先制定宪法再开国会？梁启超从学理层面对宪法“钦定”的合法性提出了强烈质疑。他认为由于宪法是由皇室一家制定，才会皇权独大，而宪法应是社会各阶层在国会这个平台上互相博弈的结果，不能由一家制定。在这个过程中，社会阶层之间经过讨价还价，最后订一个成交的大契约。现在的《钦定宪法大纲》，顾名思义，就是这一纸“宪法大纲”是皇上独裁制定。梁启超在《论政府阻挠国会之非》中问道：

> 国会与宪法：宜先有宪法而后有国会耶？宜先有国会而后有宪法耶？抑国会宪法宜同时成立耶？此我国人亟欲研究之问题也。

他介绍了各国制宪历史，指出大多数是先开国会或是国会与宪法同时成立，只有日本是先由天皇颁布宪法，然后才开国会。但如前所述，这正是日本只是“半立宪”的重要原因。他强调：

> 用君主单独之名义以颁布宪法，其宪法之硬性过甚，虽时势变迁，而改正不易，非国家之福也。

现在日本的有识之士对此也不以为然，所以中国“非可以漫然学步”。他主张：

> 宜先制定宪法草案，而暂勿颁布，俟国会第一次开会，将草案提出，经协赞然后布之。此既符合各国通例，亦适应我国国情者也。(《饮冰室文集》)

梁启超进一步说明了政党政治的原理，国会不可能是全国每个人都在此发言的平台，必须有自己认同、代表自己利益的政党具体在国会争斗。在《现今全世界第一大事》一文中，他强调，各个阶层或曰“诸种政治势力”，只有组成合法政党，才能在国会“为堂堂之阵正正之旗”合法斗争、博弈。这样的“立宪政体”

才是活的，所以“有政党乃能运用”是一个立宪国家之前提。只要是一个政党，就有所持之政见，这种政见总是以国利民福为前提。即便是政见有所偏颇，只要是“持之有故，言之成理”，皆足为国家之福。然则“我国今日虽号称预备立宪”，但是“政府当道，视政党若蛇蝎”，这样“求立宪国、绝立宪根”的行为“正我国人当在留意”。

在《政党与政治上之信条》《中国政党之将来》这两篇文章中，梁启超进一步分析说，因为不同的政纲必须由不同的政党提出，政府的政务官从议会选举的多数党中挑选担任。他总结，立宪政治有种种信条，“以上诸信条，尤可以一总信条括之曰：凡立宪国内阁，必须设法求得多数于议会是也”。如果连议会多数党派组织内阁这个问题都不能坚持，这就根本不能称之为“立宪政体”。他还指出：

> 凡行立宪政体之国，必有政治上种种共通之原则，为举国君民上下所公认。凡活动于政界者，皆遵此原则而莫敢犯。故学者或称宪法为政党之交战条规，洵不诬也。若政府于此种原则漫无所知，或虽知之而敢于悍然犯之，则虽托名立宪，而实与专制无异。(《饮冰室文集》)

这就是说，宪法是政治家的活动准则，是政党斗争的交战规则。

严重的“合法性危机”

梁启超在《中国国会制度私议》中告诉人们只有在国会中博弈、建立博弈规则，才能将争权夺利由野蛮导入文明。现代的国会制度就是将这种千百年来的野蛮竞争划定在文明竞争的范围之内，以有规则的文明竞争取代无规则的争斗。

> 昔之战也，炮火相见，今之战也，兵不血刃。昔之战也，阴诈相尚，今之战也，鼓乃成列。

虽然还有尔虞我诈，但毕竟已经进入了文明时代。梁启超进一步指出：

> 国会之为用，凡以网罗国中各方面政治上之势力，而冶诸一炉。

在长期博弈中，选民以手中的选票规训政治家，让他们为国家和民众服务。有了国会，实际上绝非杜绝竞争，而是奖励竞争，国会就是“诸种政治势力交战之舞台”，宪法就是这个战场的“交战条规”，在这个舞台上，君主与人民争，互相限制，争的是权力；人民内部争，就是不同地区、不同阶层、不同党派之间争，争的是利益。之间的胜负消长，就在这选举场中。所以，国会选举的刹那之间，实际上就是内战或内乱之中。

立宪派提出“制宪权”问题，再次说明契约论国家观念的影响，也确实抓住了问题的关键。没有国会，钦定宪法就没有合法性；开国会，就成为立宪派的迫切要求。

现在有不少学者极力想搞清清政府究竟是“真立宪”还是“假立宪”，这种探索自有其意义，但“真”与“假”的标准却非常主观。如果标准低一些，我们可以说尽管这部宪法大纲非常不尽如人意，但清廷毕竟公布了中国历史上从未有过的宪法，而且有具体的时间表、成立了谘议局、资政院等机构，有可能过渡到成立真正的议会，所以认为清廷是“真立宪”确有其道理。但如果标准放高一些，这部《钦定宪法大纲》中皇权独大，就连日本明治宪法都不如，一些机构就不具有议会功能；同时，清政府还通缉立宪派领袖梁启超，指其为“悖逆要犯，广敛资财，纠结党类，托名研究时务，阴图煽乱，扰害治安”，“著民政部、各省督抚、步军统领，顺天府严密查访，认真禁止，遇有此项社夥，即行严拿惩办，勿稍疏纵，致酿巨患”。凡此种种，使得立宪派都指这部宪法大纲说明“政府宁肯与人民一尺之空文，不肯与人民一寸之实事”，所以认为清政府是“假立宪”同样也有道理。

其实，对于研究清王朝为何灭亡、预备立宪为何失败而言，更重要、更有意义的探索不是清政府此时的立宪“实际”究竟是“真情实意”还是“虚情假意”，而是它的行为给被统治者何种印象、何种感觉以及他们最后的主观认识是“真”还是“假”。如果他们认定清政府是真立宪，则激进的革命党的活动空间将十分有限，更难成功，预备立宪就有可能成功；如果他们认定清政府是假立宪，温和变革的前提就全然而失，激进的革命党就能轻易得逞，预备立宪很难成功。

事实说明，清政府在巨大压力下的让步妥协非常有限；它的立宪无论是“理论原则”还是“具体实践”，甚至远未达到温和立宪派的要求，也就更谈不上让其他社会各界相信他们是在搞“真立宪”了。当一个政权的统治基础民众都对其动机大表怀疑、毫不信任，对其所作所为大表反对时，这个政权就理所当然面临着严重的“合法性危机”，为激进的革命准备好条件了。此时，清政府就面临着这样严重的“合法性危机”。对《钦定宪法大纲》的合法性质疑，就是清政府面临合法性整体危机中的重要部分。

拒绝国会就是拒绝宪法

是先召开国会再制定宪法，还是由皇家先独自制定宪法再开国会？这成为立宪派与朝廷斗争的焦点。只有先召开国会、由国会制定的宪法才有合法性此时俨然成为社会各界共识。由于立宪派和影响越来越大的绅商都不承认《钦定宪法大纲》的合法性，于是率先发起了一次又一次、得到社会各界支持的开国会和平请愿运动。张謇是最温和的立宪派首领，他给摄政王载沣上书一篇《请速开国会建设责任内阁以图补救意见书》，力论必须先开国会。此书情文并茂，说理周全透彻，极言：国家面临危局，只有速开国会、才能全国上下一心，才能化危为安。梁启超就预言，如果和平请愿开国会最终仍不得请，结果必然是少数激烈者将以为国家负我，决然生掉头不顾之心；和平之士将以为义务既尽，洎然入袖手旁观之派。当此预备立宪的关键时刻如果不先开国会，将使士人灰爱国之心，能不令人担忧！此论并非危言耸听，如果不改革，就会造成革命，原本支持朝廷、反对革命者在革命爆发时也会心灰意冷而袖手旁观。

商人请愿，坚持先召开国会制定宪法是包括商人在内的国民义务，没有国会则政府不受议院监督，导致“民穷财尽，公私交困”，“国家、地方之行政经费，彼得以为所欲为，商人不敢过问”，“人民对于国家只有担任义务之劳，永无安享利权之望”，无国会则国家银行无信用，实际无国家政策，无法制止政府乱收税。因此，必须先开国会，再制定宪法。

《钦定宪法大纲》引起的宪法危机，说明人民已经不是过去的人民，但政府还是过去的政府。政府依旧以过去的方式管理已经不是过去的人民与社会，矛盾骤然尖锐、激烈。从1910年1月起到11月止，在不到一年的时间里，以地方士绅、商人为主的立宪派发动了四次大规模的速开国会请愿运动，声势浩大，遍及全国。尽管“开国会”的呼声越来越响，一浪高过一浪，但清廷却对自己面临严重的合法性危机毫不妥协，对各种警劝充耳不闻，一意孤行，不愿让出点滴权力，拒不开国会，一定要独揽制宪权，并采取越来越激烈的手段镇压立宪运动。结果使本来温和的、竭力维持体制的立宪派越来越激烈，一场暴力革命，恐怕已难避免。最终，他们岂止“袖手旁观”，而是与革命派结盟，积极参与到推翻清王朝的革命之中。

（文/雷颐）

“国民立宪”与“钦定立宪”之争

在清末大变局中，速开国会请愿运动是影响清朝国运的大事件。它历时四年之久，波及中国二十三个行省，前后动员全国数百万国民参与其中，间接或直接导致了清朝的灭亡。但由于这场运动一直将速开国会与救亡联系在一起，以致这场运动的性质多被误解或误读。如有些学者批评清末速开国会请愿运动是犯了“制度决定论”和“激进化”的毛病，不但不是中国社会之福，反而是中国社会之祸，使得本来就四分五裂的中国社会更加支离破碎，其对国会理论的歪曲理解，应对近代中国民本的坍塌和民权的迷失而负责。

其实，这样看待清末速开国会请愿运动是对历史的一个极大误解。清末速开国会请愿运动固然有其特点和局限性，但仍不失为一场具有伟大意义的民主运动。在速开国会背后隐藏的其实是制宪权之争，是“国民立宪”与“钦定立宪”的道路之争。这从速开国会请愿运动的诉求和清政府的回应上，便可见一斑。

从杨度发起请愿运动说起

在立宪派人士中，最早倡议发起速开国会请愿运动的是湖南人杨度。杨度生于1875年，二十岁中举人，是著名学者王闿运的得意门生。王闿运在《湘绮楼日记》中常称杨度为“杨贤子”。1894年、1895年，杨度赴京参加甲午科、乙未科会试，虽均落第，但风云际会，适逢公车上书，他有幸认识了后来爆得大名的梁启超、袁世凯、徐世昌等人。回湖南后，杨度又与蔡锷、刘揆一在长沙时务学堂听谭嗣同、熊希龄、唐才常、梁启超等维新志士讲课，成为追求维新人士一员。1902年、1903年，杨度两次赴日本留学，入弘文学院学习，并转入日本法政大学速成科，并成为当时中国留日学生中一位活跃人物。他与孙中山革命党人和梁启超保皇党人两派都有交往，他的寓所有“湖南会馆”和“留日学生俱乐部”之称。1905年，他当选为中国留日学生总会干事长。但杨度并不赞同孙中山的革命排满主张，而是主张君主立宪。1906年，他与梁启超在日本分别为清政府出洋考察政治大臣捉刀起草报告，杨度写了《中国宪政大纲应吸收东西各国之所长》和《实施宪政程序》，梁启超写了《东西各国宪政之比较》，为清政府不久宣布预备立宪立下了汗马功劳。

1906年9月1日，清政府下诏宣布“仿行宪政”后，鉴于清政府在预备立宪方面多无实质性举措，杨度主张应走国民立宪道路，认为立宪不立宪，关键在国民努力不努力、争取不争取。

> 立宪之事，不可依赖政府，而惟恃吾民自任之。世界中无论何国之政府，未有愿立宪者，此不必希望，亦不必责怨。希望之于责怨，皆倚赖政府之性质也。

他还认为立宪的关键在于设立代表人民监督政府的议会，成立责任政府，“立宪国未有无国会者，有国会之国，又未有不为立宪国者”。于是，他将速开国会作为立宪的突破口。1907年初，他的这一主张得到梁启超的赞同和支持，他们便开始一道在《新民丛报》《中国新报》《时报》等报刊上发起速开国会的宣传。

除舆论宣传外，杨度还为速开国会进行组织活动。1907年2月，成立政俗调查会；7月成立宪政讲习会，并在国内设立支部，推动国民立宪；9月25日，宪政讲习会选派代表熊范舆、沈钧儒、恒钧、雷光宇赴京，将有百余人签名的请愿书呈送都察院代奏，要求清政府“于一二年内即行开设民选议院”。

在这份请愿书中，他们虽然将速开国会与救亡图存联系在一起，在开头部分大谈只有速开国会，才能消除内忧外患，认为中国当前内忧外患的局面，“皆由于无民选议院之所致耳”。但他们提出速开国会的具体理由和诉求，却完全根据的是近代西方的理论。他们强调，速开国会的一个首要目标是要建立一个向国会负责的政府，“责任政府为立宪制度之精神”，“民选议院一日不立，则责任政府一日不成”；只有设立民选议院，才能达到让国会监督政府的目的，克服政府的各种弊端，确保各项政策的落实。同时，他们又指出，实行三权分立，开设国会以为立法机关，也为立宪之本原，各立宪国通行之制；只有速开国会，才能实现司法独立，使人民生命财产有所保护，社会秩序得以维持。

在国会与宪法的关系上，请愿书虽然没有明确反对钦定宪法，但也婉转表达了协定和民定宪法的愿望，表示一定要将开国会安排在宪法颁布之后，这是没有历史依据的。英国作为君主立宪母国，迄今尚无成文宪法；德国被称为钦定宪法的模范国，但召集议会则在宪法颁布之前；日本开设议会虽然在宪法成立之后，但这由日本的特殊历史和国情使然，并且，日本开设议院的决定亦实在宪法制定之先。他们强调，宪法作为国家根本法，其“运用之妙与保障之法，则全恃夫议会”。而在立宪派发表的宣传速开国会的文章中，他们明确表示国民应享有参与制定宪法的权利，指出“政府党之目的，在由政府规定宪法以左右国民；而吾辈之目的，在由国民规定宪法以左右政府”；只有国民享有协定宪法之权，“宪法乃为有效”。

很明显，杨度发起速开国会请愿的初衷，是试图通过速开国会达到参政目的，并由国会主导清末立宪改革、参与宪法的制定，建立英国式的议会君主立宪制度，以改良政治、挽救国家危亡。这与清政府奉行的“大权统于朝廷”的自上而下的钦定立宪改革路线和其巩固君权的目的，是格格不入、不可调和的。

1907年12月24日，清政府即发布上谕，重申1906年9月1日预备立宪上谕精神，再次强调预备立宪的进展要视筹备情况及国民程度之高下而定，由“朝廷主之”且“大权统于朝廷”。并声明开设议院只是为采取舆论起见，召集议会及解散议会均有定式，所议事件亦均有权限；既非人人均有选举之权，也非人人可为议员，既非人人皆得言事，也非事事皆可参与；指责立宪派发起速开国会请愿运动“浮躁蒙昧不晓事体”，警告如有好事之徒纠集煽惑，“必宜从严惩办”：

> 遇有内外政事，辄借口立宪，相率干预，一倡百和，肆意簧鼓，以讹传讹，浸寻日久，深恐谬说蜂起，淆乱黑白，下凌上替，纲纪荡然。宪政初基因之阻碍，治安大局转滋扰攘，立宪更将无期，自强之机更复何望？

由杨度发起的速开国会请愿运动，揭开了清末“国民立宪”与“钦定立宪”两条立宪道路之争和制宪权之争的序幕。这在随后立宪派与清政府的严重对立中，进一步得到淋漓尽致的表现。

慈禧太后的妥协

在各立宪派团体的组织和推动下，1908年的春夏，各省曾出现一波速开国会请愿的热潮。面对纷至沓来的请愿书，富有统治经验的慈禧太后并没有惊慌失措，而是沉着应对。虽然出于“帝党”与“后党”的历史恩怨，慈禧太后有些感情用事——7月25日突发上谕，将参与速开国会请愿活动的与“帝党”有关联的法部主事陈景仁革职。稍后，又将康有为、梁启超领导的政闻社以非法组织名义加以取缔。但对国内立宪派，慈禧太后还是采取笼络政策，她认识到参与请愿立宪的多为社会名流：“实与从前纯由少年志士所鼓吹者不同。若不从速将国会期限决定，人心一失，隐患愈深。”于是，慈禧太后对速开国会的要求做出了一些妥协。

为表达朝廷的立宪诚意，慈禧太后不但于6月间授意张之洞、袁世凯召集相关官员及归国留学生，就国会期限问题听取各界意见，而且加速预备立宪的相关立法进程，以满足立宪派的期望。1908年7月8日，她发布上谕，将资政院拟订的资政院院章的头两章（总纲和选举）先行颁布，同时督促其余八章"著即迅速妥订，具奏请旨"。7月22日，她批准颁布由宪政编查馆拟订的《各省谘议局章程》和《谘议局议员选举章程》，并令各省督抚认真执行，"自奉到章程之日起，限一年之内一律办齐"。8月27日，批准颁布《钦定宪法大纲》《议院法要领》《选举法要领》和《逐年筹备事宜清单》等四个重要文件，宣布召集国会以九年为限，以1908年为第一年，于1916年最后一年召集国会，并责令各级行政部门每隔六个月，向宪政编查馆汇报筹备进展情况，以示朝廷对预备立宪之重视。

然而，慈禧太后的所有这些让步和妥协，都是以"大权统于朝廷，庶政公诸舆论"的钦定立宪改革路线为前提的。以谘议局来说，宪政编查馆在进呈章程的说明中虽然表示谘议局"即议院之先声"，但同时又强调谘议局并不具有西方地方议会地位，它仅仅是一个省级议事、表达民意的机构，既不得妨碍"国家统一之大权"，也不得妨碍政府权力，"议院攻击政府，但有言辞，并无实力，但有政府自行求退，议院并不能驱之使行"。同样，作为"预立上下议院之基础"的资政院，慈禧太后也未赋予其国会地位和权力，而是最大限度地将其定位为由皇帝控制的议事机构。《议院法要领》则进一步对议会的立法权和行政监督权做出明确限制，以确保君上大权不受动摇，规定"议院只有建议之权，并无行政之责，所有决议事件，应恭候钦定后，政府方得奉行”；“行政大臣如有违法情事，议院只可指实弹劾，其用舍之权，仍操之君上，不得干预朝廷黜陟之权”。而《逐年筹备事宜清单》又从程序上确保清末立宪完全按照钦定路线执行，把与立宪有关的重要制度安排和立法，都放在国会召开之前落实，以釜底抽薪之法，从根本上削弱国会在筹备立宪中的作用和地位，将立宪派发起速开国会请愿运动的意图不知不觉中加以挫败。其实，这也是1910年立宪派不满九年预备立宪，再次发起速开国会请愿运动的根本原因所在。

慈禧太后在批准设立谘议局和资政院之后，紧接着于8月27日匆匆批准颁布《钦定宪法大纲》，其目的也是有意避免前者干预宪法的起草工作。宪政编查馆和资政院在奏定宪法大纲所做说明中，就对立宪派提出的协定或民定宪法要求明确予以否定，强调宪法必须出于钦定，宣称“大凡立宪自上之国，统治根本，在于朝廷，宜使议院由宪法而生，不宜使宪法由议院而出，中国国体，自必用钦定宪法，此一定不移之理”；声称宪法的要义“一曰君主神圣不可侵犯，二曰君主总揽统治权，按照宪法行之”。《钦定宪法大纲》就是据此制定的，其赋予立宪君主的权力与专制君主几无差异，并且以宪法的形式，将专制制度下的君权合法化。总之，在制宪权和巩固君权问题上，慈禧太后是绝不会允许立宪派染指和退让的。

1910年的速开国会请愿运动

1910年是清末速开国会请愿运动彪炳史册的一年。在这一年里，国内的立宪派以各省谘议局为舞台，以解决外交和内政问题为由，于1910年1月、6月和10月，先后发动三次全国性的速开国会请愿运动，要求清政府一年内召开国会。

除规模和声势更加强大之外，1910年的速开国会请愿运动在具体诉求上与1908年的速开国会请愿运动并无二致，一是仿照近代欧美国家，成立一个向国会负责的责任内阁；二是贯彻西方国家三权分立原则，实现国会享有完全立法权。所不同的是，随着形势的发展，请愿的语言更加直白、更加激越。

在成立责任内阁问题上，他们直白建言只有实行英国式的虚君议会君主立宪制度，方能保君主之尊荣；在要求国会享有完全立法权问题上，他们直率批评清政府开办的资政院，既无监督权、也无立法权，并不具备西方国会的权限，“一为专制政体之议政机关，一为立宪政体之监督机关”；并威胁清政府，如不授予人民立法权，那么人民就有不遵守法律的义务，即使人民起来造反，推翻政府，也只能听任之，“代表等亦无力可以导喻之，惟有束手以坐视宗社之墟耳”。

再者，随着预备立宪的推进，1910年速开国会请愿运动对参与制宪权的愿望也表达得更加强烈和迫切。在1月26日提交的请愿书中，立宪派就明确要求宪法应由国会和君主共同制定，指出：

宪法若纯由钦定，则将来人民必常倡改正之议，反以牵动国本，故不如采协定宪法之可垂诸久远。协定者，由政府起草，交议院协赞之谓也。倘政府果能采纳此说，则吾国一面召集国会，一面编订宪法，更易着手。

有的则直率反对钦定宪法，指出宪法既为君民共同遵守，就应由君民共同制定，否则，必偏于独裁，流于专制，“以少数人之利益侵害多数人之利益”，与宪法原则相违背，因此，必须“先开国会，而后定宪法，争民权”。或说中国既然为国民的国家，而非家族的国家，国家主权属于人民，因此，制定宪法就“必不能采钦定主义，而当采君民共定之主义”。12月，国会请愿代表团在宣布解散之前向全国通告政治纲领中，阐明当前的任务除督促政府设立新内阁外，就是要求参与宪法的制定，指出朝廷已任命修宪大臣，如以日本钦定宪法施行我国，“其危险不可思议”，呼吁各省同志会电请资政院，要求将来宪法条文须交资政院协赞通过。1911年6月，在清廷选定宫内焕章殿为修宪的办公地点之后，谘议局联合会即向资政院提交陈情书，要求清政府须将宪法交院协赞。

“道不同，不相为谋。”1910年速开国会请愿运动与1908年的另一不同是，立宪派与清政府之间的对立情绪明显加重，并趋于公开化。第二次速开国会请愿运动失败之后，国内立宪派便开始对清朝政府的立宪诚意表示极大的失望，责备清政府的态度简直“视爱国主义为仇国之举动”，为“弃吾民”之举动，而“弃民者，即无异自弃其宗庙社稷也”；威胁清政府如不满足他们的要求，必将发生类似英国和法国的资产阶级革命。第三次速开国会请愿运动之后，尽管摄政王载沣做出缩短三年召集国会的妥协，但他对请愿运动的敌视态度和公然以暴力手段对付请愿的行动，不但没有换回国内立宪派的拥护，反而增强了立宪派与清政府之间的离心离德倾向。他们严厉斥责清政府12月24日颁布的取缔请愿运动的上谕“直视吾民如蛇蝎如窃贼”，明确表示靠和平请愿办法已无济于事，“苟犹有以为不足者，势非另易一办法不为功”；警告清政府“今日毋谓请愿者之多事也，恐它日欲求一请愿之人而亦不可得矣”。在京的国会请愿代表团在奉命宣布解散时向各省立宪派发表的一份公告中也明确表示和平请愿已走到尽头，以后如何从事政治活动，“惟诸父老实图利之”，并开始致力于组织政党活动。

1911年春国内立宪派在谘议局联合会和国会请愿同志会的基础上成立全国性政党组织——宪友会，将立宪的政治希望寄托在自身力量的壮大上，而不再像立宪初期那样寄希望于清政府。他们宣布组织成立政党的目的一是“破政府轻视国民之习见”，二是“动外人尊重我国民之观念”，三是“充吾民最后自立之方针”。可以说，三次速开国会请愿运动实为武昌起义爆发后国内立宪派走上与清政府分道扬镳道路，埋下了引线。

摄政王载沣的对策

摄政王载沣，系醇亲王爱新觉罗·奕譞第五子，光绪帝载湉异母弟，宣统帝溥仪生父。作为一名满族少壮亲贵，载沣并非顽固守旧之人，但站在清朝宗室的立场上，为维护满族亲贵统治、巩固君权，载沣严格奉行慈禧太后制定的钦定路线，坚决反对速开国会。

1910年1月30日，载沣就发布上谕，否决了第一次请愿代表速开国会的请求，宣称钦定九年预备立宪及大权统于朝廷，系先朝慈禧太后和光绪皇帝明定，“此天下臣民所共见共闻也”，不可更改。6月27日，再次发布上谕，不但拒绝了立宪派的第二次速开国会请愿要求，而且还否定国会在立宪中的重要地位：

> 议院之地位，在宪法中只为参预立法之一机关耳，其与议院相辅相成之事，何一不关重要，非尽议院所能参预。而谓议院一开，即足致全功而臻郅治，古今中外，亦无此理。

第三次速开国会请愿运动之后，在国内立宪派和部分督抚官员的共同压力下，摄政王载沣虽然于11月4日下达谕旨，将国会召开期限缩短三年，改为宣统五年召开国会，但同时立即采取补救措施，宣布在召集国会之前制定、颁布宪法及议院法、上下议院选举法，并成立内阁，“不得少有延误”，以确保钦定立宪改革路线得到贯彻，并下令解散各请愿代表团，把外地代表都驱赶出京师，严厉取缔各地请愿活动。另据《汪荣宝日记》记载，在如何对待提前召开国会问题上，载泽、善耆等满族亲贵早在第二次速开国会请愿运动期间，私下就商定必须确保钦定宪法得到贯彻，强调“宪法必须钦定”，“中国国会之成立，当在宪法制定以后”。

为绝对掌握制宪权，确保宪法最大限度地保障君权，载沣根据事前的商议，在宣布缩短召开国会期限的第二天（11月5日）就采取具体行动，颁发上谕，不将起草宪法的任务交由本该负责此项工作的宪政编查馆，而是另起炉灶，任命皇室成员溥伦、载泽为拟订宪法大臣，“随时逐条呈候钦定”，争取赶在国会召开之前抛出钦定宪法文本。载沣与庆亲王奕劻等少数满族亲贵还私下达成默契，不但不让议院参与修订宪法，凡是有资政院身份的人也不得参与宪法的起草。稍后，载泽和溥伦选派他们绝对信任的度支部右侍郎陈邦瑞、学部右侍郎李家驹、民政部左参议汪荣宝三人为协修宪法大臣。而汪荣宝在被选派为协修宪法大臣后，为免去皇室的担忧，便主动提出辞去资政院议员，以表绝对忠诚。

更为极端的是，为将制宪权控制在少数满族亲贵之手，摄政王载沣和拟订宪法大臣载泽和溥伦等从一开始就要求协修宪法大臣严守“秘密主义”，在正式颁布之前不得泄露半点“天机”。1911年7月，宪法起草工作正式开始后，便三次安排汪荣宝和李家驹躲到人迹罕至的名山寺观从事起草工作。第一次的地点是十三陵的玉虚观，7月6日出发，12日返回。第二次的地点为京郊周口店附近的兜率寺，8月18日出发，24日回城。第三次的地点改到泰山登日观，9月12日出发，23日回到京城。为控制制宪权，摄政王载沣竟然将堂堂正正的国家大法——宪法的制定，弄成一桩偷鸡摸狗的事情，以致清末钦定宪法的文本迄今仍为一个历史谜案，无法一睹其真容。

为抵制立宪派的国民立宪路线，摄政王载沣还努力赶在国会召开之前成立一个不受国会监督、不向国会负责的内阁。1910年11月3日，在宣布将国会召开期限缩短三年的前一天，载沣、载泽、毓朗等满洲贵族在御前会议上就商议好为避免纷扰，在召开国会之前就必先设立新内阁、明定国是，“庶君权不改为民权所抑”。12月18日，载沣又颁布上谕，否决资政院内立宪派提出的成立责任内阁的提案，声称根据《钦定宪法大纲》设官制禄及黜陟百司操诸君主的规定，设立责任内阁问题，“朝廷自有权衡，非该院总裁等所得擅预，所请著毋庸议”。12月25日，载沣即谕令宪政编查馆将内阁官制，赶紧详慎纂拟具奏。1911年5月8日，便匆匆推出臭名昭著的“皇族内阁”，公开申明新内阁的组织原则系根据《钦定宪法大纲》精神，仿照日本和德国两国办法，只向皇帝负责，不向议会负责，声称“我国已确定为君主立宪政体，则国务大臣责任所负，自当用对于君上主义，任免进退皆在朝廷，而不得干黜陟之柄，庶皇极大权益臻巩固，辅弼之地愈著恪恭”。

一直到1911年10月10日武昌起义爆发之后，摄政王载沣才在革命形势的压迫下改变“钦定立宪”路线，接受立宪派的“国民立宪”路线和诉求。10月30日，载沣在发布罪己诏的同日，分别发布两道上谕。一从资政院之请，同意将宪法交资政院协赞，令溥伦等迅将宪法条文拟定完毕，交资政院详慎审议，钦定颁布。二从资政院之请，宣布取消内阁暂行章程，待事机稍定，即组织完全责任内阁，不以亲贵充任国务大臣。11月3日，在陆军第二十军统制官张绍曾、陆军第二混成协统领蓝天蔚的兵谏下，载沣最终宣布接受资政院所拟体现英国议会君主立宪精神的《宪法信条十九条》。

清末立宪派和清政府在速开国会问题上的对立，清楚表明了清末速开国会请愿运动争的不只是召集国会的时间，其实质争的是“国民立宪”还是“政府立宪”的两条道路，是仿行英国式的议会君主立宪制度还是实行日本和德国的二元君主立宪制度。清末速开国会请愿运动虽然以救亡形式出现，但其基本诉求与近代欧美的民主运动并无二致，同样亦是争取基本的民主权利，争选举权、争立法权、争参政权、争监督权、争制宪权。清朝的灭亡，正是体现了清末速开国会请愿运动的胜利，体现民主战胜了专制！

（文/崔志海）

资政院成了革命养成所

人们对民主、自由以及一切掌握自己命运可能性的需求，大概是极其刚性的；这种需求一旦被满足，再想剥夺就很难，而且会激起人们无比强烈的反抗。一百多年后再看清末预备立宪的那场大戏，这一点显得更加清晰。

万民齐唱《立宪歌》

1908年，清廷颁布宪法大纲，承诺九年之后召开国会，并颁布了逐年筹备计划，可谓“路线图”和“时间表”一应俱全。1909年，各省谘议局开幕；1910年，资政院开院，并宣布将于1913年召开议院。看起来，一切不但按部就班地推进，而且还一度加速，呈现出“跑步进入”君主立宪的势头，但最终“宪”没立起来，君主却提前跑到了终点。1911年，辛亥革命爆发，预备立宪的计划被革命浪潮彻底拍死在历史的沙滩上。后世史家走笔至此，不胜唏嘘。张朋园先生说：如果一往直前，未尝没有避免革命的可能。然宣统二年以后的乖谬做法，自不能不令人怀疑其原有之诚意，何况人民在尝到开明自由滋味之后，深恐再受剥夺，随处存有戒心，任何不如人意的政府措施，都要加以反抗。

此处所谓“人民”，准确地说，是积极参与预备立宪的绅商阶层，他们是资政院和谘议局里的主角。据统计，谘议局中89.31%的人具有科举制度下取得的功名，其中又以上层绅士为多。用谭人凤的话来说：他们谘议局的人，不是翰林进士，就是举人秀才，在社会上潜势力非常的大。这些士绅，大多有政府任职经历，而且家境大多不错。在资政院中，情况也是相仿，只是上层绅士的比例较各省谘议局更高罢了。

这一结果，首先与谘议局的议员产生办法有关。议员的名额与科举学额挂钩，全国共一千六百四十三人，其中直隶、江苏、浙江排在前三，分别为一百四十人、一百二十一人和一百一十四人；吉林最少，三十人。议员来自选举，作为一个选民必须具有下列条件之一：一、曾在本省地方办理学务及其他公益事务满三年以上之有成效者；二、曾在本国或外国中学堂或同等以上之学堂毕业得有文凭者；三、有举贡生员以上之出身者；四、曾任实缺职官文七品武五品以上未被参革者；五、在本省地方有五千元以上之营业资本或不动产者；六、具有上列条件之一，年满二十五岁之男子；七、寄籍本省十年以上年满二十五岁之男子，或寄居地方有一万元以上之营业资本或不动产者。同时，又规定有以下情事者，不得作为选民及候选人：一、品行悖谬营私武断者（指宗旨歧邪，干犯名教及讼棍土豪而言）；二、曾处监禁以上之刑者；三、营业不正者；四、失财产上之信用被人控告实未清结者；五、吸食鸦片者；六、有心疾者（指有疯狂痴呆等疾，精神已异常人者）；七、身价不清白者（指倡优隶卒等贱业之人）；八、不识文义者。不论是名额分配，还是从谘议局选举章程规定的七项条件，还是不得参与选举的八项“情事”，士绅和商人都制度性地成为议员的主体。

客观地看，科举制度被废止虽已历四载，中国传统读书人多年来“学而优则仕”的社会流动通道断绝。人们都知道制度的改变很难，实际上比改制度更难的是改变旧制度下形成的心理惯性和预期。当时，全国没有得到安置的“闲散”绅士有一百三十万之多。同时，在20世纪初，中国的民族工商业又获得了较好的发展环境。1900年以前，民族资本主义企业约有一百五十六家，资本共五千万余元；1901年至1911年，全国新设立的厂矿激增至三百四十家，资本达一亿元有余，数量和资本总额均为此前二十余年的两倍多，于是，工商阶层也成为一支崛起中的社会力量。一为旧社会的遗产，一为新经济的产儿，两股力量都在努力发出自己的声音。

而在整体上僵化、固化的政治体制中，资政院和谘议局的出现，不啻为一缕曙光，为这些人提供了政治升迁的管道，虽然他们中的一些人对这两个机构的意义未必有多么真切的了解。按清廷最初的计划，全国二十二个省共设立二十三个谘议局，其中江苏分设两局，但因为江苏反对、新疆放弃，最后设立了二十一局。谘议局这个机构从设立开始，就有些纠结。按上谕中的说法，谘议局乃“采取舆论之所”，“指陈通省利病，筹计地方治安，并为资政院储才之阶”。也就是说，“谘议局”是地方首长的咨议机构。督抚对谘议局有裁夺议案、停会乃至解散的权力。但在不少人心目中，谘议局承担的使命更加艰巨，其地位应相当于省议会，督抚不是其服务的对象，而是其决策的执行者。1908年，江苏教育总会的法政讲习所秋季开班，孟森主讲《谘议局章程》时就明确说：“谘议局是否即省议会，虽无明文，然实有议会之权限。”

> 正因为如此，这些预备议员们对从天而降的立宪上谕欢呼雀跃，额手相庆：
>
> 中国立宪矣，立宪矣，转弱为强，萌芽于此。以五千年相沿相袭之政体，不待人民之请求，一跃而有立宪之希望，虽曰预备，亦极环球各国未有之美矣。诚古今未有之盛举。
>
> 时人记载：凡通都大邑，偏壤遐陬，商界学界，无不开会庆祝。各地绅民张灯结彩，敲锣打鼓，表达喜悦的心情。在北京，各学堂师生万余人在京师大学堂集会，举行庆贺立宪典礼；在天津、保定，教育界召开庆祝大会，高呼“立宪万岁”，高唱《庆贺立宪歌》。江苏更加热烈，南京、无锡、常州、扬州、镇江、松江等地的各学堂、报社、商会集会、游行，还举办文艺活动，来庆祝古老中国即将迎来的新生。扬州商学界专门撰写了《欢迎立宪歌》：“古维扬，新学界，侧闻立宪同罗拜。”

俊彦之士皆入彀

党派观念和实践均自古有之，结党现象屡见不鲜，虽然在中国传统文化中并不把“党”当作一个好词，但现代政治的一个基本特点就是人群以一定的方式组织起来，在公共空间表达一致的主张。相比于原子化的利益诉求和众声喧哗，这种方式当然更有利于博弈的有序和理性开展。在绅商阶层力量渐渐壮大的那几年，他们的组织化方式和程度也循此方向经历着从传统向近代的转变。

20世纪初，全国各地涌现出一批新式的社团，比如上海的宪政研究会、预备立宪公会，吉林的地方自治研究会，广东的地方自治研究社、粤商自治会，贵州的自治学社、宪政预备会，湖北的宪政筹备会，直隶的宪政研究会，福建的政与会等。这些团体都以推动立宪作为主要追求。贵州自治学社“日以立宪相号召”。福建政与会附设讲习所，每晚讲解立宪，“一时俊彦之士皆入其彀”，所持主义“专以辅佐地方自治之不逮，并为谘议局机关之助”。新近崛起的绅商群体，在这些群体中进行着政治演习。直隶宪政研究会在清政府与日本签订《图们江中韩界务条款》《日俄协约》等丧权辱国条约时，致电全国团体，指出危害所在，并上书政府，以图弥补。广东地方自治研究社创办杂志，刊登许多关于宪法、自治、谘议局、选举法、公民权利义务的浅近文章和通俗讲义，把立宪知识向全社会普及，“凡百君子，群念地方自治，为参与政治之特权，而不可自放弃其责任”。而粤商自治会则在宗旨中写明：遵旨预备立宪，先与同胞谋自治，将以研究内政外交之得失，发为议论，以供朝廷采择。

1910年开始的四次速开国会请愿运动，以谘议局为中心，为这批政坛新秀们凝聚力量起到了助推和提纯的重要作用。发动请愿的代表，如江苏谘议局的议长张謇等人，原就是各省谘议局中的骨干。他们有一个自己的组织，名为“请愿速开国会同志会”。当中央各部门的官员、各省地方官、出使大臣甚至旗人团体纷纷表示要求速开国会，而清政府依然不允，仍坚持九年预备时，请愿者把组织名字改为“请愿即开国会同志会”，设总部于上海，设支部于北京及其他各地，并在各地发动成立分会。1910年2月，“请愿即开国会同志会”重订章程，3月，刊布意见书，扬言：

> 吾国若能速开国会，可以革一切贫弱之根源。夫吾国贫弱之原因虽多，一在官僚不负责任，一在财政困窘……倘能速开国会，则以上数弊皆可免除。(《国会请愿同志会意见书》)

这些看法在后面的请愿中继续得到坚持。如果对20世纪的政治思想文献有所了解，就会发现，这样的句式和逻辑，在不久以后再次出现，只是“国会”变成了“革命”而已。其背后反映的，则是在焦虑不安的心态下希望“毕其功于一役”的政治心态。

此种心态和现实政治力量的进一步集结互为表里。1910年8月，请愿代表组织的“各省谘议局联合会”在京成立，在其会员中，我们可以看到不少日后几十年叱咤中国政治舞台的名字，比如汤化龙、沈钧儒、蒲殿俊等。据当选为主席的汤化龙报告，

“徒口舌之争而无如何，则必别出其途，以发挥我士夫政治上之能力”，故有联合会之组织。联合会虽然只是一个协商机构，但它处理的却是全国性的问题，而且其议案对各省谘议局都有约束力。更重要的是，通过联合会这个机构，各省谘议局有了一个沟通机制，可以超越一省之局限，在全局视野下讨论问题。而这也正是联合会成立的目的之一：

> 彼东西各国之大政党，恒以其势力左右全国，今虽不能遽至，亦未尝不可以为之造端。学山至山，学海至海，斯本会同人所当共勉者也。(《直省谘议局议员联合会报告书》)

在某种意义上，此时的谘议局已完成了其历史使命。因为，通过这一执政者许可甚至主动推动的形式，作为中国传统政治骨干力量的绅士和近代以来新兴的商人阶层，获得了新的合法的组织形式，而且建立了在明面的谘议局体系之外的“潜组织”。而这一“潜组织”，看似是谘议局在政治运动推动下的自然延伸，实际上却包含了更加激进的要求。

很快就发生了第三次请愿。这一次请愿不再经过都察院，而是经由1910年9月1日正式开张的资政院。这次请愿的声浪比之前更大。顺直绅民集合千余人，到督府要求代奏速开国会，直督陈夔龙与代表辩论良久，最后同意。河南各界绅民三千余人，签名请愿，巡抚宝棻与代表对话，同意代奏后，大家才离开。在全国绅民的鼓动下，这次请愿得到了更多的督抚作后盾。另外，资政院召开全院会议，全体议员均对请愿书表示赞成。11月3日，召开御前会议，议论纷纷，莫衷一是。第二天再次开会，决定宣统五年召集国会，也就是比预期缩短三年，并驱逐请愿代表即日出京。

事态发展至此，走入僵局。从清政府方面说，从原定的九年预备立宪之期缩短了三年，已经打乱了部署，做出了让步，原定资政院召开后，还要用两年时间创设并推广“乡镇简易识字学塾”，在五年内把人民“识字义者”提高到百分之五，才宣布宪法，举行上下议院议员选举，现在骤然缩短之后，各项准备进程需要调整；但勇于参政、急于掌握更大主动权的绅商阶层并不满意。四川全省学生得知这一消息后，马上罢课，要求速开国会。在奉天，又出现了抽刀断指、割股，写“速开国会”血书等激烈举动。天津学界数千人，聚集到直隶总督府，要求总督马上电奏，速开国会。

9月20日，资政院开会研究速开国会问题。《资政院第一次常年会第九号议场速记录》对现场情况做了真实记录，让我们看到中华民族第一批准“国会议员”们的风采。头一位发言的罗杰议员提出，“此案不决，诸案均不能决，要求本院议员全体赞成通过”。第二个发言的江辛议员说：“现在国家危险已达极点，救亡问题除速开国会更无别法，如再延迟，则国家前途，本议员就不忍再说了。”接下来发言的几位议员均表赞成。最后，副议长说“如有赞成请开国会者起立”。全体议员应声矗立，鼓掌如雷，高呼“大清帝国万岁！大清帝国皇帝陛下万岁！大清帝国立宪政体万岁！”全场震动。在议员汪荣宝提议下，委托赵炳麟、陈宝琛、孟昭常、汪荣宝、许鼎霖和雷奋起草请速开国会折。9月24日，资政院再次开会，全体起立听朗读奏折稿，并鼓掌通过。

这一届资政院历时不长，大部分议员表现不俗。当时的报道说：“国民久热望议会而后开设，则为议员者，拟举积年不平之气，一时发泄于议坛之上，对于各种交议问题，或质问或建议，不遗余力，于一问题收成功，更及他一问题；一案力争，复及一案，一会又一会，务层层肉迫政府，以表示议会之权势。”特别是易宗夔、罗杰和雷奋三位留日归来的议员，发言尤其踊跃，分别为四百一十九次、一百三十八次和一百四十六次，被称为资政院“三杰”。

无力融通官民间

除“三杰”外，预备立宪大潮中还冉冉升起一批政坛新星。张謇、汤化龙均为个中翘楚。

1903年，从日本考察回来后，张謇投入立宪运动之中。前文曾提到预备立宪公会，张謇就是其中坚。江苏谘议局成立后，他当选为议长。在速开国会请愿运动中，张謇的身影更是时时出现。正是他出面联络奉、黑、吉、直、鲁、浙、闽、粤、桂、皖、赣、鄂等省谘议局，要求尽早召开国会，也是他设宴为请愿代表饯行，并作《送十六省议员诣阙上书序》以壮行色。他还连夜改定向皇室进言的《请速开国会建设责任内阁以图补救意见书》。第一次请愿没有成功后，张謇又主持江苏谘议局再次做出速开国会的决定，发起范围更大的第二次请愿运动。当清政府做出缩短预备立宪年限的决策时，张謇还是抱有乐观的态度。但是，1911年皇族内阁的建立和铁路国有政策的实施，使他对清政府完全丧失了希望。两年前，张謇曾说过：亟求立宪，非以救亡；立宪国之亡，其人民受祸或轻于专制国之亡耳。到了这一年正月，张謇在苏州遇到杨士琦，后者重新提起此话，并问张对时局的看法时，张謇却回答：此前年语，今视我社会动作，恐人民经不得亡，亡后但不得恢复。但即便如此，他还是想做最后的努力。他表示：謇十四年来，不履朝籍，于人民心理，社会之情状，知之较悉，深愿居于政府与人民之间，沟通而融和之。

谘议局、资政院是代议制的预备形态，议员本就是官民之间构建的一个缓冲地带。应该说，包括张謇在内的大部分谘议局议员均有此自觉。然而，在一个专制政体中建立一片权力缓冲区，实际结果即夺去官府的一部分权力。因此，议员“融通”的努力，即便主观上是为维护现有政权，客观上却表现为和地方督抚之间的冲突，江苏、广东尤其明显。比如，广东谘议局还曾致函署两广总督袁树勋说：立宪政体官民同负责任，必人人有政治上之常识，乃能享受立宪之福利。谘议局者立宪之基础，建言之权在议员，行政之权在官吏。江苏谘议局通过法案规定，本省法规之制定和修订都必须交谘议局决议。浙江谘议局制定的《关于谘议局议决权内之本省行政命令施行法》，规定本省预算、决算、税法、公债、担任义务之增加、权利之存废，非经谘议局决议，巡抚不能公布施行。湖北谘议局提出要整顿吏治，把不称职和品质恶劣的人全部淘汰。吉林谘议局讨论巡抚陈昭常与外国交涉问题，陈要求停议，而谘议局反指陈之要求为不合法。这些举动显然是对地方长官的“限权”，造成冲突在所难免。

到了1911年，形势发生了很大变化。即便张謇辈依然保有“融通”的努力，“融通”的时机却已丧失。1911年4月27日，张謇从上海乘轮船溯江而上；5月10日，又乘专车取京汉路北上，途中在彰德访袁世凯于洹上村，密谈到深夜；12日，抵达北京。在京期间，张謇参加各省谘议局联合会的欢迎大会，会见庆亲王奕劻、摄政王载沣，以及徐世昌、那桐等重要人物。官员们对这位东南绅商领袖表现出极大的期望，但此时的绅商阶层已经对他们失望了。历史就是这么奇怪。

没过多久，因庆祝大维纱厂正式开业而奔赴湖北的张謇，亲眼见到了革命的火光，这是武昌塘角辎重队起义士兵作为起义信号在江边燃起的火焰。多年之后，张謇在自订年谱中对此念念不忘：“舟行二十余里，犹见火光熊熊烛天也。”

与这位江苏谘议局议长的忧伤心情相比，湖北谘议局议长、曾为各省谘议局联合会主席的汤化龙转变更加激烈，他公开支持革命，为军政府送来第一笔经费，并以谘议局的名义通电全国，呼吁有识之士不当清廷炮灰，积极响应革命，令京城大为震动。

俗话说，形势比人强。活跃于20世纪前几年历史舞台上的绅商阶层，此时已无力融通官民之间的对立，即便他们内心抱有如此的愿望，也于事无补。这场半途而亡的立宪，教育了人民，带来了革命，从反面完成了自己的使命。而为立宪而生的谘议局和资政院，则承担了革命养成所的角色，为与一场与它本意完全相悖的革命作了舆论上、组织上和干部上的准备。从这个意义上说，谘议局和资政院为大清送来了一场革命，而为之前驱的，正是奔走呼号的立宪派绅商精英。

（文/胡一峰）

新政时代最后的汉臣相继“离场”

光绪二十八年十月廿八（1902年11月27日），夕阳下的长江江面依旧波光粼粼。伴着落日余晖，一艘庞大雄武的军舰缓缓地驶入了南京下关。人们很快打听到，船上的大人物正是声名鹊起的“袁慰帅”——直隶总督兼北洋大臣袁世凯。此时，南京城的最高统治者是早已声名煊赫的“张香帅”——署两江总督兼南洋大臣张之洞。显然，大清国当时最有权势的两位总督很快就要举行历史性的会晤，人们没有理由不充满期待。

张之洞与袁世凯均出身官宦世家，不过两人崛起的道路却截然不同。张之洞，直隶南皮人，少年科第，十六岁就考中乡试解元（第一名），后来殿试高中探花（第三名），是科举正途的佼佼者。进入官场后，先是清流代表，后为洋务领袖，到1902年与袁世凯会面的时候，已经历任封疆大吏二十年，斯时海内无有其匹者。袁世凯，河南项城人，小张之洞整整一代，科举考试带给他的全是痛苦的记忆。不过，在投笔从戎后，他很快在朝鲜崭露头角，得到李鸿章等当朝大官交口称赞。甲午战争之后，袁世凯受主政大佬荣禄等人赏识，受命编练新建陆军，戊戌政变后升任山东巡抚，在练兵、交涉、洋务、吏治等方面，显示出了超人的能力。1901年，四十三岁的袁世凯，接替去世的李鸿章出任领袖疆臣的直隶总督，成为政坛最耀眼的明星之一。

因此，1902年张之洞与袁世凯的这次峰会，颇有些“格格不入”的意味。一个是早已功成名就的老辈，一个是有后来居上之势的晚辈；一个清流，一个浊流；一个是作息奇特、精力渐衰的老翁，一个是年富力强、踌躇满志的新锐。结果，在款待袁世凯的宴会上，张之洞竟自觉不自觉地打起了鼾声，导致两人的首次会面终成了一场不欢而散的筵席。迨张之洞被总督衙门的礼炮声惊醒，急忙赶至码头，重邀袁世凯入宴，方才尽欢而别。不少人将袁世凯与张之洞后来的不睦，归咎于张之洞的此次失礼。

历史相当复杂。抛开两人的不同和此次“过节”，其共同点也很可观：二人均是“世受国恩”的汉人大臣，籍贯北方，能力强、人脉广，是庚子“东南互保”的要角，主张厉行新政以挽救国家。这些共同点也构成了二人合作与竞争的背景。无论如何，当历史的脚步踏入20世纪，在大清国举行新政、预备立宪的时候，袁世凯和张之洞成了关系大清生死存亡、影响中国近代历史进程的关键人物。正因为如此，当1908年袁世凯突然遭到罢官、黯然离京，1909年张之洞痛心亲贵弄权、赍恨以殁的时候，历史也透出了十足的悲凉。迨辛亥武昌首义，袁世凯再度出山，大清立宪乃至大清的命运已经是另一番模样。

双峰并峙的新政巨擘

世纪之交的1900年，是一个具有全球史意义的年份。这年发生的义和团运动和八国联军侵华，导致慈禧太后和光绪皇帝仓皇西狩，北京、天津沦陷，中国遭受重创，朝廷威信一落千丈。痛定思痛的清廷决定变法，以挽救危局。1901年1月29日，尚在西安的慈禧太后以光绪皇帝名义发布上谕，宣布举行新政，先命内外大臣各抒所见，以备采择。同时，专门成立督办政务处，作为新政枢纽，以大学士、军机大臣为政务大臣，以两江总督刘坤一、湖广总督张之洞为参预政务大臣。

此时，大学士、直隶总督李鸿章在北京忙于议和，对新政鲜有发言。朝野革新的目光遂聚集到了刘坤一、张之洞和袁世凯等东南督抚身上。上年庚子事变，朝廷令人不可思议地对东西方列强同时宣战，东南督抚坚不奉诏，反而与洋人达成妥协，形成了东南互保的局面。时过境迁，朝内主战者一败涂地，东南督抚却保境安民，立了大功，故而权势急剧上升。所以，刘坤一、张之洞希望趁热打铁，串联各省督抚，联衔会奏变法方策，期于必成。

然而，朝廷对督抚尾大不掉的担心，丝毫不亚于对洋人入侵的恐惧。所以，清廷不许督抚联衔会奏，而令其各自陈奏。在这样的背景下，袁世凯等“普通”督抚单独上了条陈新政的折子，而两位具有参预政务大臣身份的总督李坤一、张之洞，最终联衔上了著名的《江楚会奏变法三折》。

在这个过程中，袁世凯曾特别鼓动刘坤一、张之洞率先陈奏新政。1901年5月28日，袁在致刘、张的电报中劝说道：“如能将兴学堂、改科举等事先行数件，则各国耳目一新，保全甚多。

其弛张横议之流，亦可稍敛。两帅参预政务，亦所当言。”此外，袁世凯条陈的改科举、兴学堂等建议，也颇蒙青眼。迨1901年11月、1902年10月李鸿章、刘坤一先后去世，淮系和湘系的公认领袖轰然不在，督抚格局出现了巨大变化。在这个崭新的时代，相对激进的袁世凯和张之洞站在了新政的最前台，新政推行的强度和速度也远超往昔。改废科举就是其中一个显例。

新政首要在变科举、兴学堂。但科举为抡才大典，已运行千余年，是一项关系取士、选官、教育、社会控制和整合的最基本体制，一旦改废，中国的历史和社会必将发生深刻巨变。其利弊得失相当复杂，颇不易言。然而，单就促成废科举这一千年之变而言，张之洞、袁世凯发挥了最重要的作用，而其交互激进的运作模式，值得特别注意。

联手促成废科举

1901年4月，袁世凯在新政复奏中提出了“增实科”的主张。起先，袁世凯本建议“科举旧额，每科减一成，减至五成为止”，亦即八股旧科与新增实科并行。然而，张之洞却更为激进，认为“科减一成，已觉太久，留此五成，顽固不绝于天壤”，意谓科举改章绝不可仍照旧式考八股。袁世凯只好复电解释说：“鄙意并非欲将科举旧额永留五成，为考试八股之地，不过欲逐渐转移，惟词欠醒豁。”于是改为“旧科中额，每次递减二成，实科递增二成，以六成为度。……迨三科之后，学堂中多成材之士，考官中亦多实学之人，即将旧科所留四成帖括中额概行废止，一并按照实科章程办理”。如此，所谓的“增实科”就变成了最终用新增实科彻底取代旧科举。张之洞对此与有力焉。随后，刘坤一、张之洞在《江楚会奏变法三折》中，提出三科递减科举方案，只是清廷未予接受。1902年10月刘坤一去世后，袁世凯与张之洞旧事重提，遂在南京会晤中达成共识。很快，袁世凯拟订三科递减奏折，会同张之洞于1903年年初上奏，主张经过三科九年之后，再将科举停罢，但这一方案遭到了军机大臣王文韶以下诸多京官的抵制。不过，当年张之洞奉召进京，经过半载努力，最终实现了三科递减方案。因此，科举三科递减一事，袁世凯出头，达成的却是张之洞。

袁世凯在给徐世昌的私信中也说：“此老（指张之洞）竟将科举办减，近日称赞不去口。”然而，仅仅一年多后，袁世凯等人又联络奏请立停科举，结果在1905年9月2日，延续了一千多年的科举制度被清廷宣告立停。在这过程中，袁世凯又扮演了最重要的角色。由此可见，清末新政开始后，张之洞与袁世凯实有一个交互激进的运作过程，从而最终促成了废科举。

袁世凯、张之洞在练新军、办学堂方面，引领潮流，分别形成了“直隶模式”和“湖北模式”，双方既有合作，又有竞争，成为清季改革中双峰并峙的新政模范。迨预备立宪的时候，袁世凯和张之洞的一举一动，都是朝野瞩目的焦点。

预备立宪中的分与合

日俄战争后，大清国朝野掀起了一股鼓吹立宪的浪潮。

1905年废科举之后不久，清廷就派出载泽、端方、戴鸿慈、李盛铎和尚其亨五大臣出洋考察。1906年，考察大臣回国。在听了载泽、端方等人的详细报告之后，怀着追求富强、消弭革命、巩固政权、维护君权的复杂目的，慈禧太后下令预备立宪，先从官制改革入手，以期符合“立宪”体制。直隶总督袁世凯奉召入京，主持改官制事宜，先中央，后地方。湖广总督张之洞却只能派司道大员入京参议改革。此时，袁世凯风头正健，压过了张之洞一头。

这时的袁世凯对改官制当仁不让，极为热心。他放出风声，“官可不做，法不可不改”，颇有势在必得的气概。在中央官制改革方案中，责任内阁制是其中的焦点。这除所谓的立宪体制之外，袁世凯还另有隐衷。原来，袁世凯在戊戌政变中因为“告密”，得罪了光绪皇帝。他担心年事已高的慈禧太后一旦撒手人寰，光绪皇帝重出亲政，自己的结局会不堪设想。所以，袁世凯极力推动设立责任内阁，以其盟友奕劻为总理，自己为副总理。如此，一方面可以利用立宪体制限制君权，保护自我；另一方面，大权在握，既不虞有祸，也可实现抱负。袁世凯的这些隐衷，在当时几乎路人皆知。据说，光绪皇帝曾对袁世凯讲，你的心思朕都知道，吓得袁世凯直冒冷汗。盛宣怀在北京的密探陶湘也写道：“本初（指袁世凯——引者）另有深意，盖欲借此以保其后来，此固人人所料及者。”

身处武汉的张之洞，此时对于袁世凯主导的官制改革不甚赞同。他的基本态度是，“京官少改，外官缓改”。所以，在此过程中，张之洞与瞿鸿禨、孙家鼐、鹿传霖、铁良、荣庆等对官制改革持保留态度的高官处于类似的阵营。因此，当袁世凯的官制改革方案，因为瞿鸿禨、满蒙亲贵、翰林、言官等力量的群体反对，而遭到挫败之后，张之洞在致其姐夫、军机大臣鹿传霖的电报中清楚地表达了自己的态度：此次内官改制，全赖止老（指瞿鸿禨——引者）默运挽回，功在社稷。

如果说在中央官制改革中，张之洞还是"暗中"反对袁世凯的方案，那么，在随后的地方官制改革中，历任封疆大吏二十多年的张之洞就要明确提出反对意见了。1907年1月2日，张之洞发出了著名的"致军机处、厘定官制大臣电"，长篇大论，洋洋洒洒，逐条批驳了地方官制改革方案。他说，既然官制改革是为立宪做预备，那么，官制改革就应该以"有关于立宪之利害为主，其无关宪法者，似可不必多所更张，转致财力竭蹶，政事丛脞，人心惶扰"。在电文末尾，张之洞引经据典，指桑骂槐，直接针对袁世凯的意思昭然若揭，同时也表达了自己对新政的一些反思：

> 昔唐贤有云："天下本无事，乃庸人自扰之耳。"洞窃以为不然。无事自扰，尚无大害；若方今四海有事之日，再加之以扰，则不可支矣！且庸人安能扰天下？惟才敏气盛急于立功立名之人（指袁世凯），察理不真，审势不明，贸然大举，乃能扰天下耳！宋王安石岂庸人哉？洞近年以来，于各种新学新政提倡甚力，

创办颇多，岂不愿中华政治焕然一新，立刻转弱为强，慑服万国？第揆之民情，衡之物力，实不宜多有纷更。官制各条，以洞愚见论之，似不尽与立宪关涉。(《蕉廊脞录》)

此电发出后，一时传诵。袁世凯则颇向人慨叹："其篇末语语注射下官。"此时，袁世凯因为入京主持官制改革，结果吃了大亏。责任内阁未成立，自己的军权和多项兼差反而被"名正言顺"地拿掉，不啻为搬起石头砸了自己的脚，郁闷可想而知。张之洞此电，无疑是对袁世凯的又一打击。

奉旨入京，共掌中枢

立宪改官制牵涉复杂的权力和利益之争，使高层的政争日趋白热化。在瞿鸿禨与袁世凯、袁世凯与张之洞的政争之外，实际上满汉之争和中央集权已经愈演愈烈。在丙午官制改革中"击退"袁世凯的瞿鸿禨，仅仅半年之后，就又栽在奕劻、袁世凯手上，从"丁未政潮"中败下阵来。随后，清廷顺势将袁世凯明升暗降，内调为军机大臣兼外务部尚书，同时调张之洞入京，出任军机大臣并管理学部，以为袁世凯的牵制。如此一来，清末新政以来两位公认的新政巨擘，均调入京师供职，地方再无与张、袁相匹敌的督抚大臣。清廷基本实现了几十年以来梦寐以求的"削藩"大业。

这时，袁世凯和张之洞虽然仍旧难免矛盾，但作为行政、外交经验丰富的政治家，其在治国理政方面却颇多合作的基础。更重要的是，袁世凯、张之洞作为汉人大臣，面对亲贵日益当权的不利局面，自然产生进一步合作的可能。于是，在币制改革问题上，袁世凯与张之洞意见颇为一致，而与度支部尚书亲贵载泽矛盾颇深。值得注意的是，在关系立宪大计的国会开设年限问题上，袁世凯与张之洞意见相同，竟与奕劻产生了颇大分歧，以致奕劻密奏慈禧太后，表达与汉臣截然不同的立场："窃查实行立宪，屡奉慈谕，天下臣民仰望甚殷。近日各省绅民复有要求开国会年限之事，其中有乱党勾结，无非使权柄下移。迫不得已，宪政编查馆严定君权宪法大纲，实行立宪，预备应办各事，庶可保全治安。今张之洞、袁世凯拟以预定年限即开议院。据奴才愚见，不可预定年限，在军机处详细妥商，张之洞等总以定准年限为是。查日本明治十三年宣布立宪，二十四年宣布开设议院，今本朝立宪，一切应办各事尚未举办，先宣布开设议院年限，无此办法。此事关系甚大，惟有据实声明，恭请圣意坚持，总以应办各事实力奉行后，届时再行宣布开设议院期限。不可先定准期，庶权操自上，于大局有益。"

这提示出，长久以来流传的奕劻被袁世凯用银子喂饱、对袁言听计从的说法，实在是小看了奕劻。同时，也说明此时在立宪问题上，满汉大臣已经产生了诸多分歧。袁世凯和张之洞在立宪开国会问题上逐渐步调一致，而对于亲贵弄权，必有所抵制，因而与亲贵的矛盾正在升级。以故，当袁世凯和张之洞以不同的方式黯然"离场"，亲贵弄权就再也难以遏制，大清国业已显现的领导力危机更加严重，国运也就愈难挽回。

栋摧梁折：从袁世凯被驱到张之洞去世

就在立宪运动逐渐风起云涌、大清国势风雨飘摇之际，1908年11月，光绪皇帝和慈禧太后仅隔一天，相继薨逝。随后，光绪皇帝不到三岁的侄子溥仪即皇帝位，年号宣统，由小皇帝的父亲醇亲王载沣担任摄政王，主持国政。两宫的骤然薨逝，以及溥仪即位、载沣摄政的政治安排，给大清国的政坛和国运带来了致命的灾难。不久，高层政坛就相继发生了几次大地震。

首要的大地震，就是摄政王载沣驱逐袁世凯事件。1909年1月2日，两宫尸骨未寒，尚戴孝的军机大臣袁世凯突然被以足疾为由，开缺回籍。袁世凯为什么被罢黜？历来众说纷纭。有谓系光绪皇帝遗命，要载沣替其报仇；有谓亲贵排挤，载泽、善耆皆参与其中；有谓袁世凯太厉害，载沣驾驭不了，故必然排去；有谓袁世凯联美制日政策失败导致被逐；有谓袁世凯争夺财政权并竭力主张中美互派大使，加以言官参奏，因而被免。不管怎样，袁世凯被罢免对朝局产生了十分重大的影响。袁世凯既有实力，又有经验，更有手腕，无疑是治国理政的杰出人才，同时也是抑制亲贵弄权的第一把好手。袁世凯的“离场”，不仅使亲贵势力更加膨胀、竟难以遏制，而且使中枢的领导力危机急剧恶化。同时，此举加剧了汉人新军和部分立宪势力对清王朝的离心离德趋向。当然，经此一事，当袁世凯再次出山的时候，他再也不会心甘情愿地替清室卖命，而是努力寻求取而代之的最佳办法。

张之洞在驱袁事件中扮演了什么角色呢？有谓其参与密谋，但难以证实。袁世凯开缺后，载沣一度非常信任张之洞。张之洞也以为可以得君行道，实则大谬不然。张之洞平日与贪赃纳贿的权贵格格不入，对于年少无知的亲贵把持军权、肆意妄为，深恶痛绝，然而竟无能为力，最终愤恨而终。

1909年张之洞突然去世，固然由于年老多病，但致命的直接原因实来自三事：第一，力争唐绍仪不能派津浦督办，认为应该派与津浦线直接相关的直隶、山东和江苏之人；第二，反对朱恩绂加三品卿督办沿江沿海制造各局；第三，也是最重要的，反对载沣胞弟载洵出任海军大元帅。张之洞对此举极不以为然，但载沣等人"密而不商"，让张之洞无从争起，以致"郁想气发矣"。张之洞的去世，使中枢的领导力危机更加严重。更重要的是，张的"离场"，使朝内失去了调停老少亲贵、调停新旧势力、调停南北争端的第一元老。这也是汪荣宝挽张之洞联语——"匡时苦费调停策，绝笔惊看讽喻诗"——传诵一时之因。随着最后的汉臣相继出局，大清的江山已经到了最危险的时刻。

（文/韩策）

皇族内阁的合理安排及致命选择

甲午战争以中国失败而告终，其根本原因就是不曾发生近代转型的中国无法战胜完成了近代转型的日本。中国的失败，不是武力不如人，不是经济不如人，而是中国没有像日本那样进行转型，将一个“前近代”王朝转变为“现代”国家。

十年一梦

没有实现近代转型的国家责权利混沌不分，帝国最高领导人不论是慈禧太后，还是光绪帝、恭亲王，他们无不夙夜在公，勤勉工作；各位大臣如翁同龢、李鸿章，也无不竭尽全力，避免失误，力争胜利。但是假如我们对照中日双方最高决策当局、执行层面的差异，就很容易理解“夙夜在公”并不是事必躬亲的理由，事必躬亲更不是胜利的必然前提。没有好的体制，君臣都累，且不易成功；一个好的体制，每人都各司其职，治大国若烹小鲜。甲午战后，改革、维新、强军、富国、新民，需要变革的事情多如牛毛，但千头万绪归结一点，无疑还是属于怎样重建一个面向世界的政治架构，合理配置权力，让先前无所不在的皇权有个大致边界，而不是继续让皇上表演独角戏的问题。

在战后第一轮改革思潮中，康有为发现中国的症结在于体制封闭，上下隔阻，上有德音而不宣，下有呼号而莫达。他在《上清帝第二书》中指出：

> 夫以一省千里之地，而惟督抚一、二人仅通章奏，以百僚士庶之众，而惟枢轴三、五人日得见天颜。然且堂廉迥隔，大臣畏谨而不敢尽言。州县专城，小民冤抑而末由呼吁。故君与臣隔绝，官与民隔绝，大臣小臣又相隔绝，如浮屠百级，级级难通；广厦千间，重重并隔。

怎样才能消解这个难题？康有为建议，仿举方正直言之士为议郎，分班轮值，上驳诏书，下达民间，实际上是要建构一个议院体制。

“设议院以通下情”(《上清帝第四书》)，显然不是举方正直言极谏之士那样简单，而是一项综合改革，是体制大调整，其既是对皇权的补充，也是对皇权边际的限制。至胶州湾事件发生，康有为在《上清帝第六书》中将这层意思说得更明白：

> 近泰西政论，皆言三权：有议政之官，有行政之官，有司法之官。三权立，然后政体备。以我朝论之，皇上则为元首，百体所从；军机号为政府，出纳王命，然跪对顷刻，未能谋议，但为喉舌之司，未当论思之

> 寄。若部寺督抚，仅为行政之官，譬于手足，但供奔持，岂预谋议。且部臣以守例为职，而以新政与之议，事既违例，势必反驳而已，安有以手足而参谋猷哉？近者新政多下总署，总署但任外交，岂能兼营商务？况员多年老，或兼数差，共议新政，取决于俄顷，欲其详美，势必不能。若御史为耳目之官，刑曹当司法之寄……然而新政之行否，实关军国之安危。

为克服这些弊端，康有为提出创设法律、税计、学校、农商、工务、矿政、铁路、邮政、造币、游历、社会、武备十二局以为变法执行机关，实际上，这已将国家行政事务与皇权做了适度剥离。

康有为创设新政机关等建议引起了民众的强烈反响，支持者以为此乃政治架构改革正路，中国终将走上分权制衡的立宪架构，所以此后更有张元济请废翰林院、都察院，岑春煊请废卿寺、裁局员等建议，引起了光绪帝的关注，并有渐次推行的意思。反对者则流言纷纭，咸谓康有为变乱成法，尽废内阁六部及督抚、藩臬司道。甚者如洋务派干将恭亲王奕䜣，“弥留时，上（光绪）入视，张目语曰：‘闻有广东举人主张变法，当慎重，不可轻任小人也’”。

变更大清体制确实事关重大，必须谨慎从事，但鉴于甲午战败，重学日本变法维新，就必须让政治专业化，必须划清权力边界，必须为皇权寻找一个职业经理人团队，像日本内阁伊藤博文、陆奥宗光那样享有内政、外交全权。这当然不意味着对体制的颠覆，更不意味着满洲贵族放弃了大清帝国的权力垄断。然而满洲贵族却推导：制度局立，军机处废；军机处废，大清终将不再为“我满洲人”所有。政治专业化、职业经理人团队，一个享有国家治理全权的行政中心构想，在一部分满洲贵族看来，就是“保中国不保大清”。

康有为、张元济等政治体制变革的构想因1898年秋天突发政变而终止，改革重启已经是义和团战争结束后了。中国在经历一系列动荡后元气大伤，不论流亡的梁启超等人如何张扬立宪的好处，清廷在实际操作层面都非常谨慎，所谓新政改革并不触及任何体制性调整。日本式宪法框架、责任政府，只是在知识精英层面有一些讨论。十年一梦，如何促进清帝国向现代国家转型，谁也不知道究竟应该怎样做。

关于军机处的大辩论

假如不发生日俄战争，清帝国只能沿着新政路径，谨慎避开政治领域的改革，专心于教育、司法、地方自治等非核心政治。

日俄战争是中国变局的关键。1905年五大臣出洋考察，一个基本共识就是日本建构了一个不一样的政治体制。据袁世凯幕僚张一回忆，张謇曾致信袁世凯，以大久保相期，而自居于小室信夫。一日，张一入见，力言：

各国潮流均趋重宪政，吾国若不改革，恐无以自

> 列于国际地位。且满汉之见，深入人心，若实行内阁制度，皇室退处于无权，可消隐患。但非有大力者主持，未易达到目的。

袁世凯对张一的说法并不以为然，他认为：

> 中国人民教育未能普及，程度幼稚，若以专制治之，易于就范；立宪之后，权在人民，恐画虎不成，发生种种流弊。

那时的袁世凯还很难理解施行内阁制度的好处，更难想象让皇室退处无权的可能。但形势比人强。1906年6月底7月初，考察各国政治大臣端方、戴鸿慈上《请定国是以安大计折》，以为中国自与东西洋各国交往以来屡屡失败，其原因不是东西洋各国恃强凌弱，而是因为中国内政不进步，与世界差距太大。在端方、戴鸿慈看来，立宪国成功秘籍在通过宪制安排，君主长安而不危，神圣不可侵犯；议会成为沟通政府与民众的平台，政府之行动，人民通过议会可以知之；人民之意志，政府亦可以通过议会而获悉。上下之情相通，合谋以求一国之利益。在君主立宪国，国事因此而得理，国家因此而得安。端方、戴鸿慈者明白建议朝廷尽快确立立宪原则、时限、步骤，“明宫府之体制”，为皇权划出一个边界，让政府、议会、司法，像其他立宪国家那样各司其职，自主作业。

8月25日，戴鸿慈、端方再上一折，对责任内阁制有细致分析：

> 查东西洋各国无不有责任内阁。责任内阁者，合首相及各部之国务大臣组织一合议制之政府，代君主而负责任者也。……故各国每由君主自擢首相，由首相荐举阁臣，一切施政之方，由阁臣全体议定，然后施行。而得失功罪，则阁臣全体同负其责。
>
> 中国内阁昔为枢要，今如闲曹，比之各国固不同矣。军机处虽有类各国之内阁，然对于上仅备顾问，对于下则未受责成，考其职权，只略如各国之枢密顾问院耳。

更有极端建议，如袁世凯力主废军机处，将责任内阁，将皇权从责权不分的旧体制中解放出来。这是孟德斯鸠三权分立原则中国化版本，核心是将混沌不清的中国政治规范化。袁世凯的方案引起剧烈争论，相当一部分皇族、贵族以为如此改革必将最终剥夺爱新觉罗、满洲贵族的政治权力。

为了反制袁世凯，铁良一方面反对撤销军机处，设立责任内阁，另一方面提出设陆军部统辖全国军队，不仅将军权集中于中央，控制在贵族子弟手里，而且想尽一切办法削弱、剥夺非军功贵族官员的权力，限制官吏兼差。这些主张与立宪改革方向背道而驰。

9月30日，御史刘汝骥上一折，强调“大权旁落”，“总理大臣不可轻设”，从维护君主独裁立场反对设立责任内阁、总理大臣：臣窃见载泽密陈大计折内，有君主无责任一语，臣百思之而不得其解，已窃窃疑之。继闻厘定官制大臣，有设总理大臣一人之议，是置丞相也。是避丞相之名，而其权且十倍于丞相也。欧美之伯理玺天德译为大总统，抑何弗直名之为总统乎，其谁与划此策者，臣窃期期以为不可。

刘汝骥以为，军机处是制度史一创举，“我朝受命之初，有议政王之设矣，……嗣去议政虚衔而立军机处，非独任其权也，盖犹是司出纳备顾问，义取迅速而已”。军机处是皇上的工作小组，随时与皇帝一起工作，其效率至上，为制度上所罕见，这是事实。刘汝骥的另外一个担心，是责任内阁设立，总理大臣垄断权力，架空皇帝，“把持朝局，紊乱朝纲，盈廷诺诺，惟总理大臣一人之意志是向，且群以伊、周颂之，天下事尚可问乎？窃钩者诛，窃国者侯；假王者烹，直王者赏”。

支持铁良反对设立责任内阁，反对废除军机处的，在1906年大辩论中还有御史赵炳麟、张瑞荫、石长信，内阁学士文海、吏部主事胡思敬等，他们的理由大致相近，以为“今而议立总理大臣，统一枢务，无论用亲藩，用满汉大臣，皆可恣睢自擅，窃弄权柄，启奸人窥伺之渐。若更假以兵权，如汉时吕产以相国兼统南北两军，傅翼而飞，恐生他变”。

争论并没有影响改革步伐，1906年11月2日，庆亲王奕劻等将所核定的新官制进呈，其要点就在设立责任内阁裁撤原军机处及内阁，新的责任内阁由原来的军机处、内阁改并，内阁政务大臣共十四人，均辅弼君上代负责任。总理大臣一人，秉承圣谟，翊赞机务，平章内外政事。凡用人行政一切重要事宜，均由总理大臣承旨施行。除立法、司法各官，所有行政各官，总理大臣均由表率之责，并由督饬纠查之权。左右副大臣两人协同总理大臣平章内外政事。重组十一部，由各部大臣分任本部事宜。各部大臣与总理大臣、副大臣，均为内阁政务大臣，参知政事。内阁各大臣恭奉谕旨，皆有署名之责。遇重要事件，由各大臣开阁议，请旨定夺。开议时，总理大臣为议长。这个方案是典型的君主立宪架构下的责任内阁体制。

然而由于各方面意见分歧，这个方案并没有获得清廷批准。11月6日，慈禧太后懿旨宣布官制改革要旨惟在专责成，清积弊，求实事，去浮文，期于百工而熙庶绩。

> 军机处为行政总汇，雍正年间本由内阁分设，取其近接内廷，每日入值承旨，办事较为密速，相承至今，尚无流弊，自毋庸复改。内阁军机处，一切规制，著照旧行。

一场大辩论，因慈禧太后“军机处不议”的裁决而销声匿迹。

很不错的专业人才内阁

重提责任内阁建立是在慈禧太后去世后。宣统元年（1909年）五月，考察宪政大臣李家驹奏考察日本官制情形后，语重心长表达了这样一层意思：

> 不知君主立宪之国，国务大臣上对君主负其责，下对议会当其冲，黜陟进退，权在朝廷，议会弹劾，恒随其后。且大臣奏事，则君主自由准驳之；国有大事，仍归乾断，军谋兵柄，悉属统帅大权，更非阁臣所能妄干。

李家驹的建议对后来政治走势影响巨大，摄政王载沣的弱势统治使成长中的民族资产阶级很不踏实，此时内外政治形势又显得格外危机重重：

> 外之则日俄缔结新约，英法夙有成言，诸强释嫌，协以谋我。日本遂并吞朝鲜，扼我吭而拊我背；俄汲汲增兵窥我蒙古；英复以劲旅捣藏边；法铁路直达滇桂；工事急于星火；德美旁观，亦思染指。瓜分之祸，昔犹空言，今将实现。内之则各省饥民救死不赡，铤而走险，土匪乘之，骚乱日告。

凡此种种均意味着中国非实行立宪，绝不足以拯救危机。各省国会请愿代表接二连三呼吁速开国会，其实就是要建立一个立宪架构，实行责任内阁："盖立宪之真精神，首在有统一行政机关，凡百设施，悉负责任，而无或诿过于君上。所谓责任内阁者是也。责任内阁何以名？以其对于国会负责任而名之也。是故有责任内阁谓之宪政，无责任内阁谓之非宪政。有国会则有责任内阁，无国会则无责任内阁。责任内阁者，宪政之本也；国会者，又其本之本也。本之不立，而末将安所立？"

责任内阁已成为挽救时局危机的关键，不仅民间呼吁，体制内高官也在这时表现出了担当、勇气。9月30日，广西巡抚张鸣岐奏称："筹备宪政，当从本原处入手。曰责任内阁，曰国会，曰司法独立。"10月25日，东三省总督锡良、湖广总督瑞澂、两广总督袁树勋、云贵总督李经羲等十八位总督、将军、巡抚、都统联衔电奏请速设责任内阁，开国会，"日俄协约成后，一举亡韩。列强均势政策，皆将一变方针。时局危险，已远过于德宗在位之日。缓无可缓，待无可待"。他们恳请朝廷："圣明独断，亲简大臣，立即组织内阁。特颁明诏，定明年开设国会。"

督抚的声音深刻影响了朝廷决策，11月4日，清廷宣布宣统五年（1913年）召开国会，并将以责任内阁为突破点。据此，宪政编查馆拟定内阁官制方案；会议政务处诸位大臣庆亲王奕劻，以及肃亲王善耆，贝勒载洵、毓朗，度支部尚书载泽，军机大臣那桐，军机大臣徐世昌等参与讨论，阁员人选也由摄政王主导秘密遴选。宣统三年四月初十（1911年5月8日），清廷颁布《内阁官制》，并公布第一届内阁名单：

内阁总理大臣：庆亲王奕劻；

内阁协理大臣：那桐、徐世昌；

外务大臣：梁敦彦（邹嘉来署理）；

民政大臣：善耆；

度支大臣：载泽；

学务大臣：唐景崇；

陆军大臣：荫昌；

海军大臣：载洵；

司法大臣：绍昌；

农工商大臣：溥伦；

邮传大臣：盛宣怀；

理藩大臣：寿耆。

庆亲王内阁是一个创举，甲午战后一直争论不休的军机处存废、内阁扩权独立、会议政务处出处问题，都因第一届责任内阁名单发布迎刃而解，军机处、会议政务处、旧内阁一律裁撤，所有大学士、协办大学士，也一律划归翰林院，全部内阁只有十个部，每个部也只有大臣一人主理部务，将先前的满大臣、汉大臣不分身份合在一起，极大地缩减了政府编制，无疑提高了办事效率。

即便从专业立场看，庆亲王内阁也属于那时一个很不错的专业人才内阁，梁敦彦、载泽、唐景崇、荫昌、载洵、绍昌、溥伦、盛宣怀、寿耆，不用说他们过去十年的职业生涯，即便从很苛刻的标准要求也足以胜任。

然而，这个任命还是引起舆论哗然，因为从出身看这个名单有问题。十三人中，只有徐世昌、梁敦彦、唐景崇、盛宣怀四人属汉人，其余的不是皇族，就是满洲贵族。这不能不引起一些汉人士大夫反感，他们很容易想到，在先前“满汉双轨体制”中，满汉大臣比例大致相当，在很多时候汉人甚至要多于满人。

庆亲王、那桐等人似乎也意识到了这一点，因而在阁员名单公布的第二天，他们奏请收回成命，但没有获得摄政王的批准。第三天，庆亲王再奏力陈难以胜任内阁总理大臣的理由，依然没有获得摄政王的理解。

摄政王当然有自己的理据，但是他确实忽略了民意，忽略了汉人士大夫的情绪，“处群情离叛之秋，有举火积薪之势，而犹常以少数人控制全局，天下乌有是理”。

为时已晚

责任内阁变成了“权贵内阁”“皇族内阁”，这个结果与立宪党人的期待相距太远，各省谘议局联合会通过各种方式向朝廷表达反对意见，希望朝廷知错即改，重回立宪轨道。5月30日，国会请愿同志会联合各省谘议局联合会在北京发起成立宪友会，呼吁朝廷尊重君主立宪政体，“督促联责内阁”。

6月10日，各省谘议局联合会向都察院递交一份公呈，反对庆亲王内阁，以为“此非薄待皇族，谓其无组织内阁之能力，实皇族内阁与君主立宪政体，有不能相容之性质，势不得不然也”，建议朝廷解散庆亲王内阁，“亲贵不宜充内阁总理，请实行内阁官制章程，另简大员组织”。山东巡抚孙宝琦奏请朝廷重申“宗支不宜预政”，也对第一届内阁不甚满意。

立宪党人不仅通过各种渠道向朝廷施压，而且通过媒体表达看法。6月17日，各省谘议局联合会通过媒体《宣告全国书》，强调：

> 吾人民欲得良美政治以救国亡，幸而睹新内阁。而新内阁若此，吾人民之希望绝矣。议员等一再呼号请命而不得，而救亡之策穷矣。

7月4日，各省谘议局议长议员袁金铠等四十多人“为皇族内阁不合立宪公例”向朝廷提交了一份陈情书，强烈要求“另组责任内阁”，以为“君主不担责任，皇族不组织内阁，为君主立宪国惟一之原则”，他们请求朝廷从立宪大局出发，明降谕旨，解散内阁，另行选派非皇族大臣重组内阁，以符合君主立宪的公例。

对各方面呼吁，朝廷装聋作哑，不予回应。两天后，谘议局联合会再通告全国，反对皇族内阁，强烈要求重回立宪体制正轨，愤怒情绪溢于言表，辞气已近决绝。

立宪党人手无寸铁，和平请愿得不到清廷眷顾。武昌城头枪炮声终于唤醒了沉睡的朝廷。

10月29日，资政院做出两项重要决定，一是就宪法问题向朝廷提出重大建议，二是奏请罢黜亲贵内阁。建议朝廷重选贤能为内阁总理大臣，并使其全权组织各部国务大臣，负完全连带责任，以维持现今之危局，团结将散之人心。

同一天，驻扎滦州第二十镇统制官张绍曾、护理陆军第三镇统制官卢永祥、陆军第二混成协统领官蓝天蔚等联名上奏折，请求朝廷立即实行君主立宪，以定国危而弭乱。他们指出，皇位之统宜定，人民之权利宜尊，军队之作用宜明，国会之权限宜大，内阁之责任宜专，残暴之苛政宜除，种族之界限宜泯。七方面要求归结一点，就是请求朝廷改定宪法，以英国之君主宪章为准的：今日军民所仰望要求的，只在于改革政体，只在于按照英国君主立宪原则重构权力系统；组织责任内阁，内阁总理大臣由国会公举，由皇帝敕任；国务大臣由内阁总理大臣推任；但皇族永远不得充任内阁总理及国务大臣。

张绍曾等联名通电的第二天，朝廷下罪己诏，誓言维新更始，解除党禁，尽快颁布宪法，尽快组织完全内阁，决心以踏踏实实的政治改革，重新唤起人民的同情和支持。

迟到的政治检讨赢得了立宪党人的认同、同情和默认，他们在第二天召开的资政院会议上决定向全国宣布朝廷“德音”，通电各省谘议局，表示现在朝廷幡然醒悟，决心改革，政体已立，政本已定，所以各地不应再有武装举事或兵燹之举发生，朝廷不欲用武力平内乱，那么人民也就不必以武力逼朝廷。

然而与议员们的看法不一样，张绍曾等以为清廷颁布的这些上谕并没有全面坦诚回应军队将领通电要求，他们遂于11月1日再上一折，要求清廷不要再忽悠人民了，必须立即组织完全意义上的责任内阁，取消宪法大纲，将宪法交给议院制定。同时组织“立宪军”，以兵力为请求改定宪法的最后手段、最后保障。

张绍曾等将领的坚决不妥协深刻影响了摄政王。为收拾久已涣散的人心，早日结束军事冲突，经资政院决议，摄政王载沣于11月1日立准“亲贵内阁”总理大臣奕劻、协理大臣那桐、徐世昌，以及国务大臣载泽、载洵、溥伦、善耆、邹嘉来等集体辞职，为新内阁组成扫清道路。紧接着，清廷任命“贤能”袁世凯为内阁总理大臣，命其对湖北军务稍作部署后迅速来京，组织完全内阁，“负完全联带之责任”。

至此，清帝国立宪改革重回正确轨道，袁世凯内阁极具象征意义，表明没有皇族、贵族参与的内阁完全可以成立。然而，就像严复当时就意识到的那样，清廷举措正确，但是太晚了：10月30日的罪己诏中，皇帝宣誓俯允资政院的意愿。资政院马上要召开会议。皇帝发誓不在内阁中安插任何皇族的成员。他同意完全赦免政治对手，甚至是反对清廷的革命党也在赦免之列。将由资政院草拟宪法，并无条件接受。如果这三项当中有一项在一个月前实行了，将在帝国产生多么大的作用啊！历史往往会重演，这与18世纪末路易十六所做的何其相似。做得太晚了，没有任何效果！

这就是皇族内阁带给清帝国最大的教训。当然，清帝国再也没有改正的机会了。

（文/马勇）

参考书目

1. 梁启超:《李鸿章传》

2. 雷颐:《李鸿章与晚清四十年》;《面对现代性挑战:清王朝的应对》

3. 李书纬:《晚清外交七十年》

4. 董丛林:《“迷拐”“折割”传闻与天津教案》;《变政与政变》

5. 黄波:《李鸿章传》

6. 牛贯杰:《重读李鸿章》

7. 崇效天:《仕途·师徒:曾国藩与李鸿章》

8. 李占才:《天津教案中慈禧对曾国藩的不满》

9. 刘建伟:《抗争与妥协:曾国藩在处理天津教案中的痛苦抉择》

10. 秦元元:《天津教案与李鸿章外交》

11. 张启雄:《论清朝中国重建琉球亡国的兴灭继绝观》

12. 关威:《中法战争期间李鸿章对外交涉述论》

13. 吴永口述、刘治襄笔记:《庚子西狩丛谈》

14. 马士:《中华帝国对外关系史》

15. 顾廷龙、戴逸:《李鸿章全集》

16. 马忠文:《荣禄与晚清政局》

17. 张玉法:《戊戌时期的学会运动》,《历史研究》, 1998年5月

18. 蒋建国等:《〈时务报〉与官方话语权的控制》,《兰州大学学报(社科)》, 2016年2月

19. 贾小叶:《〈国闻报〉与戊戌-己亥政局的变动》,《天津社会科学》, 2016年3月

20. 茅海建:《戊戌变法史事考》;《从甲午到戊戌:康有为〈我史〉鉴注》

21. 马勇:《戊戌政变的台前幕后》

22. 邢超:《戊戌变法真相》

23. 李宗侗、刘凤翰:《李鸿藻年谱》

24. 侯宜杰:《20世纪初中国政治改革风潮:清末立宪运动史》

25. 雪珥:《阻击黄祸论》

26. 潘崇:《清末东北边疆危机与清政府宪政改革决策的建立》

图书在版编目（CIP）数据

帝国挣扎：戊戌变法到晚清新政 /《国家人文历史》编著.-- 北京：大有书局，2022.4（2022.7重印）
（历史的智慧）
ISBN 978-7-80772-074-4

Ⅰ.①帝… Ⅱ.①国… Ⅲ.①中国历史—清后期—通俗读物 Ⅳ.①K252.09

中国版本图书馆CIP数据核字(2022)第036545号

书　　名　帝国挣扎：戊戌变法到晚清新政
DIGUO ZHENGZHA:
WUXU BIANFA DAO WANQING XINZHENG
作　　者　《国家人文历史》编著

策划编辑　李瑞琪
责任编辑　周　舟
责任校对　李盛博
责任印制　袁浩宇
出版发行　大有书局
（北京市海淀区长春桥路6号　100089）
综 合 办　（010）68929273
发 行 部　（010）68922366
经　　销　新华书店
印　　刷　中煤（北京）印务有限公司
版　　次　2022年4月北京第1版
印　　次　2022年7月北京第2次印刷
开　　本　160毫米×230毫米　1/16
印　　张　19.75
字　　数　208千字
定　　价　58.00元